Rainer J. Kaus/Hartmut Günther (Hg.)

Was ist Literatur? / What is Literature?

Literaturwissenschaft, Band 65

Rainer J. Kaus / Hartmut Günther (Hg.)

Was ist Literatur? / What is Literature?

Frank & Timme

Verlag für wissenschaftliche Literatur

Die Beiträge „Literatur als Meta-Sprache und die Proto-Sprache des Unbewussten",
„Die Sehnsucht nach Referenz und die Literaturtheorie" und „Literatur und Schriftlichkeit"
wurden von Philip Jacobs ins Englische übersetzt.

Alle englischsprachigen Texte wurden von Dr. Michael Eldred redigiert.

ISBN 978-3-7329-0055-8
ISBN (E-Book) 978-3-7329-9659-9
ISSN 1860-1952

Herstellung durch Frank & Timme GmbH,
Wittelsbacherstraße 27a, 10707 Berlin.
Printed in Germany.
Gedruckt auf säurefreiem, alterungsbeständigem Papier.

www.frank-timme.de

In memoriam Max Horkheimer (*1895 †1973),
Leiter des Instituts für Sozialforschung in Frankfurt

Inhaltsverzeichnis / Contents

Einleitung

Dem Unterzeichner wurde vom Institut für Deutsche Sprache und Literatur II der Universität Köln angeboten und ermöglicht, seinen Abschied aus der Lehre an diesem Institut mit einem inhaltsgefüllten Symposion statt mit einer bloß formellen Feierlichkeit zu begehen. Ich durfte daher sowohl die Mitlehrenden wie einige internationale Diskursfreunde zu einem Symposion einladen, das am 6. und 7. Oktober 2011 tatsächlich stattfinden konnte. Ich wählte eine Fragestellung, die nur scheinbar längst beantwortet ist, in Wahrheit jedoch gerade in den letzten Jahrzehnten wieder zur „existenziellen" Grundfrage der Literaturwissenschaft aufgestiegen ist. Die Art der methodischen Annäherungen an Literatur und der wissenschaftliche Wettstreit um die angemessenen Methoden hängt entscheidend von dieser scheinbaren Kinderfrage ab: „Was ist Literatur?" Nur wenn klar ist, was für Literatur und Literari(zi)tät konstitutiv ist, kann auch über die Angemessenheit und Leistungsfähigkeit der jeweiligen Methoden, bei aller wünschenswerten Pluralität, eine gewisse Einigkeit erzielt werden.

Das Symposion konnte im mündlichen Austausch, schon aufgrund der unvermeidlichen Kürze, erwartungsgemäß zwar nicht zu unmittelbaren Ergebnissen kommen. Das mittelbare und zugleich an einen größeren Interessentenkreis mitteilbare Ergebnis liegt jedoch nun mit dieser Sammlung von Beiträgen vor. Ich glaube sagen zu dürfen, dass der Band ein hohes Niveau der literaturtheoretischen, teilweise auch literaturpsychologischen und allgemein kunsttheoretischen Diskussion erkennen lässt. Aus meiner Sicht versuche ich, mit einer Kurzcharakteristik der Beiträge den folgenden gedanklichen Bogen zu schlagen. Selbstverständlich steht dem Leser auch eine andere Reihenfolge als die hier vorgeschlagene frei.

Der leitende Literaturwissenschaftler der Konrad-Adenauer-Stiftung, *Michael Braun*, nähert sich unserem Thema mit der Frage: *Wie viel Gegenwart verträgt die Literatur?* Er zitiert Roland Barthes' Wort vom „Club der toten Dichter", womit es die überkommene Literaturwissenschaft zu tun habe, also Barthes' Forderung nach einer Verjüngung des Faches. Wird jedoch durch zu große Aktualisierung nicht die Grenze zwischen Literaturwissenschaft und Literaturkritik aufgehoben?, fragt Braun. Wie viel Gegenwart ist nicht nur der Wissenschaft von der Literatur, sondern dieser selbst zuträglich? Seine Antwort in den Schlussthesen: Die Gegenwart bedarf der Gegenwartsliteratur, und die Literatur ihrerseits kann vielleicht gar nicht genug Gegenwart vertragen.

Manfred Bierwisch, Altmeister der deutschen Linguistik, fragt nach dem Unterschied von linguistischer und spezifisch poetischer Erfassung eines Sprachkunstwerks. Sein Beitrag ist der einzige, worin sehr konkret und überzeugend ein kurzer Text, Hölderlins spätes Gedicht „Die Linien des Lebens sind verschieden" poetologisch, das heißt strukturell, eingehend analysiert wird. Es ist bezeichnend, dass er in dieser notwendigen Detailarbeit – trotz Hinausgehens über die normale Satzgrammatik – auch für die spezifisch poetischen Strukturen immer wieder an den linguistischen Strukturen ansetzt. Es scheint eine bisher verborgene Beziehung zwischen Grammatik und spezifisch poetischen Strukturen zu geben. Bierwisch fragt weiter nach einer „ästhetischen Disposition" als einem gemeinsamen Faktor aller Künste und macht dafür vorläufig ein „System an Prinzipien" wie Symmetrie, Proportion, Wiederholung, Kontrast, Balance von Invarianz und Varianz ausfindig. Einem Diktum Chomskys folgend, verweist er zuletzt dennoch auf das Unerklärliche der Kreativität.

Rainer J. Kaus' Beitrag „Literature as Meta-language and the Proto-language of the Unconscious" erscheint (ohne Abstimmung beider Autoren) wie ein Antwortversuch auf Bierwischs Fragestellungen: Das Verhältnis von linguistischer und poetologischer Analyse sieht Kaus genau in dem Begriff Meta-Sprache künstlerischer, das heißt spontan gelebter, nicht theoretisch-objektivierender Reflexion der Normalsprache ausgedrückt. Die neue semiotische Reflexionstheorie, auf die er sich stützt, sieht den „gemeinsamen Faktor aller Künste" (Bierwisch), auch der nichtsprachlichen, in solchen meta-sprachlichen Strukturen: Diese seien als Produkte der menschlichen Selbstreflexion jedoch prinzipiell gleicher Natur wie die primären Sprachstrukturen. Da diese Reflexionsstrukturen vorbewusst sind, stellen sie zugleich einen Teil der „Proto-Sprache" des Unbewussten dar, um deren Befreiung zur Sprache oder eben künstlerischer Meta-Sprache es der Psychoanalyse geht.

Während sich aus Kaus' reflexionstheoretischem Ansatz für Sprache wie künstlerische Sprache (Literatur) auch eine Systematik der Literaturgattungen ergibt, fragt *Claudia Liebrand* in einem von ihr mit herausgegebenen Sammelband „Gattung und Geschichte" (2012) nicht nach systematisch-invarianten als vielmehr – skeptisch gegenüber der traditionellen Gattungstheorie – nach geschichtlichen Abwandlungen der literarischen Gattungen. Im hier vertretenen Beitrag „The Longing for Reference and Literary Theory" widmet sich die

Kölner Literaturwissenschaftlerin hingegen der gegenwärtigen Theoriewende: einer Wende von der selbstreferentiellen zurück zur fremdreferentiellen Auffassung von Literatur. Sie kommt zu dem Ergebnis, dass Literaturwissenschaft auf beide Referenz-Foki nicht verzichten kann, dass also die neue „Sehnsucht nach Referenz" nicht einfach restaurativ hinter Poststrukturalismus, Dekonstruktion, Postmoderne und Konstruktivismus zurückfallen darf. Literatur verweise sowohl fremdreferentiell auf die Welt wie selbstreferentiell auf die Literatur selbst. Beide Referenzen seien literaturtheoretisch gleichermaßen in den Blick zu nehmen.

Die Untersuchung des in Wien lehrenden klassischen Philologen *Stefan Büttner* „Kunst als Nachahmung der Natur? Zu einem Grundbegriff der antiken Literaturtheorie" ist ein Musterbeispiel, wie wirkungsgeschichtlich mächtige Vorurteile durch Rückgang auf die Originalquellen selbst behoben werden können. In dem Fall geht es einmal um das Verständnis von „Nachahmung der Natur", was bei Platon wie Aristoteles nichts mit bloßem Abbilden der Natur zu tun habe, sondern mit dem Erfassen ihrer Prinzipien. Dasselbe trifft zu auf die angebliche Entgegensetzung von Darstellung von Faktischem und Fiktion. Es ist die innere Logik des Handelns der Charaktere, nicht die Faktualität, welche von diesen Gründungsfiguren der abendländischen Philosophie nur der Willkürdarstellung, der sinnlosen Fiktion, entgegengesetzt wird. Dementsprechend wird Fiktion im heutigen Sinn von der antiken Literaturtheorie weder verworfen noch als konstitutiv betrachtet, noch kann die antike Ästhetik in dieser Hinsicht einer angeblich von Grund auf umgewendeten modernen Ästhetik entgegengesetzt werden. Büttner möchte die antiken Literaturtheorien wieder als ernsthaften Gesprächspartner über den fraglich gewordenen Gegenstand der Literaturwissenschaft ins Gespräch bringen. Wer aber vermag heute derart solide Kenntnis der großen alten Texte mit systematischer Offenheit für die heutigen Fragestellungen logisch konsequent zu verbinden?

Die dichte Abhandlung von *Hartmut Günther* über „Literature and Literality" zeichnet sich durch besondere Präzision bezüglich einer ganz bestimmten Fragestellung aus. Seine These lautet, dass „jedwede Antwort auf die Frage, was Literatur denn sei, Bezug auf ihre Schriftgebundenheit nehmen muss", dass Schriftlichkeit also notwendige, wenngleich nicht hinreichende Bedingung für alle Literatur sei. Schrift ermöglicht durch Bezug auf die sprachliche Form selbst erst die literarische Kultivierung der Sprache – auch in alten und neuen Formen scheinbar nur mündlicher Literatur. Die schriftliche Vergegenständlichung lässt sich, wenn mein geschätzter Mitherausgeber mir diese reflexionstheoretische Formulierung seiner Einsichten erlaubt, als eine dem Sprachleben interne Reflexion mittels Objektivierung („Vergegenständlichung" lautet Günthers Schlüsselwort) verstehen – sehr wohl zu unterscheiden von der nachträglich objektivierenden Reflexion der Theorie. Schriftlichkeit ist in der Tat Bedingung für eine als Meta-Sprache verstandene Literatur.

Eine selbst künstlerische Diktion in ihrer Auffassung von Literatur mutet uns die Amerikanistin *Camelia Elias* von der Roskilde University zu. In der fast gleichnamigen Kurzfassung ihres 2011 erschienenen Buches „The Ways of the Sign. Cultural Text Theory in Two Steps", in diesem Artikel mit dem Untertitel „Literary Theory in Two Steps", setzt sie das Narrativ der allgemeinmenschlichen Existenzerfahrung (1. „We get born, we live, and we die", 2. „We feel kind of sad") in Parallele zu zwei Schritten des Umgangs mit Literatur: „What is happening? A text is here." – „How do I feel about it? I can feel it." Es ist ein wortmächtiges Plädoyer für eine Literaturrezeption und -theorie der unmittelbar existentiellen, gefühlten Betroffenheit. Camelia Elias bezieht sich sehr auf Hans-Ulrich Gumbrechts „Production of Presence. What Meaning cannot convey" (2003). Erst zum Schluss ihres Artikels wehrt sie ein zu subjektivistisches Verständnis ihres Standpunktes ab: „that the truth of beauty lies not in the eye of the beholder (…) but in form. The infinished form. The form that surprises." Eine Form also jenseits klarer Strukturen und binärer Gegensätze. Es wäre zu diskutieren, wie viel an überraschenden Formen in diesem Sinne das Konzept Meta-Sprache hergibt – eine noch offene Diskussion.

Sarah Winter, Literaturwissenschaftlerin an der University of Connecticut, die schon 1999 ein bemerkenswertes Freud-Buch publiziert hat („Freud and the Institution of Psychoanalytic Knowledge"), wagt sich hier erneut an eine interdisziplinäre Aufgabe heran: zu untersuchen, welcher literarischen Genres sich der Schriftsteller Freud in seinen Fallerzählungen oder Literaturanalysen bedient, ferner vor allem, welche Art von „wissenschaftlichen Metaphern" er erfindet. Unter wissenschaftlichen Metaphern sind, im Unterschied zu rein literarischen, sogenannte Katachresen gemeint, also Sprachbilder für fehlende wissenschaftliche Begriffe wie zum Beispiel „Ödipuskomplex". Damit ist angedeutet, einen wie weiten Begriff von Metaphern sie verwendet – er umfasst auch sogenannte Metonymien und Symbole sowie Symptom-Zeichen. Besonders intensiv befasst sich Sarah Winter nämlich mit hysterischen Symptomen als der „Körpersprache" des Unbewussten. Das interdisziplinäre Thema umgreift also ambitiös sowohl literarische Analyse wie Wissenschaftstheorie der Psychoanalyse. Zum Schluss spricht sie von einem bisher nicht anerkannten

Forschungsprojekt: „a generative scientific poetics of the mind". Dies ist hoch kontrovers, weil eine reflexionslogische Stilistik beanspruchen würde, eben solche „poetics of the mind" durch den Aufweis von Stilfiguren zu leisten, die sich – muttersprachlich invariant – aus der bloßen Selbstbezüglichkeit (Reflexionsfähigkeit) des „mind" ergeben.

Eine erstaunlich kenntnisreiche Ergänzung zu den literaturtheoretischen Ansätzen bietet *Markus Engelhardt*, Musikhistoriker in Rom. Seine Miszelle „Literatur und Musik" lässt keine Epoche der abendländischen Musik seit ihrer Geburtsstunde aus dem musikalisch geformten Vortrag liturgischer Texte aus. Die Wechselwirkung von Literatur und Musik ist sein Thema. Sie kulminierte bisher wohl in der Doppelbegabung Robert Schumann, wenngleich Engelhardt mit einem Zitat aus Richard Wagners *Tagebuch für Mathilde Wesendonck* über die Ankunft im Canal Grande in Venedig schließt. Da war Wagner vielleicht mehr Poet als in seinen Operntexten. Es wäre zu wünschen, dass diese historische Fundgrube zu den vielfältigen Beziehungen von Literatur und Musik eine adäquate kunsttheoretische Auswertung über das Verhältnis von literarischer und musikalischer Meta-Sprache erführe! Läge sie schon vor, hätte sie dieser Kenner zweifellos mit vorgestellt.

Den so freundschaftlichen Beitrag des Kölner Künstlers, Kunsttherapeuten und Kunstpädagogen *Peter W. Rech* möge man als ein selbst künstlerisches Nachwort betrachten. Es steht mir nicht an, zu all dem Erinnerten und Bedenkenswerten nochmals öffentlich Stellung zu nehmen, es sei denn in der spiegelnden Bestätigung: „Was bescheren einem die ‚Lehr-Freunde'? Durch sie fällt die eigene Lehrtätigkeit wie in einem Hohlspiegel in sich selbst zurück." Was immer an Persönlichem darin zusammenfassend gespiegelt wird – ich halte mich für unser gemeinsames Thema an der Einsicht fest, dass *Literatur die gelingende Selbstbespiegelung der Sprache* sei, welche ihrem Reflexions-Wesen, als dem Ausdruckssystem der menschlichen Selbstreflexion, latent immanent und in der Kulturentwicklung notwendig ist. Ob diese hier am Rande notierte Definition von Literatur am Ende konsensfähig ist?

Es bleibt mir als Betroffenem und im Namen der beiden Herausgeber nur übrig, allen Beteiligten sowohl für die Teilnahme am Symposion wie für ihre bleibenden Beiträge zu dieser Dokumentation aufrichtig zu danken und eine erfolgreiche Weiterführung ihrer Forschungen zu wünschen, auch im weiteren Diskurs miteinander.

Berlin/Montagnola, Dezember 2016   Rainer J. Kaus

Preface

The Institute for German Language and Literature II at the University of Cologne, instead of organizing a merely formal celebratory farewell upon my departure from teaching at the institute, offered me the option and then underwrote an event to mark that moment, hosting a symposium wonderfully rich in content. I was able then to invite to it both fellow teachers as well as a few international colleagues, all of which took place on 6–7 October 2011. I chose as the central question one that would seem to have apparently been answered long ago, but in truth only in recent decades has risen once again to be an "existentially" fundamental issue in literary studies. The style of the methodological convergence on literature and the scholarly rivalry over the appropriate methods depend crucially on what would seem to be a child-like question: "What is Literature?" Only when it is clear what is constitutive for literature and literarticity that then it becomes possible to achieve a certain unanimity as to the appropriateness and effectiveness of the respective methods, all the while maintaining the desired plurality.

The symposium in its discursive exchanges, given the unavoidable time limitation, could not (as one might expect) come in fact to some immediate and direct results. The indirect and at the same time shareable results for communication to a larger circle of interested individuals is what is now in hand in this collection of articles. I believe I am able to say that the volume represents a discussion at a high level of literary theory, and to some extent literary psychology as well as general art theory. From my perspective, via a brief description of the articles, I will seek to sketch out a conceptual arc in what follows. The reader, of course, is free to choose another way of ordering things than the one suggested here.

The leading literary critic of the Konrad Adenauer Foundation, *Michael Braun*, approaches our chosen topic with the question: *"Wie viel Gegenwart verträgt die Literatur?"* He quotes Roland Bathes's expression of "Dead Poets Society", which has to do with traditional literary studies, and thus Barthes's insistence on a rejuvenation of the discipline. Yet, what Braun asks, is whether such a large updating of relevance would not end up removing the boundary between literary studies and literary criticism? Just how much of the present is beneficial not only to the scholarly study of literature, but also to itself? His answer comes in the concluding thesis: The present needs the literature of today, and literature for its part can perhaps not tolerate enough of the present.

Manfred Bierwisch, doyen of German linguistics, asks about the difference between a linguistic and a specifically poetic assessment of a literary work of art. His article is the only one in which quite concretely and convincingly a short text is thoroughly analyzed poetologically, that is, structurally. The piece is Hölderlin's late poem: *Die Linien des Lebens sind verschieden*. It is significant that in this necessarily detailed effort—in spite of reaching beyond normal sentence grammar—that even when addressing the specific poetic structures he begins over and over again with the linguistic structures. There appears to be what until now was a hidden relationship between grammar and specific poetic structures. Bierwisch inquires further into an "aesthetic disposition" as a common factor in all art and so provisionally identifies a "system of principles", such as symmetry, proportion, repetition, contrast, and a balance of invariance and variance. In the end, however, following a dictum of Chomsky's, he concludes by referring to the inexplicability of creativity.

My article "Literature as Meta-Language and the Proto-language of the Unconscious" appears (without any coordination between the two authors) as an attempt to answer Bierwisch's question: The relationship between linguistic and poetological analysis is something I see specifically expressed in the idea of a meta-language of artistic reflection on normal language. (By 'artistic' I mean spontaneously lived and not some focused theoretical analysis and objective assessment.) The new semiotic reflection-theory, on which I am relying, sees the "common factor of all forms of art" (Bierwisch), even the nonverbal forms, in such meta-language structures. These may be seen as the products of human self-reflection, yet nevertheless basically are of the same nature as the primary linguistic structures. Since these reflection-structures are pre-conscious, they represent at the same time part of the "proto-language" of the unconscious, about whose liberation to be expressed in language or even in artistic meta-language psychoanalysis is concerned.

Whereas what emerges from my reflection-theoretical approach for language as artistic language (literature) is also a systematics of literary genre, *Claudia Liebrand* (in *Genre and History*, the collection she co-published in 2012) inquires not into systematic invariants, but much more so (skeptically *vis-à-vis* traditional genre theory) into historical variations of literary genres. In the contribution included here, "The Search for Reference and Literary

Theory", this literary theorist from Cologne dedicates herself conversely to the current shift in theory: a change from the self-referential back to an 'other-referential' view of literature. She comes to the conclusion that literary studies cannot forego either reference-foci; so the new "search for reference" is not to simply relapse into post-structuralism, deconstruction, post-modern, and constructivism. Literature points both other-referentially to the world as well as self-referentially to literature itself. Both references are to be taken equally into account at the level of literary theory.

The study by the classical philologer *Stefan Büttner* (who teaches in Vienna) "Kunst als Nachahmung der Natur? Zu einem Grundbegriff der antiken Literaturtheorie" is a prime example of how historically effective and powerful prejudices can be corrected through returning to the original sources themselves. In this case it has to do on the one hand with understanding "imitation of nature", which neither for Plato nor Aristotle had anything to do with simply portraying nature, but rather with capturing nature's principles. The same applies to the supposed contraposition of the representation the factual and the fictitious. It is the internal logic of the characters' action, not the factuality which these founding figures of Western philosophy set against any arbitrary representation, a meaningless fiction. Accordingly, fiction (in today's sense) was neither discarded nor considered constitutive by the literary theory of antiquity, nor can the aesthetics of antiquity in this respect be set over against a modern aesthetics allegedly turned inside out from the ground up. Büttner would like to bring the literary theory of antiquity into the discussion as a serious interlocutor regarding what has now become the disputed object of literary theory. But who is capable today of connecting in a logically consistent way the kind of solid knowledge of the great ancient texts with a systematic openness for present-day issues?

The tightly argued essay by *Hartmut Günther* on "Literature and Literality" distinguishes itself through its precision with reference to a very specific issue. His thesis is that "any answer to the question as to what literature may be, must make reference to its written fixedness," such that literality is therefore a necessary condition (even if not a sufficient one) for all literature. Writing enables through its reference to the linguistic form itself, first of all, the literary cultivation of the language—both in old and new forms of what seems to be merely oral literature. The written reification allows itself (if my esteemed co-editor will allow me this reflection-theoretical formulation of his insights) to be understood as a reflection internal to the linguistic practice by means of objectification ("reification" is how Günther's key word expresses it) —which is quite important to distinguish from the retrospective objectifying reflection of theory. Literality is in point of fact the condition for literature understood as a meta-language.

What in itself is an artistic elocution in her view of literature is something of which the Americanist, *Camelia Elias*, from Roskilde University assumes us capable. In what is a short version bearing almost the same title as her 2011 book *The Ways of the Sign. Cultural Text Theory in Two Steps*, in the article here (with the subtitle: "Literary Theory in Two Steps") she sets the narrative of the general human experience of existence (1. "We get born, we live, and we die", 2. "We feel kind of sad") in parallel to two steps of the interaction with literature: "What is happening? A text is here." – "How do I feel about it? I can feel it." It is an eloquent plea for a literary reception and literary theory of the immediately existential, felt sense of amazement. Camelia Elias relies significantly on Hans-Ulrich Gumbrecht's "Production of Presence. What Meaning Cannot Convey" (2003). It is only at the end of her article that she fends off a too subjectivistic understanding of her point of view: "that the truth of beauty lies not in the eye of the beholder (…) but in form. The unfinished form. The form that surprises." A form, therefore, beyond clear structures and binary oppositions. What would still need discussion is how many surprising forms in this sense the concept of meta-language provides—a discussion that is still open.

Sarah Winter, a literary theorist at the University of Connecticut, who published in 1999 a noteworthy book on Freud ("Freud and the Institution of Psychoanalytic Knowledge"), now ventures once again to undertake an interdisciplinary exercise: investigating which literary genres Freud (as an author) made use of in his case studies or literary analyses; moreover and above all, what style of "scientific metaphors" he devises. Among the scientific metaphors, as distinct from purely literary ones, are what are called catachreses, thus linguistic images for missing scientific concepts, such as the "Oedipus complex". That provides a tip on how broad the notion of metaphor is that she uses—it comprises what are called metonymies and symbols as well as symptom-signs. What Sarah Winters addresses with a special intensity are namely symptoms of hysteria as the "body language" of the unconscious. This interdisciplinary topic ambitiously encompasses, therefore, both literary analysis as well as the scientific theory of psychoanalysis. At the end she speaks of what to this point is a research project that still lacks recognition: "a generative scientific poetics of the mind". This is highly controversial, because it would call for a reflection-logical stylistics, even rendering a "poetics of the mind" through the demonstration of stylistic devices, which—invariant across mother tongues—present themselves from the mere self-referentiality (capacity for reflection) of "mind".

Markus Engelhardt, a music historian in Rome, offers a remarkably learned complement to these literary-theoretical approaches. His short piece "Literatur und Musik" misses not one epoch of Western music since the moment of its birth from the musically formed presentation of liturgical texts. The interplay between literature and music is his subject. It culminates in the double talents of Robert Schumann, even if Engelhardt concludes with a quote from Richard Wagner's *Tagebuch für Mathilde Wesensdonk*, about arriving at the Grand Canal in Venice. At that moment, Wagner was perhaps more a poet than in his libretti. One would hope that this historical treasure trove of the many-sided relationships between literature and music will receive an appropriate art theory appraisal as to the relationship between literary and musical meta-language! Were it already available, this expert would undoubtedly have presented it here.

The very kind contribution by the Cologne artist, art therapist, and art teacher *Peter W. Rech*, may be taken as its own artistic epilogue. It is not up to me to publicly respond once again to all things remembered and remarked upon. It may be in the reflective affirmation: "What grants to someone 'teaching-friends'? Through them actual teaching activity falls back upon itself as if into a concave mirror." Whatever of the personal is collectively reflected in it—I hold fast to our common topic and the insight that *literature is the successful self-reflection of language*, which for its reflective essence, as the system of expression of human self-reflection, is latently immanent and necessary in the development of culture. As to whether this definition of literature, appearing here on the margins, is ultimately capable of finding consensus…?

All that remains now for me to do as the person concerned and in the name of both editors is to thank sincerely all the parties involved, both for their participation in the symposium as well as their lasting contributions to its written record, and to wish them a successful continuation of their research, including their further discourse with one another.

Berlin/Montagnola, December 2016   Rainer J. Kaus

Michael Braun

Wie viel Gegenwart verträgt die Literatur?

Bausteine zu einer Theorie der Gegenwartsliteratur

Im Herbst 2010 ging es wieder einmal um die Lage der deutschen Gegenwartsliteratur. Wieder einmal deswegen, weil zuletzt 1998 drei Literaturkritiker über die Literatur ihrer Zeit gestritten und dabei ganz ähnliche Positionen eingenommen hatten. Kritik der „Boulevardisierung"[1] versus Feier der pluralistischen Postmoderne, so waren die Kombattanten damals in Stellung gegangen, nachzulesen in dem Sammelband *Maulhelden und Königskinder*. Diesmal, 2010, fand die Debatte in der *Zeit* statt. Drei Teile, drei unterschiedliche Stimmen: Iris Radischs Qualitätskontrolle fiel negativ aus, sie monierte eine „Vervolkstümlichung" des Erzählens und tadelte die allgemeine Ernüchterung in aktuellen Zeitgeistromanen.[2] Ina Hartwig hingegen fand Gefallen an dem ‚erzählenden Denken' der Autoren und lobte deren originelle und wagemutige Zeitdiagnosen.[3] In der Mitte bewegt sich das Urteil von Ursula März, die zwar eine vage Selbstmusealisierung der deutschen Gegenwartsliteratur beklagte, aber immerhin Könnerschaft bei der Erledigung langweiliger Archivaufgaben notierte.[4]

Man kann solche Erwartungen der Kritik an die Gegenwartsliteratur auf zwei Grundforderungen einschränken. Es ist einerseits das Neue, Ungewöhnliche, Noch-nicht-Gelesene, das eingefordert wird, beispielsweise der Berlinroman der Gegenwart oder der ultimative Roman zur deutschen Einheit.

---

1   „Nivellierung, Gefälligkeit und Erfolgsbewußtsein, handwerkliche Gediegenheit bis zu blendender Virtuosität im Umgang mit vorhandenen Mitteln, hoher Stoffreiz und Verarbeitungseffekt, das alles erkauft mit geringer Erkenntniskraft und gesellschaftlicher Funktionslosigkeit", schreibt Reinhard Baumgart (Boulevard – was sonst? In: Andrea Köhler, Rainer Moritz (Hrsg.): Maulhelden und Königskinder. Zur Debatte über die deutschsprachige Gegenwartsliteratur. Leipzig 1998, S. 59).

2   Iris Radisch: Zur Lage der Literatur. In: Die Zeit, 30.9.2010. – Vgl. zum Folgenden auch Verf.: Die deutsche Gegenwartsliteratur. Eine Einführung. Köln u. a. 2010.

3   Ina Hartwig: Bilder für jetzt. In: Die Zeit, 14.10.2010.

4   Ursula März: Ewige Mittelstandsparty. In: Die Zeit, 7.10.2010.

Andererseits, und das hängt mit der ersten Forderung eng zusammen, wird immer wieder die Gegenwärtigkeit der Literatur eingeklagt, die sich nicht mit Vergangenem, sondern eben mit der Erfahrung der Zeitgenossen und den jetzt auf der Straße liegenden Stoffen zu beschäftigen habe.

Die Literaturkritik sucht das Gegenwärtige im Neuen und das Neue in der Gegenwart. Der Ort der Gegenwartsliteratur ist der Zeitgeist. So schreibt der Kritiker Richard Kämmerlings: Gegenwartsliteratur sei „ihre Zeit, in Geschichten gefasst"[5], das „wahre Wikileaks des Zeitgeistes".[6] Doch dieser Zeitgeist ist ein schlechter Ratgeber.[7] Er enthüllt nicht die Gegenwart, sondern nur den ständigen Wandel der Themen und Tendenzen in jenem von Hesse so genannten „feuilletonistischen Zeitalter", in dem es darauf ankommt, „einen bekannten Namen mit einem gerade aktuellen Thema zusammenzubringen".[8] In wilder Konkurrenz und unüberschaubarer Vielfalt produziert der Zeitgeist, mit Hans Blumenbergs Worten, ein „System freischwebender Konsistenz von Behauptungen", „die niemand nachprüfen kann und die wegen ihrer immanenten Stimmigkeit alles überlagern, was an empirischen Inhalten anfällt".[9] Wer in der Literatur aber nur einen zeitgeisttreuen Spiegel ihrer Gegenwart sieht, vermag darin nur zu lesen, was auch in den Zeitungen steht, und das ist eine Karikatur der Zeit: „In Literaturdeutschland verdienen die Menschen zwischen 1.800 Euro und etwa 10.000 Euro brutto im Monat. Sie haben Stress mit der Familie, der Liebe und schwankenden Gefühlen, sie sind gern allein und gehen mindestens ebenso gern auf Reisen."[10]

Das Neue und das Gegenwärtige fallen nicht immer zusammen. Vor der wohlfeilen Aktualitätsforderung versagt Daniel Kehlmanns Roman *Die Vermessung der Welt* (2005), der keine Gegenwart, sondern die Zeit um 1800 beschreibt. Doch Kehlmann hat sein Buch, das zu den bestverkauften Werken der deutschsprachigen Belletristik nach 1945 gehört, ausdrücklich als

---

5   Richard Kämmerlings: Das kurze Glück der Gegenwart. Deutschsprachige Literatur seit '89. Stuttgart 2011, S. 18.

6   Ebd., S. 205.

7   Iris Radisch: Kinder, wie die Zeit vergeht! Der Literaturkritiker Richard Kämmerlings legt schon eine Geschichte der Nachwendeliteratur vor. In: Die Zeit, 24.2.2010.

8   Hermann Hesse: Das Glasperlenspiel. Versuch einer Lebensbeschreibung des Magister Ludi Josef Knecht samt Knechts hinterlassenen Schriften. Frankfurt a. M. 2002, S. 19. Vgl. dazu Heimo Schwilk: Hermann Hesse. Das Leben des Glasperlenspielers. München, Zürich 2012, S. 337 f.

9   Hans Blumenberg: Begriffe in Geschichten. Frankfurt a. M. 1998, S. 250.

10   März (Anm. 4).

„Gegenwartsroman" bezeichnet, „der in der Vergangenheit spielt".[11] Die Gegenwart dieses Romans enthält mehr als die Zeit, in welcher er entstanden ist und gelesen wird. Er umfasst auch die Tradition, zu der er in einem affirmativen oder abweisenden Verhältnis steht. Gegenwärtig ist uns Kehlmanns Roman gerade in seiner Form, die durch indirekte Rede, Konjunktiv und szenischen Dialog einen ironischen Kontrast zu dem klassizistischen Denken des Humboldt'schen Weltentdeckungszeitalters herstellt. Die Geschichte ist zur Gegenwart hin offen.

Das illustriert auch der Doppelpunkt, mit dem Uwe Tellkamps DDR-Endzeit-Roman *Der Turm* (2008) endet: „… aber dann auf einmal … schlugen die Uhren, schlugen den 9. November, ‚Deutschland einig Vaterland‘, schlugen ans Brandenburger Tor".[12] Im Manuskript stand der Satz: „Die Mauer fiel." Der Autor hat diesen Satz zugunsten der Offenheit der Geschichte – und einer angekündigten Romanfortsetzung – gestrichen.

Auch passt nicht alles, was neu ist, in die Gegenwart. Manchen Büchern kann man es erst später ansehen, dass sie eine Literatur der Gegenwart gewesen sind. Selbst Kenner haben lange Zeit an den Werken von Reinhard Jirgl vorbeigesehen, der zuzeiten der DDR als Beleuchtungstechniker an der Volksbühne arbeitete und seine Manuskripte nicht publizieren konnte, nicht öffentlich lesen durfte und erst nach dem Mauerfall 1989 mit seinen Romanen bekannt wurde. Niemand weiß, wie viele unentdeckte Genies derzeit schreiben und wie viele ungedruckte Manuskripte in den Schubladen liegen. – Und nicht alles, was in der Gegenwartsliteratur als gegenwärtig erscheint, ist neu. Die skurrilen Einfälle, mit denen Sibylle Lewitscharoff ihren philosophischen Helden *Blumenberg* in dem gleichnamigen Roman von 2011 wiedererstehen lässt, haben ihre Vorbilder bei Thomas Bernhard *(Wittgensteins Neffe)* und bei Thomas Mann (in der Savonarola-Novelle *Gladius Dei*, im Roman *Der Zauberberg*).

Ich möchte diese Hauptkriterien der Neuigkeit und der Gegenwärtigkeit in zweierlei Hinsicht auf ihre Tauglichkeit für eine Gegenwartsliteraturwissenschaft befragen. Dabei lässt sich die Literaturkritik, die hierzulande – anders als im angloamerikanischen Raum – immer noch oft auf die Rolle einer Vorsortiermaschine und einer mit unhistorischer Nähe zum Gegenstand arbei-

---

11 Daniel Kehlmann: „Ich wollte schreiben wie ein verrückt gewordener Historiker". Interview. In: FAZ, 9.2.2006.

12 Uwe Tellkamp: Der Turm. Geschichte aus einem versunkenen Land. Frankfurt a. M. 2008, S. 973.

tenden Wertungsinstanz reduziert wird, nicht ganz ausklammern. Ohne Kritik gibt es keine Wissenschaft, aber die Wissenschaft muss über die Kritik hinausgehen und zumindest eine theoretische Distanz zu ihrem Gegenstand herstellen, was wiederum schwerfällt, weil dieser Gegenstand, die Gegenwartsliteratur, zum Betrachter in größter zeitgenössischer Nähe steht – also eben ohne den gebotenen historischen Analyseabstand.

Die erste Frage lautet also: Wie viel Literatur verträgt eigentlich die Gegenwart? Es ist die Frage, die hinter den eingangs zitierten Debatten steht. Sie stammt von der Literaturkritik und wird von ihr selbst in der ein oder anderen routinierten Weise beantwortet. Doch jenseits des Überdrusses an der saisonalen Überproduktion neuer Bücher einerseits und des Enthusiasmus angesichts des deutschsprachigen Literaturmarktes andererseits, der mit seiner Vielfalt europäisch und wohl auch weltweit seinesgleichen sucht, gibt es einen dritten Weg, der für die Literaturwissenschaft interessant ist. Er liegt in einem vergleichenden Blick auf die Preispolitik der Jury und die Bestenlisten der Kritik, die oft implizite Kanons der Gegenwartsliteratur sind.

Die zweite Frage, die im Titel meines Vortrags genannt ist, gilt dem im Begriff der „Gegenwart" rumorenden Aspekt der Zeitlichkeit: Wie lang oder wie kurz ist die Gegenwärtigkeit der Literatur? Anders gefragt: Wie viel Gegenwart verträgt die Literatur eigentlich? Auch diese Frage soll vorrangig aus der Sicht der Literaturwissenschaft beantwortet werden. Denn die Perspektive der Literaturkritik, die kontrastiv danach fragt, wie viel Literatur die Gegenwart verträgt, ist die Sicht eines „überförderten" Kulturbetriebs,[13] in dem jährlich über 7.000 Romane auf den Markt gebracht und über 300 Literaturpreise verliehen werden. Diese Vielfalt kann kein Leser mehr bewältigen, auch keine Buchpreisjury, die immerhin in weniger als drei Monaten fast 200 Romane zu sichten hat.

Vorab jedoch ist nach dem Begriffskompositum „Gegenwartsliteratur"[14] selbst zu fragen, vor allem nach der „Gegenwart", durch die der Gebrauch des Begriffes, seine Bedeutung und seine Kritik bestimmt werden. Was für eine Gegenwart meinen wir, wenn wir von deutscher Gegenwartsliteratur sprechen? Ist sie eine immanente Notwendigkeit oder eine akzidentielle Eigenschaft der Literatur, ist sie ihr Nahrungsstoff oder bloße Dekoration?

----

13 Vgl. Wilfried Barner (Hrsg.): Geschichte der deutschen Literatur von 1945 bis zur Gegenwart. 2.,
    akt. u. erw. Aufl. München 2006, S. 806–808.

14 Vgl. dazu Verf.: Die deutsche Gegenwartsliteratur. Eine Einführung. Köln, Weimar 2010.

Das „Gegen-wärtige" hat eine raumzeitliche Doppelbedeutung. Sie besteht darin, dass „gegen-wärtig" zunächst etwas ist, das uns physisch erkennbar gegenübersteht. Gemeint ist aber auch das, was geistig gegenwärtig ist, die Vergegenwärtigung also von Abwesendem. Diesen Beleg liefern schon die ersten hochdeutschen Wörterbücher. Die Gegenwart liefert so eine Vorstellung von Zeit, die auch Vergangenheit und Zukunft umfasst. Diese Zeitvorstellung der Gegenwärtigkeit ist virulent von Augustinus, der die Vergangenheit als erinnerte, die Zukunft die erhoffte Gegenwart bezeichnet, bis zu Heidegger, der das „Sein der Zeit" als das „Jetzt" versteht, als „angeschautes Werden".[15]

Dieser Aspekt der Zeitlichkeit ist das **Präsens** der Gegenwartsliteratur. Er kommt erstmals in weitreichendem Maße im Werk Heinrich Heines zum Ausdruck. Heine, der zeitgemäße Genres wie das Journal, den Reisebericht und den Brief literarisch salonfähig gemacht hat, antwortet auf das „Ende der Kunstperiode" mit dem Konzept einer empathischen Gegenwart. Diese Gegenwart ist ein selbstreferentielles Ereignis, sie gewinnt ihre Bedeutung aus der permanenten Reproduktion von „Neuigkeiten" (eines von Heines Lieblingswörtern).[16] Das Ende der Geschichte (der klassischen Kunstperiode) ist also der Anfang der Gegenwart. In diesem Bewusstsein von literarischem Präsens beginnt die Entdeckung der Gegenwart als Verzeitlichung der Geschichte.[17] In der Semantik ästhetischer Zeit bedeutet dieses Präsens reine Zeit, absolute Gegenwart. Seine mustergültige moderne Form findet es in Kafkas *Tagebüchern*, seinen literarischen Brutstätten, in denen diese Gegenwart als „Ein Augenblick Denken" (18.1.1922) oder, mit der bekannteren und früheren Formel, als „stehender Sturmlauf" (20.11.1911) bezeichnet wird.[18]

Zeitlichkeit ist die Eigenschaft der Präsenstheorie der Gegenwartsliteratur, Räumlichkeit gehört zur Theorie ihrer **Präsenz**. Man kann sich das gut vor Augen halten, wenn man die Gegenwartliteratur als räumliche Inszenierung einer „Körper-Geist-Einheit" in der „Arena ‚Sprache'" versteht.[19] Der hervor-

....

15 Martin Heidegger: Sein und Zeit. 19. Aufl. Tübingen 2006, S. 431.

16 Heinrich Heine: Berliner Briefe 1822. In: ders.: Sämtliche Schriften. Bd. 3. Hrsg. von Klaus Briegleb. Reinbek 1981, S. 22.

17 Vgl. Karl-Heinz Bohrer: Das absolute Präsens. Die Semantik ästhetischer Zeit. Frankfurt a. M. 1994, S. 146; ders.: Ekstasen der Zeit. Augenblick, Gegenwart, Erinnerung. München, Wien 2003; ders.: Plötzlichkeit. Zum Augenblick des ästhetischen Scheins. Frankfurt a.M. 1981.

18 Franz Kafka: Tagebücher. Kritische Ausgabe. Hrsg. von Hans-Gerd Koch, Michael Müller und Malcolm Pasley. Frankfurt a. M. 2002, S. 879 und 259 f.

19 Michael Lentz: Textleben. Über Literatur, woraus sie gemacht ist, was ihr vorausgeht und was aus ihr folgt. Frankfurt a. M. 2011, S. 33.

stechende Teil der Veranstaltungskultur ist für den 1964 in Düren geborenen Michael Lentz die Autorenlesung. Zu deren Präsenz gehören Kontrollverluste wie „Sprechlampenfieber", Husten, „Rumblättern in Büchern". Präsenztheoretisch ist Gegenwartsliteratur ein ästhetisches Originalerlebnis, das Autor, Werk und Leser bzw. Zuhörer in einem gemeinsamen ‚sinnlichen' Erfahrungsraum zusammenführt. Ist die Gegenwartsliteratur im Sinne der Präsenstheorie die Literatur, die zurzeit geschrieben wird (in des Wortes doppelter Bedeutung: über die Zeit und in der Zeit), so ist sie präsenztheoretisch eine Form erlebter (und medial vermittelter) Zeitgenossenschaft von Autor und Leser. Diese Aspekte der Realdefinition gehören zusammen.

Natürlich hat es schon lange ein Bewusstsein von literarischer Zeitgenossenschaft gegeben. Die Spätaufklärung und die frühe Goethezeit sind ein Spiegel dieses Bewusstseins. Lessings *Briefe die Neueste Literattur betreffend*, Schillers Bürger-Rezension, Heines *Romantische Schule* sind frühe Beispiele einer Gegenwartsliteraturgeschichtsschreibung. Aber das Kompositum „Gegenwartsliteratur", das die Gegenwärtigkeit der Literatur ja ebenso meint wie die Literatur der jeweils herrschenden Gegenwart (was nicht das gleiche ist), taucht erst in den Wörterbüchern des 20. Jahrhunderts auf. Die Sache ist älter als der Begriff.

Die Literaturwissenschaft hat lange gebraucht, um die Präsenz der zeitgenössischen Buchproduktion anzuerkennen. Noch in den 1960er Jahren waren Lehrveranstaltungen über Autoren der Jetztzeit eine Seltenheit. Roland Barthes hat die damalige akademische Konzentration auf einen Club der toten Dichter kritisiert: „man verlangt von uns zu warten, bis der Schriftsteller tot sei, um ihm mit ‚Objektivität' begegnen zu können".[20] Die Forderung nach einer Gegenwartsliteratur war die Forderung einer Verjüngung des Fachs. Heute sind Poetikvorlesungen und Autorenlesungen aus den Profilen der Universitätsgermanistik und Seminare über Gegenwartsliteratur aus den Lehrveranstaltungsverzeichnissen nicht mehr wegzudenken. Man gewinnt den Eindruck, die Literaturwissenschaft kann gar nicht genug Gegenwart vertragen. Einerseits! Denn andererseits bereitet es Schülern und Studierenden immer mehr Mühe, Texte in klassischen Formen wie dem Blankvers zu lesen.

<hr>

20 Roland Barthes: Kritik und Wahrheit. Aus dem Französischen übersetzt von Helmut Scheffel. Frankfurt a. M. 1967, S. 71.

1 Wie viel Literatur verträgt die Gegenwart?

Die Zeitgenossenschaft von Autor und Leser markiert auch eine Grenze des Wahrnehmungshorizonts. 94.000 Erst- und Neuerscheinungen kamen 2008 auf den deutschen Buchmarkt (1997 waren es 80.000), davon 14.800 belletristische Titel, was knapp 18 Prozent der Gesamtproduktion ausmacht, darunter wiederum 8.000 Romane. Immerhin 150 Bücher pro Monat hat der bücherbegeisterte Hanns-Josef Ortheil für eine Rezensionskolumne gesichtet.[21] Wir nehmen also immer nur einen kleinen Ausschnitt der Gegenwartsliteratur wahr, gesteuert durch die medialen Formate, in denen sie uns vermittelt wird.

Aus dieser Notlage führt der Kanon heraus, der eigentlich als in „tradierbare Form gebrachte gepflegte Semantik einer Gesellschaft"[22] im Widerspruch zur Gegenwartsliteratur steht. Gegenwartsliteratur ist literarisch gestaltete Zeit im beständigen Wandel, ihr fehlt die Gewissheit, dass die Bedeutung des Gegenwartsautors seine Epoche überdauert. Das aber ist eine Voraussetzung des Kanons. Man muss den Autor kennen, der für ein Werk steht, wenn man über ihn spricht. Die kanonische Frage schlechthin lautet daher: „Doktor, was halten Sie von Goethe?"[23] Sie stammt von Heine, der einmal Goethe auf die Frage, woran er, Heine, arbeite, mit der Antwort „An einem Faust" brüskiert hat. Ein Kanon hat das Ziel, eine Stabilität von Autorennamen und Werktiteln zu stiften, die über die eigene Zeit hinaus anhält.

Das zeigt vor allem der berühmte *Kanon* von Marcel Reich-Ranicki. Der Literaturkritiker legt seine Auswahl von Romanen, Erzählungen und Dramen (hinzu kommen Gedichte und Essays) auf die leserbezogenen Kriterien der Kürze, der Verständlichkeit, der Spannung, der Humanität fest. Die Gegenwart kommt nur als kleiner Ausschnitt des Ganzen vor. Nur ein Roman (Grass' *Blechtrommel*) der insgesamt 20 aufgenommenen und nur 2 der aufgenommenen 27 Dramen stammen aus der großzügig in die Nachkriegszeit zurückgedehnten Gegenwart. „Was halten Sie von der *Blechtrommel*?" oder: „Was halten Sie von Grass?" Das wäre demgemäß, über 50 Jahre nach dem Erscheinen des Romans und über zehn Jahre, nachdem der Autor dafür den Nobelpreis erhalten hat, eine Frage nach der Kanonizität eines Werks bzw. eines Autors. –

---

21 Vgl. Hanns-Josef Ortheil: Lesehunger. Ein Bücher-Menü in 12 Gängen. München 2009, S. 55.

22 Karl Eibl: Bücher für die Insel – Vom Funktionswandel des literarischen Kanons. In: Politische Studien 50 (1999) H. 366, S. 105.

23 Heine: Die Nordsee. Dritte Abteilung (1826). In: ders.: Sämtliche Schriften. Bd. 3 (Anm. 16), S. 220.

In den gegenwartsaffinen Gattungen der Lyrik und des Essays gilt übrigens immerhin einer von sieben bzw. einer von fünf Bänden der Gegenwartsproduktion; in der *Frankfurter Anthologie*, der größten Gedichtsammlung der deutschen Literatur, nimmt der Anteil des Gegenwärtigen stetig zu.

Ganz anders als Reich-Ranicki verhalten sich die Literaturkritiker, die sich mit dem Mut von Großwildjägern in den Dschungel der Gegenwartsliteratur stürzen und ihre Beute in Form von Bestenlisten dokumentieren. Sechs Bücher von namhaften Kritikern sind in den letzten sechs Jahren erschienen (Tab. 3.1). Sie erheben allesamt den Anspruch, eine wenn auch kurze Geschichte der Gegenwartsliteratur zu schreiben. Was auffällt, sind die Subjektivität der Auswahl und, damit verbunden, das Defizit an kritischen Selektionskriterien. Es gibt zwar gemeinsame Lieblinge der Literaturkritik (Beyer, Grünbein, Hilbig, Herta Müller, Kehlmann, Schulze, Strauß, Zaimoglu). Doch das ist nur die Spitze einer Pyramide, deren Basis so breit ist, dass man einzelne Schwerpunkte kaum ausmachen kann.[24] Der Schriftsteller Martin Mosebach unterscheidet in seiner „Rede über den deutschen Roman" zwischen einem „Geständnis-Expressionismus" (Jirgl, Winkler, Goetz), einer Jean Paul'schen Kunstprosa (Kronauer, Lewitscharoff, Henscheid), einem „Bibel- und Kalender-Ton" in der Hebel-Nachfolge (Tellkamp, Schulze, Hahn, Kempowski), der philosophisch-tiefgründigen Parabel (Handke, Strauß, Jelinek), dem historischen Roman (Ransmayr), der religiösen Lebenshaltung (Maier, Rothmann, Roth, Spinnen, Kermani).

Ein weitgehend ähnliches Bild zeigt die Chronologie der fünf wichtigsten Literaturpreise seit 2005 (Tab. 1). Auch hier gibt es bei den ausgezeichneten Autoren nur wenige Déjà-vus (u.a. Marcel Beyer), ansonsten eine breite Palette namhafter und eher unbekannter, etablierter, älterer und jüngerer Autoren. Einen größten gemeinsamen Nenner kann man bei den 41 Autoren nicht angeben, zu groß sind die Unterschiede in Herkunft und Alter der Autoren, in Thematik, Stil und Form ihrer Werke. Auch die Preise bilden jeweils ein unterschiedliches Profil; der Büchner-Preis gilt einem bereits etablierten Werk, ebenso der Breitbach-Preis, während der Bachmann-Preis für einen gelesenen Text und der Buchpreis für einen aktuellen Roman verliehen wird; der Literaturpreis der Konrad-Adenauer-Stiftung gilt einem Autor, der der „Freiheit das Wort" gibt.

....

24   Martin Mosebach: Fräulein Laura wollte niemand hören. Rede über den deutschen Roman. In: FAZ, 21.9.2011.

       © Frank & Timme   Verlag für wissenschaftliche Literatur

	Büchner-Preis (seit 1923/ 1951, seit 2011, 50.000 Euro)	Bachmann-Preis (seit 1977, 25.000 Euro)	Breitbach-Preis (seit 1998, 120.000 Euro)	Deutscher Buchpreis (seit 2005, 25.000 Euro)	Literaturpreis der Konrad-Adenauer-Stiftung (seit 1993, 15.000 Euro)
2003	Alexander Kluge	Inka Parei	Christoph Meckel, Harald Weinrich, *Herta Müller*	./.	Patrick Roth
2004	Wilhelm Genazino	*Uwe Tellkamp*	Raoul Schrott	./.	*Herta Müller*
2005	Brigitte Kronauer	Thomas Lang	Georges-Arthur Goldschmidt	Arno Geiger	Wulf Kirsten
2006	Oskar Pastior †	Kathrin Passig	Wulf Kirsten	Katharina Hacker	Daniel Kehlmann
2007	Martin Mosebach	Lutz Seiler	*F.C. Delius*	Julia Franck	Petra Morsbach
2008	Josef Winkler	Tilman Rammstedt	Marcel Beyer	*Uwe Tellkamp*	Ralf Rothmann
2009	Walter Kappacher	Jens Petersen	Ursula Krechel	Kathrin Schmidt	*Uwe Tellkamp*
2010	Reinhard Jirgl	Peter Wawerzinek	Michael Krüger	Melinda Nadj Abonji	Cees Nooteboom
2011	*F.C. Delius*	Maja Haderlap	Hans Joachim Schädlich	Eugen Ruge	Arno Geiger

Tab. 1: Chronologie Literaturpreise seit 2003

Kategoriale Außenseiter sind nicht unter den Autoren, alle haben eine treue Lesergemeinde und stehen hoch im Kurs bei der Kritik, was sie freilich nur selten zu Bestsellerautoren macht. So kann man sagen: Dieser ‚ausgezeichnete‘ Teil der deutschen Gegenwartsliteratur standardisiert einen mehrheitsfähigen Geschmack. Er etabliert die für die Gegenwartsliteratur konstitutive Zeitgenossenschaft von Autor und Leser, vermittelt durch die Medien des Literaturbetriebs, der die Aufmerksamkeitsökonomie über Feuilleton und Fernsehkritik, Radio- und Online-Rezension regelt.

Interessanterweise würdigt auch die Literaturwissenschaft, wenn sie nicht vor der Kürze der Gegenwart zurückschreckt (Schlaffer, Kurzke), einen guten Teil der von der Kritik anerkannten Autoren (Marcel Beyer, Durs Grünbein, Wolfgang Hilbig, Herta Müller, Daniel Kehlmann, Ingo Schulze). Andere zeitgenössische Autoren wie Sebald, Handke, Jelinek oder Botho Strauß ziehen zwar große Aufmerksamkeit der Forschung auf sich, gelten aber in der Kritik allenfalls als pflichtschuldig genannte Dichter für Dichter (poet's poets). (Vgl. Tab. 3.1 und 3.2).

Kurzum: Aus Orientierungsdenkmälern sind Wegweiser geworden, aus dem Kanon wird eine mehrheitsfähige Bestenliste. Neben der Zeitgenossenschaft von Autor und Leser gilt die Nicht-Kanonizität als zweites Kriterium einer Realdefinition der Gegenwartsliteratur.

2   Wie viel Gegenwart verträgt die Literatur, theoretisch?

Die als Privatkanon getarnte Bestenliste der Literaturkritik und die Preispolitik erwecken den Eindruck, dass die Gegenwart gar nicht genug von der Literatur vertragen kann, die in ihr entsteht. Was geschieht nun, wenn man den Spieß umdreht und fragt, welche und wie viel Gegenwart eigentlich der Literatur zuträglich ist. Diese Fragestellung verschiebt die Akzente von der Praxis des Literaturbetriebs auf eine Theorie der Literatur, die sich der Konstruktivität und des Kohärenzbedarfs ihres Gegenstandes bewusst ist.[25] Und dieser Gegenstand ist per definitionem nicht nur die Literatur, sondern auch deren Gegenwart.

Die bislang avanciertesten Versuche, die Gegenwart der Literatur theoretisch zu bestimmen, stammen von dem Stanforder Germanisten Hans Ulrich Gumbrecht und von George Steiner, der in Cambridge lehrt. Nicht zufällig lehren beide im angloamerikanischen Sprachraum, in dem die in Deutschland eingepflegte Trennung zwischen Literaturwissenschaft und Literaturkritik so nicht existiert. Die theoretischen Ansatzpunkte sind grundverschieden und

---

25 Der Begriff „Theorie" bezeichnet „explizite, elaborierte, geordnete und logisch konsistente Kategoriensysteme, die der Beschreibung, Erforschung und Erklärung der Sachverhalte ihres jeweiligen Objektbereichs dienen". Ansgar und Vera Nünning (Hrsg.): Methoden der literatur- und kulturwissenschaftlichen Textanalyse. Ansätze, Grundlagen, Modellanalysen. Stuttgart, Weimar 2010, S. 6.

          © Frank & Timme   Verlag für wissenschaftliche Literatur

lassen sich auf den eingangs skizzierten Doppelbegriff von Präsens und Präsenz beziehen.

Steiners Theorie tritt am reinsten in seinem Buch *Von realer Gegenwart* (1990) zutage. Der Titel der englischen Originalausgabe *Real presences* (1989) erinnert an die theologische Herkunft des Begriffs. Unter Realpräsenz versteht man in der katholischen Dogmatik „die wirkliche und bleibende Gegenwart Jesu Christi in den konsekrierten Gaben von Brot und Wein in der Eucharistie".[26]

In Anlehnung an den russischen Religionsphilosophen Pavel Florenskij lehnt Steiner die von Moderationen und Interpretationen zerfressene Moderne ab und entwirft das Bild einer antiakademischen Kunstwelt, in der es nur Werke und Leser gibt und in der jeder Kommentar verboten ist. Insofern ist die Differenz zwischen Signifikat und Signifikant aufgehoben, dem Werk eignet eine quasi-religiöse Aura, ein epiphaner Charakter, ein „unreduzierbares Gewicht der Andersheit" (S. 186), es ist dem unbehausten Leser unbedingt vorgeordnet. Emanzipation von der Ethik, Triumph der Form, religiöser Grundbezug: Das sind für Steiner die Anzeichen wahrer künstlerischer Gegenwart. Paul Celan ist ein Gewährsmann für diese Theorie der Gegenwartsliteratur, ebenso Botho Strauß, der ein bekenntnishaftes Nachwort zu Steiners *Real Presences* geschrieben hat.

Besonders tritt das präsentische Verständnis von Gegenwart in dem Werk von Peter Handke zutage. Der 1944 geborene Kärntner hat eine erstaunliche Wandlung vom Provokateur der „Gruppe 47" und Bewohner des Elfenbeinturms zum proserbischen Kriegsberichterstatter durchgemacht. Doch Gegenwart ist für Handke keine Kategorie von Nähe oder Ferne zur Welt, sondern eine empathische Annäherung an seine Zeit. Das verraten schon die zeitfixierenden Titel vieler seiner Werke, von der *Stunde der wahren Empfindung* bis zum *Versuch über den geglückten Tag*. Seine umstrittene Teilnahme an dem Begräbnis des Kriegsverbrechers Milosević (2006) rechtfertigte er mit den Worten „Ich muß dabei sein, wenn irgendetwas zu Ende geht".[27] Auf diese Weise wird Gegenwart, ausgespannt zwischen „Zeitnot" und Müßiggang,[28] zu einer Form der Gegenmoderne, die sich von der Tradition des realistischen

---

26 Wolfgang Beinert (Hrsg.): Lexikon der katholischen Dogmatik. Freiburg u. a. 1981, S. 432.

27 Zit. nach Malte Herwig: Meister der Dämmerung. Peter Handke. Eine Biographie. München 2011, S. 245.

28 Vgl. Peter Handke: Der Große Fall. Erzählung. Berlin 2011, S. 216–218.

und psychologisch motivierten Erzählens abgekoppelt hat. „Langsamkeit“, „Aufmerksamkeit“, „Geistesgegenwart“ sind die Leitbegriffe dieser Ästhetik.[29] Gegenwart ist hier ein Einbruch von metaphysischer oder epiphaner Plötzlichkeit gleichsam hinter dem Rücken der Moderne.[30] Das mag erklären, warum sich Handke trotz seiner konsequenten Öffentlichkeitsverweigerung der ungebrochenen Aufmerksamkeit beim Feuilleton erfreut und im *Focus*-Ranking der 50 besten deutschen Autoren[31] Platz 5 belegt (Tab. 2).

1	Günter Grass	83	Hauptwerk „Die Blechtrommel“ (1959), 1999 Nobelpreis.
2	Martin Walser	84	Mit „Ein fliehendes Pferd“ und „Angstblüte“ Chronist des westdeutschen Bürgertums.
3	Herta Müller	57	Die Rumäniendeutsche setzt sich in Romanen wie „Atemschaukel“ mit kommunistischer Willkürherrschaft auseinander. 2009 Nobelpreis.
4	Cornelia Funke	52	Mit der „Tintenwelt“-Trilogie gelang der Jugendbuchautorin ein Weltbestseller.
5	Peter Handke	64	Als junger Wilder provozierte er mit Stücken wie „Publikumsbeschimpfung“ (1966).
6	Elfriede Jelinek	64	Kämpferisch in der Auseinandersetzung mit ihrer österreichischen Heimat, entschieden im poetischen Konzept. 2004 Nobelpreis.
7	Daniel Kehlmann	36	Weltbestseller „Die Vermessung der Welt“ von 2005.
8	Martin Mosebach	59	Groß-Bildungsbürger unter Deutschlands Autoren. 2007 Büchner-Preis.
9	Hans Magnus Enzensberger	81	Multitalent: Dichter, Romancier, Essayist, Herausgeber, 2008 Bestsellerautor mit dem Doku-Roman „Hammerstein“.
10	Ingo Schulze	48	Wichtigster Erkunder ostdeutscher Befindlichkeit.
11	Ilija Trojanow	45	Bulgarischer Herkunft. Vermittler zwischen den Kulturen. 2006 Reiseroman „Der Weltensammler“.

29 Peter Handke: Gedicht von der Dauer. Frankfurt a. M. 1986, S. 24 f.

30 Vgl. Karl Heinz Bohrer: Plötzlichkeit. Zum Augenblick des ästhetischen Scheins. Frankfurt a. M. 1981.

31 In: Focus, 6.6.2011. Kriterien für die Auswahl waren der Buchverkauf, die Presseresonanz, die Fernsehpräsenz und die Literaturpreise, mit denen die Autoren ausgezeichnet wurden.

12	Raoul Schrott	47	Lyriker, Romancier, Essayist und Übersetzer – u. a. der „Ilias".
13	Peter Schneider	71	Einer der wichtigsten Chronisten der 68er-Bewegung.
14	Wilhelm Genazino	68	Scharfer, humorvoller Beobachter des deutschen Alltags.
15	Arno Geiger	42	Für „Es geht uns gut" (2005) erster Deutscher Buchpreis.
16	Georg Klein	58	Für „Roman unserer Kindheit" 2010 Preis der Leipziger Buchmesse.
17	Frank Schätzing	54	Öko-Thriller „Der Schwarm" (2004) wurde Weltbestseller.
18	Hanns-Josef Ortheil	59	Vielfach ausgezeichneter Romancier – und Uni-Professor.
19	Juli Zeh	36	Einser-Juristin und Essayistin zu gesellschaftspolitischen Fragen.
20	Uwe Tellkamp	42	Ausgebildeter Arzt, 2008 für „Der Turm" Deutscher Buchpreis.
21	Ferdinand von Schirach	46	Bestseller-Fallgeschichten von einem Strafverteidiger.
22	Michael Krüger	67	Autor und Übersetzer, Ex-Hanser-Verleger.
23	Julia Franck	41	Familienroman „Die Mittagsfrau" 2007 Deutscher Buchpreis.
24	Uwe Timm	71	Erkunder deutscher Geschichte und politischer Mythen.
25	Moritz Rinke	43	Dramatiker. Erster Roman: „Der Mann, der durch das Jahrhundert fiel".

Auf den weiteren Plätzen: Karen Duve, Wolf Haas, Peter Stamm, Katja Lange-Müller, Durs Grünbein, Wladimir Kaminer, Brigitte Kronauer, Feridun Zaimoglu, Elke Heidenreich, Kathrin Schmidt, Julia Schoch, Sascha Lobo, Bernhard Schlink, Sibylle Lewitscharoff, Walter Kappacher, Maxim Biller, Alexander Kluge, Christoph Hein, Siegfried Lenz, Christa Wolf, Friedrich Christian Delius, Hans Christoph Buch, Jana Hensel, Botho Strauß, Thea Dorn.

Tab. 2: Bestenliste: Die 50 wichtigsten Autoren Deutschlands (nach Focus, 6. Juni 2011)

Anders als Steiner argumentiert Gumbrecht. Er beklagt nicht zu wenig Gegenwart in der Publikations- und Ausdrucksflut der Literatur unserer Tage, sondern „zu viel" und „gleichzeitig nicht mehr genug" davon (S. 131). Die Gegenwart, so Gumbrecht, verschlucke die Zukunft, die wir nicht mehr sehen, und die Vergangenheit, die wir nicht mehr hinter uns lassen würden. Diese

Gegenwart ist nicht ein ausgedehnter „Karsamstag" wie bei Steiner, in dem poetisches Schaffen der „Unermeßlichkeit des Wartens und Erwartens" entspringt (S. 302), sondern ein Moloch der technischen Moderne, die alle Informationen längst von ihrer räumlichen Präsenz entkoppelt hat. Sport und Massenkultur sind für Gumbrecht positive Zeichen dieser Gegenwart. Gefragt sind eine „Leidenschaft der Nähe zu den Dingen" (S. 134), selbstreflexives Denken und die „Gewissheit von der Präsenz des eigenen Körpers" (S. 138).[32]

Gumbrechts Formel für diese empathische Präsenz der Kultur lautet *Unsere breite Gegenwart* (so der Titel seines Essays von 2010). Weil die Gegenwart breit ist und nicht eng oder tief wie bei Steiner, stiftet sie keine wie auch immer geartete Identität. Sie liefert aber ein Fundament für viele Simultaneitäten und für Präsenzen in Hülle und Fülle.

Ein Beispiel für die räumliche Präsenz der Gegenwart ist Ulrich Peltzers Erzählung *Bryant Park* (2002). Der Autor gehört nicht zu den 50 „Besten" des *Focus*-Rankings, 2011 erhielt er den Heinrich-Böll-Preis für seine „hellsichtige, unbestechliche Analyse unserer Gegenwart". Diese Begründung trifft sich mit dem Thema der Frankfurter Poetik-Vorlesungen, in denen Peltzer sich mit der Frage auseinandersetzt, wie man die „Gleichzeitigkeit sehr verschiedener Dinge" erzählen kann. Gegenwart ist für ihn der aus diesen sehr verschiedenen Dingen bestehende „Alltag der Zeit" an einem Ort.[33]

Bryant Park entwickelt diese „Gleichzeitigkeit" verschiedener Dinge in drei Erzählsträngen. Der fiktive Erzähler sitzt in der Public Library in New York und durchforstet Namenregister neuenglischer Gemeinden. Zwei weitere Geschichten, durch Kursivdruck vom übrigen Text abgesetzt, führen in verschiedene Vergangenheiten. In der einen ist der Erzähler als Drogenkurier in Italien tätig, in der anderen sitzt er am Sterbebett seines Vaters. Dann, auf Seite 122, kommt es zu einem abrupten Bruch im Text. Der Er-Erzähler wechselt in die Ich-Form, er arbeitet nicht mehr in einer New Yorker Bibliothek, sondern in der Berliner Staatsbibliothek, es ist der Autor selbst. Über Telefon und Fernsehen bricht die Realität des 11. September in die Fiktion ein. Der Terror der Bilder ist stärker als die Fiktion.

....

32 Hans Ulrich Gumbrecht: Unsere breite Gegenwart. Aus dem Englischen von Frank Born. Berlin 2010. „Präsenz", definiert Gumbrecht an anderer Stelle, meint etwas, das sich „vor uns" befindet, „in Reichweite unseres Körpers und für diesen greifbar" (Hans Ulrich Gumbrecht: Diesseits der Hermeneutik. Die Produktion von Präsenz. Übersetzt von Joachim Schulte. Frankfurt a. M. 2004, S. 33).

33 Ulrich Peltzer: Angefangen wird mittendrin. Frankfurter Poetik-Vorlesungen. Frankfurt a. M. 2010, S. 19 und 28.

Die Kritik hat die autodiegetische Metalepse zwiespältig aufgenommen.[34] Sicher mag man darüber streiten, ob derartige Radikalität und Authentizität der Gegenwart einem Text schadet oder nutzt. Mir geht es hier um etwas anderes. Ulrich Peltzer lässt die Gegenwart eben nicht als radikale Zeit in seine Erzählung einfallen (das Datum „9/11" wird im Text nicht genannt). Ihm ist der Erzählraum als breite Gegenwart wichtig. In diesen Erzählraum gehören nicht nur die Telefongespräche und Äußerungen der Fernsehmoderatoren, sondern auch die E-Mails seiner Freundin und Kollegin Kathrin Röggla, die zum Zeitpunkt des Terroranschlags in New York war und die 2003 die tagebuchartige Erzählung *really ground zero* vorgelegt hat.

Ich fasse meine Überlegungen auf der Baustelle Gegenwartsliteratur in folgenden Thesen zusammen:

1. Gegenwartsliteratur ist ein raumzeitlicher Begriff. Ihre theoretische Bestimmung ergibt sich daraus, wie jeweils ihr Präsens und ihre Präsenz im Text und in dessen Rezeption zum Vorschein kommen, als enge bzw. tiefe „reale Gegenwart" oder als simultane, „breite Gegenwart".

2. Gegenwartsliteratur ist – so Oliver Jahraus – eine „permanent verschobene Provokation der Literaturgeschichte".[35] Ihr Präsens und ihre Präsenz markieren sozusagen einen Doppelpunkt am Ende der Literaturgeschichte, weil sie das Unvorhersagbare und das „historisch Unbeobachtbare" umfasst.

3. Jede Gegenwart verträgt die Literatur, die sie – in Form von Bestenlisten und Bestsellerlisten – verdient.[36] Die Gegenwartsliteratur aber bedarf nicht unbedingt der Gegenwart als eines Stoff- und Themenvorrats. Sie kann auch klassische Mythen oder biblische

---

34 Vgl. Hajo Steinert: „total surreal how das ding collapsed". In: Die Welt, 27.4.2002; Ursula März: 5 vor 12. In: Frankfurter Rundschau, 20.3.2002.

35 Oliver Jahraus: Gegenwart als Provokation der Geistes- und Kulturwissenschaft. In: Tanja Prokić, Anne Kolb, Oliver Jahraus (Hrsg.): Wider die Repräsentation. Präsens/z Erzählen in Literatur, Film und Bildender Kunst. Frankfurt a. M. u. a. 2011. (= Münchner Studien zur literarischen Kultur in Deutschland Bd. 41), S. 7–9.

36 Zur Ökonomie der Aufmerksamkeit im gegenwärtigen Literaturbetrieb vgl. Markus Joch, York-Gothart Mix, Norbert Christian Wolf (Hrsg.): Mediale Erregungen? Autonomie und Aufmerksamkeit in Literatur- und Kulturbetrieb der Gegenwart. Tübingen 2009. Im literarischen Feld schließen sich der Autonomieanspruch des Werkes und das Streben nach symbolischem Kapital nicht aus. Die Differenz zwischen Warenwert und Bedeutungskapital des Buches nimmt ab.

Geschichten neu erzählen oder sich einer Zeit annehmen, die vor
dem Leben des Autors liegt. Wohl aber bedarf die Gegenwart der
Gegenwartsliteratur: als Korrektiv und Konjektur, als Grundlage
der Zeitgenossenschaft von Autor und Leser. Insofern haben wir
heute zwar so viel Gegenwart wie noch nie, die Literatur indessen
kann vielleicht gar nicht genug Gegenwart vertragen.

(1) Hubert Winkels: *Gute Zeichen. Dt. Lit. 1995–2005* (2005), *Kann man Bücher lieben?* (2010) (Auswahl ab 2000)	(2) Volker Weidermann: *Lichtjahre. Eine kurze Geschichte der dt. Lit. von 1945 bis heute* (2006) (Auswahl ab 2000)	(3) Helmut Böttiger: *Nach den Utopien. Eine Gesch. der dtspr. Gegenwartslit.* (2004)	(4) Volker Hage: *Letzte Tänze, erste Schritte. Deutsche Literatur der Gegenwart* (2007) (Auswahl ab 2005)	(5) Uwe Wittstock: *Nach der Moderne. Essays zur dt. Gegenwartslit.* (2009)	(6) Richard Kämmerlings: *Das kurze Glück der Gegenwart* (2011)	(7) Marcel Reich-Ranicki: *Der Kanon (2002–2003)* (Romane und Erzählungen, Auswahl ab 1980)
Georg M. Oswald: *Alles was zählt* (2000)	„Mitschreiber, Dokumentaristen": Walter Kempowski, Max Goldt, Ernst-Wilhelm Händler	„Die späte Moderne des Ostens": Wolfgang Hilbig, Reinhard Jirgl, Grünbein, Kathrin Schmidt, Herta Müller, Fritz Rudolf Fries	Wilhelm Genazino: *Die Liebesblödigkeit* (2005)	Heiner Müller und Wolfgang Hilbig	Marcel Beyer: *Flughunde* (1995)	Thomas Bernhard: *Holzfällen* (1984)
Ralf Rothmann: *Winter unter Hirschen* (2001)	„Jenseits des Ostens – Grenzüberwinder": Ingo Schulze, Reinhard Jirgl, Grünbein	„Die Platzhirsche": Günter Grass, Christa Wolf, Martin Walser, Peter Handke	Eva Menasse: *Vienna* (2005)	Hans Magnus Enzensberger	Ingo Schulze: *Simple Storys* (1998)	H.J. Schädlich, Chr. Ransmayr, B. Strauß, Chr. Hein
Patrick Roth: *Die Nacht der Zeitlosen* (2001)	„Kurz vor der Stille": Peter Stamm, Terézia Mora, Marcel Beyer, Judith Hermann	„Das Wissen, die Leere, das Ich": Botho Strauß, Marcel Beyer, Robert Menasse u.a.	Walter Kempowski: *Culpa und Abgesang '45* (2005)	Robert Gernhardt	Rainald Goetz: *Abfall für alle* (1999)	

(1) Winkels: *Gute Zeichen*	(2) Weidermann: *Lichtjahre*	(3) Böttiger: *Nach den Utopien*	(4) Hage: *Letzte Tänze, erste Schritte*	(5) Wittstock: *Nach der Moderne*	(6) Kämmerlings: *Das kurze Glück*
David Wagner: *Was alles fehlt* (2002)	„Die Erzähler": Siegfried Lenz, Uwe Timm, Helmut Krausser, Daniel Kehlmann	„Rhythmusgefühl": Elfriede Jelinek, Brigitte Kronauer, Thomas Lehr, Thomas Kling	Jens Petersen: *Die Haushälterin* (2005)	Martin Mosebach	Thomas Lehr: *Nabokovs Katze* (1999)
Norbert Kron: *Autopilot* (2002), Norbert Scheuer: *Flussabwärts* (2002)	„Hass und Tanz und Wirklichkeit und Liebe": Rainald Goetz, Michael Lentz, Feridun Zaimoglu, Chr. Kracht		Arno Geiger: *Es geht uns gut* (2005), Hans-Ulrich Treichel: *Menschenflug* (2005)	Christoph Ransmayr	Christoph Peters: *Stadt Land Fluß* (1999)
Marcus Ingendaay: *Die Taxifahrerin* (2003)			Dieter Wellershoff: *Das normale Leben* (2005)	Max Goldt	Annett Gröschner: *Moskauer Eis* (2000)
Feridun Zaimoglu: *Zwölf Gramm Glück* (2004)			Botho Strauß: *Mikado* (2006), Peter Stamm: *An einem Tag wie diesem* (2006)	Dea Lober	Martin Kluger: *Abwesende Tiere* (2002)
Wilhelm Genazino: *Der gedehnte Blick. Essays* (2005)			Chr. Ransmayr: *Der fliegende Berg* (2007)	Daniel Kehlmann	Ernst-Wilhelm Händler: *Wenn wir sterben* (2002)

(1) Winkels: *Gute Zeichen*			(4) Hage: *Letzte Tänze, erste Schritte*	(5) Wittstock: *Nach der Moderne*	(6) Kämmerlings: *Das kurze Glück*	
D. Kehlmann: *Die Vermessung der Welt* (2005)			Ingo Schulze: *Handy* (2007)	Silke Scheuermann	Terézia Mora: *Alle Tage* (2004)	
Ingo Schulze: *Adam und Evelyn* (2008)			Pascal Mercier: *Lea* (2007)	Dirk von Petersdorff	Clemens J. Setz: *Die Frequenzen* (2009)	

Tab. 3.1: Bestenlisten der Literaturkritik

(6) Dirk von Petersdorff: *Gegenwartslit. seit 1989.* In: *Lit.gesch. der BRD* (2011)	(5) Peter J. Brenner: *Neue deutsche Literaturgeschichte* (3. Aufl. 2011) (Schlusskapitel „Berliner Republik")	(4) *Gegenwartsliteratur. Ein germanistisches Jahrbuch* (seit 2001)	(3) Heinz Schlaffer: *Die kurze Geschichte der dt. Literatur* (2002)	(2) Nicholas Boyle: *Kleine deutsche Literaturgeschichte* (2009, engl. Original 2008)	(1) *Kurzkes Kanon*, in: *Die kürzeste Gesch. der dt. Lit.* (2010)
Ingo Schulze, Heiner Müller, Wolfgang Hilbig	Wendeliteratur (Hochhuth, Maron, C. Wolf, Hilbig, Schulze)	Schwerpunkte: Herta Müller, Elfriede Jelinek, W.G. Sebald	„Kritiker, Literaturhistoriker und sogar die Schriftsteller selbst werden kaum dem Urteil widersprechen, daß die deutsche Literatur der letzten 50 Jahre weder dem Vergleich mit der gleichzeitigen internationalen noch dem mit der früheren nationalen Literatur standzuhalten vermag." (S. 151)	Deutschland: Günter Grass, Grünbein, W.G. Sebald	Christa Wolf: *Der geteilte Himmel* (1963)
Thomas Brussig, Judith Hermann, Christian Kracht	Migrantenliteratur (F. Zaimoglu, Emine Sevgi Özdamar)			Österreich: Elfriede Jelinek, Peter Handke	Botho Strauß: *Paare Passanten* (1985)
Brigitte Kronauer, Daniel Kehlmann, Sven Regener	NS-Erinnerungsliteratur (M. Beyer, Bernhard Schlink u.a.)			Deutschsprachige Schweiz: Max Frisch, Friedrich Dürrenmatt	„So viele gute Bücher und Stücke auch geschrieben worden sein mögen – von Grass und Böll, von Peter Weiß und Heiner Müller, von Anna Seghers und Christa Wolf – den Rang, den die deutsche Literatur vor 1945 einnahm, hat sie seitdem nie wieder erreichen können." (S. 76)
	Holocaust-Erfahrung (Ruth Klüger, Marcel Reich-Ranicki)				
	Europa (Herta Müller, Jorge Sémprun)				
	Literaturbetrieb und Kulturszene (M. Walser; Rainald Goetz)				

Tab. 3.2: Gegenwartsliteratur in der Literaturwissenschaft

MANFRED BIERWISCH

Linguistik, Poetik, Ästhetik

> *There can hardly be any doubt that poetic ability*
> *(in the broad sense) is in part innate and universal,*
> *in part acquired, and in part just something about*
> *the person that no one knows how to explain.*

Noam Chomsky

Abstract

The paper briefly summarizes the proposal made in 1965 that "Poetic Compe-
tence" is the basis for creating and evaluating poetry. That this competence lives
on, but is different from linguistic competence is exemplified by a close look at the
segmental and supra-segmental, morpho-syntactic, lexical, and conceptual struc-
ture of Hölderlin's poem "An Zimmern", revealing a surprisingly complex and
balanced structure of the apparently simple four lines. The second part of the
paper discusses the question whether judgments about poetry are to be studied as
based on the relation between specific properties of poems and persons. Finally
the problem is raised, whether literary art is based on a specific Poetic Compe-
tence, or instantiates a general aesthetic ability applied to linguistic objects. This
is construed as a speculative, but still empirical question.

1 Linguistik und Poetik – ein Programm

Die Neujustierung der Linguistik in den 50er und 60er Jahren des letzten Jahrhunderts machte sich auf unterschiedliche Weise bemerkbar. Zu den Bereichen, in denen unmittelbare Auswirkungen der neuen Ideen am ehesten zu
erwarten waren, gehörte die Untersuchung literarischer Texte. Ein program-
matisches Exempel dieser Bemühungen war der Band „Mathematik und Dich-

tung" (1965). Zu diesem Band hatte ich einen Beitrag beigesteuert, der ziemlich großzügig und mit viel Zuversicht die Art beschrieb, in der Vorstellungen aus der Linguistik auf die Analyse und Theorie von Poesie zu übertragen wären, mit dem Blick auf Unterschiede ebenso wie auf Parallelen. Auch wenn heute manches anders zu formulieren wäre, ist der Grundgedanke, der triviale, aber auch interessante Wirkungen erzeugt hat, einer Überprüfung wert.

Literarische Texte generell und poetische im Besonderen werden erzeugt und rezipiert auf der Basis von mindestens zwei miteinander zusammenhängenden, aber doch verschiedenen Dispositionen oder Kenntnissystemen, erstens der Beherrschung der jeweiligen Sprache und zweitens der Kenntnis der besonderen, zusätzlichen Bedingungen, durch die ein Gedicht sich von einer Wegauskunft oder einer Gebrauchsanweisung und eine Novelle von einem Mietvertrag oder einem Wahlprogramm unterscheidet. Bezieht man sich auf die Sprachkenntnis mit G (für „Grammatik" in einem sehr weiten Sinn, so dass außer den Kombinationsregeln und Strukturprinzipien auch das Wortschatzwissen eingeschlossen ist), dann kann man auf den zweiten Kenntniskomplex mit P (für Poetik) Bezug nehmen. So wie die Linguistik in erster Linie, wenn auch nicht nur, zu klären versucht, was G enthält und welche Prinzipien diesem System zugrunde liegen, so müsste sich dann die Theorie der Dichtung mit der Frage befassen, worin P besteht und auf welchen Prinzipien es beruht. Mit einem Programm dieser Art sind mindestens drei Dinge festgelegt.

Erstens: Das, womit sich eine Theorie der Dichtung oder Poesie befasst, sind eigentlich nicht die Eigenschaften von Texten, sondern die Kenntnisstrukturen, aufgrund deren den Texten die besonderen Eigenschaften zukommen, die man etwas künstlich als „Poetizität" zusammenfassen kann. Es geht bei der Analyse von Dichtung also um mentale Strukturen, um die Bedingungen und Ergebnisse interner Verarbeitung. Das ist ebenso selbstverständlich, ja trivial, wie in Wahrheit konsequenzenreich und problematisch.

Zweitens aber lässt sich die Natur von Kenntnisstrukturen, auf denen die Wirkung von Dichtung beruht, nur anhand poetischer Texte und der Reaktionen auf sie erkunden – ganz so, wie man die Kenntnis grammatischer Regeln oder der Bedeutung von Wörtern nur anhand sprachlicher Äußerungen und ihrer Bewertung durch Sprecher der jeweiligen Sprache erkunden und vielleicht auch systematisch erklären kann. Was man betrachtet und nach Möglichkeit systematisiert, sind demnach zwar Eigenschaften poetischer Texte – aber unbedingt im Hinblick auf mentale Strukturen und Prinzipien, auf denen die relevanten Eigenschaften beruhen. Die Mittel und Methoden, die dabei zum Zuge kommen, sind so wenig zu präjudizieren wie die, mit denen die Organisation des Gedächtnisses, die Fähigkeit der Gesichtererkennung oder der Identifizierung der sprachlichen Lautstruktur untersucht wird. Am Beginn steht in all diesen Bereichen die systematische und sorgfältige Analyse intuitiver Feststellungen, aber der Erweiterung des Methodenkanons sind keine dogmatischen Grenzen zu setzen.

Drittens ist damit die keineswegs selbstverständliche Voraussetzung gemacht, dass es mentale Strukturen, die unter P zusammengefasst werden können, in einer der Sprachkenntnis vergleichbaren Form als Gegenstand rationaler Analyse tatsächlich gibt, dass diese Strukturen und Prinzipien mit kontrollierbaren Verfahren erfasst und erklärt werden können. Bei aller Unterschiedlichkeit ist damit ein der Linguistik vergleichbares Forschungsprogramm umschrieben. Und es schließen sich zwangsläufig weitergehende Fragen an: Hängen die Prinzipien, auf denen P beruht, mit denen zusammen, die der Musik, dem Tanz, vielleicht auch den verschiedenen Formen bildender Kunst zugrunde liegen? Für die Musik ist ein groß angelegter Ansatz in dieser Richtung von Lerdahl und Jackendoff (1983) formuliert worden.

Während für die Linguistik das Interesse an sprachlichen Kenntnisstrukturen und ihren Prinzipien zu verzweigten und ertragreichen Forschungsprogrammen geführt hat, ist für die Poetik etwas Vergleichbares kaum zu konstatieren. Die Gründe dafür können unterschiedlicher Art sein. Jedenfalls aber wird zu überlegen sein, ob die Frage nach den Prinzipien der poetischen Kompetenz als eines mentalen Systems richtig gestellt ist und in welcher Weise sie zu einem fruchtbaren sinnvollen Forschungsprogramm führen kann. Natürlich sind solche Überlegungen immer und in diesem von Zeitströmungen beeinflussten Gebiet zumal von Positionen, Meinungen und auch Vorurteilen abhängig. Dennoch sollten sie rationaler Argumentation zugänglich sein. Dafür scheint es mir sinnvoll, anstelle abstrakter Erörterungen ohne Vorstellung von den tatsächlichen Phänomenen und Möglichkeiten zunächst ein konkretes Exempel zu betrachten.

2 Ein Beispiel

2.1 Das Thema

Ich will in diesem Sinn ein Beispiel betrachten, das überschaubar, aber unstrittig und exemplarisch den interessierenden Phänomenbereich repräsentiert – ein Hölderlin-Gedicht, für das nicht strittig ist, ob es als Kunst, auch im emphatischen Sinn, gilt, für das aber zu klären ist, wieso das zutrifft. Vier Bemerkungen dazu vorab.

1. Natürlich werden Eigenschaften des Gedichts zu identifizieren sein. Es geht aber, im Sinn des zu diskutierenden Programms, um die internen Repräsentationen dieser Eigenschaften und um die Frage, auf welchen Prinzipien sie beruhen. Thema sind also z. B. nicht die phonetischen Eigenschaften, die das Metrum ausmachen und die in der Schriftform nicht einmal vorkommen, sondern die Muster, die sich in ihnen manifestieren, die also dem gedruckten Text nur vermöge der Kenntnis des Lesers zukommen.

2. Bei den dafür nötigen internen Bedingungen darf es nicht um Expertenwissen gehen, sondern nur um das, was ein beliebiger Leser, der den Text versteht, an Voraussetzungen mitbringt. Das heißt einerseits, die entsprechende Sprachkenntnis muss verfügbar sein, aber es soll andererseits kein literaturhistorisches Spezialwissen aufgeboten werden. Ich werde darum im Wesentlichen absehen von den durchaus interessanten, aber eben sekundären Momenten, die die Hölderlin-Philologie zu den biographischen und historischen Bezügen des Gedichts beisteuern kann.

3. Vorausgesetzt werden kann demnach die Kenntnis der Sprache, ihre Charakterisierung ist nicht Teil der Betrachtung. Ich werde deshalb linguistische Strukturen und ihre Darstellung ohne weitere Begründung als gegeben ansehen und ggf. in die Darstellung einbeziehen.

4. Worauf es ankommt, ist gerade das, was die Differenz zu dieser linguistisch zu bestimmenden Struktur ausmacht, was zu ihr hinzukommt oder von ihr abweicht, unabhängig davon, in welcher Form ein solcher Überschuss zu repräsentieren ist.

Der Vierzeiler mit der hinzugefügten Widmung [An Zimmern] ist ein einprägsames, bedeutendes und scheinbar sehr einfaches Gedicht, und gewiss eins von den großen im Bereich der Kleinformen der deutschen Literatur.

[An Zimmern]

Die Linien des Lebens sind verschieden,
Wie Wege sind und wie der Berge Grenzen.
Was hier wir sind, kann dort ein Gott ergänzen
Mit Harmonien und ewigem Lohn und Frieden.

Die Zueignung an den Schreinermeister Zimmer, unter dessen Fürsorge Hölderlin die letzten vier Jahrzehnte seines Lebens verbracht hat, ist kein Titel, sondern eine persönliche Geste, die das Gedicht ins scheinbar ganz Private rückt. Dass der Vierzeiler zu den späten Gedichten Hölderlins aus der Phase seiner Krankheit gehört, ist wichtig für die Hölderlin-Philologie. Dem Text selbst ist dieser Umstand nicht (oder allenfalls sehr indirekt) zu entnehmen. Trotz seiner knappen, konzisen Gestalt ist das Gedicht kein Epigramm, seinem Charakter nach ist es keine pointierte Sentenz, sondern so etwas wie ein zusammenfassender Blick auf die Welt.

In ruhiger, fast gelassener Form, die das Versmaß ausdrückt, geht es um Verschiedenheit und Ausgleich, um den Vergleich von Natur und Leben, um Vorläufigkeit und Vollkommenheit, um den Sinn des Ganzen. Dies in etwa nimmt man beim ersten Lesen auf und zugleich die deutliche Zweiteilung des Gedichts in seiner Form: Je zwei Zeilen bilden einen Satz, die Zeilenpaare sind durch das Reimschema a – b – b – a miteinander verschränkt, und sie bilden ganz deutlich ein inhaltliches Gegensatzpaar von Beschreibung und Deutung, von Wirklichkeit und Erwartung und beinahe, aber dann ganz entschieden eben doch nicht von Diesseits und Jenseits.

Dieser intuitive Gesamteindruck wird erzeugt und gestützt durch ein kunstvolles Geflecht von Faktoren, die dem Leser (und übrigens auch dem Autor) keineswegs bewusst sein müssen, so wie dem Sprecher und Hörer einer Aufforderung keineswegs bewusst sein muss, in welcher grammatischen Form sie realisiert wird. Gleichwohl sind die Faktoren im Einzelnen zu identifizieren und zusammenzuführen. Das will ich in sechs Punkten versuchen.

2.2   Silbenstruktur und Metrik

Das Gedicht ist als Gedicht zunächst einfach und eindeutig bestimmt durch Metrik und Versform. Die vier Zeilen sind leicht erkennbar als fünfhebige Jamben, obwohl sich das aus der Schriftform und auch aus der durch sie wiedergegebenen Lautform nicht ohne zusätzliche Kenntnis ergibt. In der üblichen Darstellungsweise haben die Zeilen folgende metrische Form:

▷ ▶ ▷ ▶ ▷ ▶ ▷ ▶ ▷ ▶ ▷

Die metrischen Einheiten werden durch Silben konstituiert, die nur sehr ungenau betont „▶" und unbetont „▷" auf die metrische Struktur bezogen werden können. Bereits die vier Silben der ersten Wortgruppe „die Linien" passen gar nicht auf die metrische Gruppe „▷ ▶ ▷ ▶", die sie bilden müssten, denn die letzte Silbe von „Linien" ist weder lang noch betont. Die tatsächliche Entsprechung zwischen der metrischen und der Silbenstruktur ist für die erste Zeile hier wiedergegeben:

▷   ▶   ▷   ▶   ▷   ▶   ▷   ▶   ▷   ▶   ▷
Die Li ni en des Le bens sind ver schie den

Die keineswegs trivialen Bedingungen der Passfähigkeit, die dem zugrunde liegen, gehören zweifellos zu dem, was die Struktur von P ausmacht. Dass eine tatsächlich unbetonbare Silbe wie die dritte in „Linien" unter genau angebbaren Bedingungen eine schwere Einheit im Metrum bilden kann, entspricht den Regeln von P. Anders ist es mit zwei Unregelmäßigkeiten der letzten Zeile: Wenn „Linien" dreisilbig ist, dann ist „Harmonien" eigentlich viersilbig und hätte damit eine Silbe zu viel. Ebenso hat „ewigem" eine Silbe zu viel, wenn man es nicht zu „ew'gem" kontrahiert.

▷   ▶   ▷   ▶ (▷) ▷   ▶ (▷) ▷   ▶   ▷   ▶   ▷
Mit Har mo ni en und e wi gem Lohn und Frie den.

Die ‚überschüssigen' Werte sind eingeklammert, und es ist eine interessante Frage, ob die mit ihnen verbundene Verletzung der regulären Jamben gewollt ist oder ob „Harmonien" und „ewigem" um eine Silbe verkürzt zu realisieren sind, sodass der regelmäßige Aufbau des Versmaßes gewahrt bleibt.[1] Außer

----

1 Hier könnte ein Blick in die Hölderlin-Exegese sinnvoll sein. Der ausfahrend freie metrische Gestus etwa in Hölderlins hymnischen Gedichten und sein freier Umgang mit unbetonten Silben könnte ein durchaus beabsichtigtes Aufbrechen der regulären Jamben nahelegen. Andererseits ist nicht nur die resignative Verfassung des kranken Hölderlin, sondern vor allem der ausgleichend ruhige Gestus des vorliegenden Vierzeilers ein Motiv, das eher für die regularisierende Kontraktion spricht, die ich im Folgenden annehmen will.

diesem Punkt gibt es in der letzten Zeile aber eine weitere Eigentümlichkeit. Da der Wortakzent von „Harmonien" nicht auf der ersten Silbe liegen und diese nur einen Nebenton erhalten kann, bleibt der erste Versfuß der Zeile ohne Akzent, was nur im Ausnahmefall zulässig ist. Die Realisierung des jambischen Metrums ergibt bei Berücksichtigung der sprachlich vorgegebenen Akzentverhältnisse damit insgesamt ein keineswegs gleichförmiges Muster. Markiert man die Hauptakzentstellen entsprechend, so ergibt sich das folgende (noch immer vereinfachte) Bild von der metrischen Struktur der vier Verszeilen:

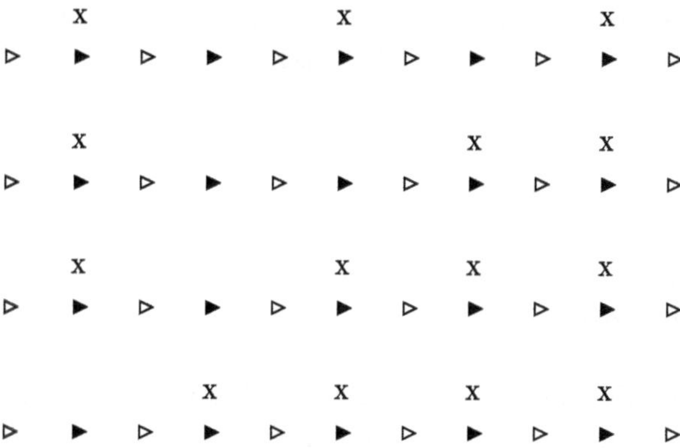

Zweifellos prägt dieser gleichermaßen gebundene wie flexible Rhythmus wesentlich den Grundtenor des Gedichts.

2.3 Reim und Segmentstruktur

Mit den metrischen Eigenschaften ist die poetische Struktur der Lautform aber natürlich nicht erschöpft. Bereits erwähnt habe ich das offensichtliche und gewissermaßen kanonische Reimschema „verschieden – Frieden, Grenzen – ergänzen", das hier zugleich die Zweiteilung des Gedichts bekräftigt und überbrückt. Nicht so offensichtlich, weil in der neueren Poesie weniger systematisch auftretend, ist die bindende Wirkung von Stabreimen, das heißt die segmentale Identität nicht der Coda der Silbe, sondern ihres Anlauts:

Die Linien des Lebens sind verschieden,
Wie Wege sind und wie der Berge Grenzen.

© Frank & Timme   Verlag für wissenschaftliche Literatur

Während Metrik, End- und Stabreim der Lautstruktur gezielte Regularitäten aufprägen, sind weitere Eigenschaften der segmentalen Organisation eher verdeckter, sozusagen untergründiger Natur, aber in einem Gedicht weder zufällig noch ohne Wirkung. Das betrifft in unterschiedlicher Weise die beiden Hauptklassen des segmentalen Inventars.

Für Konsonanten gilt, auch im Deutschen, dass die stimmlosen Obstruenten p, t, k am deutlichsten und zugleich am selbstverständlichsten konsonantenhaft sind. Auffällig ist nun, dass diese drei Segmente, die die neutralste und strengste Form der Verschlussbildung darstellen, ungewöhnlich schwach vertreten sind. Von diesen drei Obstruenten kommt den insgesamt 44 Silben nur mit einer Ausnahme nur neunmal der dentale Verschluss und nur am Silbenende vor:

Die Linien des Lebens sint verschieden,
Wie Wege sint unt wie der Berge Grenzen.
Was hier wir sint, kann dort ein Gott ergänzen
Mit Harmonien unt ewigem Lohn unt Frieden.

Klammert man die lediglich der Auslautverhärtung geschuldeten t in „sind" und „und" aus, dann bleiben nur dreimal Instanzen von t und der einzige nicht dentale und nicht auslautende Verschluss in „kann". Auch wenn dies keinem direkten poetischen Muster entspringt, ist die Vermeidung markanter Unterbrechungen durch Verschlusslaute ein bemerkbares Wirkungsmoment in der formalen Struktur, das verstärkt wird durch die entsprechend verstärkte Dominanz stimmhafter, zumal nasaler und liquider Segmente, von denen l und w überdies durch die erwähnte Stabreimfunktion bekräftigt sind.

Zu vermerken ist schließlich auch eine nicht zufällige Eigenart in der Rolle des Vokalismus. Es ist nicht ganz unproblematisch, ein Grundinventar der Vokale des Deutschen zu identifizieren. Auszugehen ist von mindestens sieben Vokalen, die zudem distinktiv gespannt (lang) und ungespannt (kurz) sein können, sowie von drei Diphthongen. Von diesen Möglichkeiten kommen ö, ü und die Diphthonge au und oi in unserem Gedicht gar nicht vor, im Übrigen verteilen sich die Vokale wie folgt (wobei der Doppelpunkt Vokallänge anzeigt und ə für das reduzierte e, das Schwa, und ɛ für kurzes offenes e steht):

Die Linien des Lebens sind verschieden,	i: i: i ə ɛ e: ə i ɛ i: ə
Wie Wege sind und wie der Berge Grenzen.	i: e: ə i u i: ɛ e ə e ə
Was hier wir sind, kann dort ein Gott ergänzen	a i: i: i a o ai o ɛ e ə
Mit Harmonien und ewigem Lohn und Frieden.	i a o i: u e: ə o: u i: ə

Eine deutliche Struktur zeigt sich, wenn man berücksichtigt, dass die (technisch gesprochen) nicht-tiefen, nicht-runden Vokale, also i und e und ihre Varianten, eine natürliche Klasse bilden. Diese Klasse besetzt nicht nur 33 der 44 Silben, die jeweils einen Vokal einbringen, sie macht auch fast vollständig den Vokalismus der beiden ersten Zeilen aus und bestärkt von dieser Seite wieder die Zweiteilung des Gedichts: Bis auf ein „und" kommen die 11 Fälle von a, o, u und ai alle in der zweiten Hälfte des Gedichts vor.

Man darf diese gewissermaßen sekundären, emergenten Momente der Lautstruktur nicht überbewerten, aber auch nicht ignorieren. Denn sie sind für den Leser an der Gesamtwirkung sehr wohl beteiligt, und für den Autor wirken sie (wenn auch sicher unwissentlich) an der Textgestaltung mit.

2.4 Syntax und Morphologie

Auf die einfache Grundstruktur, die dadurch entsteht, dass syntaktisch je ein vollständiger Satz genau zwei Verse besetzt, habe ich bereits verwiesen. Die einfache Klarheit der Organisation geht aber noch eine Stufe weiter, denn jeweils die erste Zeile beider Paare bildet den abgeschlossenen Kern des Satzes, dem in der zweiten Zeile eine adverbiale Erweiterung folgt – als Vergleichssatz in der ersten Hälfte, als Präpositionalphrase in der zweiten. Und beide Male ist die Fortsetzung in ihrer Struktur als Koordination mit „und" aufgebaut. Diese Transparenz der Struktur wird mit einem Mittel erreicht, das für gesprochene Sprache charakteristisch ist: Ausklammerung oder Extraposition. Ohne diese Option würden die beiden Sätze etwa so heißen:

Die Linien des Lebens sind wie Wege und wie die Grenzen der Berge verschieden. Was wir hier sind, kann dort ein Gott mit Harmonien und ewigem Lohn und Frieden ergänzen

Es ist nicht nur die metrische, sondern auch die inhaltliche Struktur, derentwegen diese Möglichkeit nicht geht: Der formale Aufbau ist in der Form des

Gedichts der gedanklichen Architektur viel unmittelbarer angepasst als in dieser grammatischen Ausgangsform.

Im Übrigen ist das syntaktische Instrumentarium sparsam, fast minimalistisch. Außer der Kopula, die dreimal in der Form „sind" auftritt und ein viertes Mal in dem eigentlich zweiteiligen Vergleichssatz „wie Wege sind und wie der Berge Grenzen (sind)" mitverstanden werden muss, außer diesem „sind" der Kopulasätze kommt nur die zweiteilige Verbform „kann ergänzen" vor, die der Kern für den zweiten Hauptsatz ist (und phonologisch durch den einzigen anlautenden Verschlusslaut k markiert ist).

Auch im nominalen Bereich wird größte Einfachheit eingehalten: Zwei Genitivkonstruktionen und eine Attribuierung – „die Linien des Lebens", „der Berge Grenzen", und „(mit) ewigem Lohn" –, sonst nur einfache Substantive, keine Komposita, keine Wortbildungen.

Innerhalb dieser Zurückhaltung, die keine Simplizität ist, wird dennoch kompakt organisierte Syntax wirksam: Das direkte Objekt zum Verb „ergänzen" ist ein Relativsatz, der die Ausgangsform „(Das) was wir hier sind" verkürzt und zugleich umstellt zu „Was hier wir sind", sodass der entscheidende Kontrast von „hier" und „dort" auch metrisch das richtige Gewicht erhält.

Zu den diffizilen Elementen der Syntax gehört das Definitheits-System, das Nominalgruppen konstituiert und vor allem, aber nicht nur, in den Artikelformen greifbar ist. Von den neun Substantiven des Gedichts sind vier artikellos, was im Plural und bei Abstrakta Indefinitheit bedeutet, drei sind mit dem definiten Artikel verbunden und eins mit dem indefiniten Artikel „ein". Die Definitheit hat drei weitere Instanzen: „der Berge Grenzen" verdeckt die grammatisch gegebene Definitheit von „die Grenzen", ferner sind Personalpronomina – also auch „wir" – immer definit, und schließlich ist das bereits erwähnte Objekt „(das) was wir hier sind" definit. Damit ist die ‚Referenz-Struktur' des Gedichts syntaktisch folgendermaßen festgelegt (ø gibt den Nullartikel an):

definit	die Linien, des Lebens, die Grenzen, der Berge wir was hier wir sind
artikellos indefinit	ø Wege, ø Harmonien, ø (ewigem) Lohn ø Frieden
indefinit	ein Gott

Auf das inhaltliche Korrelat dieser Distinktionen komme ich gleich zurück. Zunächst ist festzuhalten, dass die Lebenslinien und das, was wir „hier" sind, definit ist, während das, was „dort" ergänzt werden kann, Harmonien, ewiger Lohn und Frieden, indefinit ist. Die Vergleiche – „wie Wege und der Berge Grenzen" – verteilen sich zwischen Definitheit und Indefinitheit. Herausgehoben ist der einzig explizit indefinite Artikel in „ein Gott".

2.5   Lexik

Die Wörter, die die syntaktische Struktur tragen, sind provisorisch in zwei Gruppen zu ordnen, die ohne theoretischen Anspruch als Inhalts- und Funktionswörter bezeichnet werden können. Die Inhaltswörter – Substantive, Verben, Adjektive – bilden erweiterbare Klassen, während die anderen unscharf in einer Gruppe zusammengefassten Einheiten – Artikel, Pronomina, Konjunktionen etc. – ein abgeschlossenes Repertoire bilden. Die 30 Wörter des Gedichts verteilen sich auf diese Klassen folgendermaßen (Mehrfachvorkommen der gleichen Einheit eingeklammert):

Inhaltswörter:
Substantive: Linie, Leben, Weg, Berg, Grenze, Gott, Harmonie, Lohn,
               Frieden
Adjektive: verschieden, ewig
Haupt-Verb: ergänzen

Funktionswörter:

Artikel:	die (der, des), ein	Pronomen:	was, wir
Kopula:	sind (sind, sind)	Modalverb:	kann
Konjunktionen:	wie (wie) und (und, und)	Präposition:	mit
Deiktika:	Hier, dort		

Die Grenzen sind unscharf und auch nicht entscheidend, denn die Erweiterbarkeit der offenen Klassen wird überhaupt nicht beansprucht. Das Gedicht ruft außer dem relativ jungen Lehnwort „Harmonie" ausschließlich Elemente aus dem festen Grundbestand des deutschen Wortschatzes auf. Und den zentralen Angelpunkt des Ganzen markiert die inhaltliche Spezifik, nämlich der Kontrast gerade der Pronominaladverbien „hier" und „dort".

Die mit Anschaulichkeit verbundenen Wörter – „Wege, Grenzen der Berge" – rufen ein Landschaftsbild auf, vielleicht Wanderungen, Konturen eines Gebirgszugs, durch die das Gedicht situiert wird, allerdings im Modus des Vergleichs, den das wiederholte „wie" anzeigt und der einen Anhalt gibt für das, was zwar keineswegs abstrakt, aber eben gar nicht anschaulich ist: „die Linien des Lebens", das, was sie „verschieden" macht, und die Aura des Ausgleichs: „Harmonie, ewiger Lohn, Frieden".

2.6 Metaphorik, Analogien

Die Semantik des Gedichts – und nicht nur der Inhaltswörter – funktioniert in Wahrheit nur aufgrund der immer verfügbaren Analogiebildung, des Vergleichs, durch den Primärerfahrungen zum Erschließen beliebiger Sinnbereiche dienen können. Auch ohne auffällige Metaphorik zu bemühen, wird diese Möglichkeit hier zweifach und in direkt nachzuvollziehenden Schritten wirksam.

Die erste, bereits genannte Analogie macht Wege und Berge mit ihren Konturen zum Bild von unterschiedlicher Lebenserfahrungen. Der Vergleich interpretiert zugleich das Erlebte, „verschieden" verweist auf das Auf und Ab der Wege, aber ohne mehr als eben dies festzulegen. Der Vergleich teilt sich metrisch und syntaktisch genau auf die Verse eins und zwei auf, das erste Paar stellt als Einheit einen ebenso genauen wie zwanglosen Vergleich dar, die eine offene, an der Natur orientierte Sicht auf das Leben im Ganzen anheimstellt.

Der zweite Vergleich, der nur bedingt als Analogie gelten kann, nimmt eben dieses gedeutete Leben, das wir führen – und das „wir" steht ohne Pathos, aber doch für die Menschen insgesamt –, und stellt es als das „hier" einem „dort" gegenüber, das nun auf eine Weise erschlossen wird, die wirkliche Essenz des Gedichtes ausmacht: Es ist „dort" anders anders als „hier", aber nicht wie in einer Utopie, die die Realität ersetzt, sondern unter einem Horizont, in dem unser Hier-Sein mit Harmonien und Frieden belohnt und ergänzt wird. Der dritte Vers stellt dieses ergänzende Gegenüber her: Die erste Hälfte greift unser (menschliches) Leben auf, die zweite Hälfte führt die Ergänzung ein, und der letzte Vers diese Paares benennt die Aura dieser Ergänzung. Die Schritte dieses Gedankens, der eigentlich kein Vergleich, sondern eine Konstruktion ist, entsprechen genau dem Aufbau der beiden Zeilen: Der Objektsatz „Was hier wir sind" nimmt den Inhalt des ersten Zeilenpaares auf, die Fortsetzung „kann dort ein Gott ergänzen" eröffnet den Horizont der

Ergänzung, die Schlusszeile füllt ihn aus. Die Syntax und die Metrik dieser Zeilen entsprechen auf atemberaubende Weise dem, was in ihnen vorgeht.

Die dritte Zeile des Quartetts ist die einzige, die syntaktisch und inhaltlich zweigeteilt ist, markiert übrigens durch das lautlich herausfallende k, und sie stellt in dieser Zweiteilung die Spaltung und die Einheit des Gedichts dar. Nun wird deutlich, dass die Linien des Lebens zwar Wege sind und Bergen gleichen, aber Harmonie und Frieden erst als Ergänzung finden. Katastrophen sind nicht angedeutet, aber Mühen und Vergeblichkeit wohl, es brauchte sonst der Ergänzung durch Harmonien, Lohn und Frieden nicht.

Die Architektur des Vierzeilers, von der nach dem Gesagten sehr wohl zu sprechen ist, kann sehr vereinfacht so schematisiert werden:

A1		a
A2		b
B1.1	B1.2	b
B2		a

Das Reimschema ist am Zeilenende angegeben – es ist die offensichtliche, spiegelbildliche Verzahnung der A- und B-Teile. Die 2-er Zeilen sind inhaltlich und syntaktisch die Ausfaltung ihrer Vorgänger. B1 knüpft mit der ersten Hälfte an A an und führt mit der zweiten Hälfte den Vers B2 ein. B1 gibt so die inhaltliche Entsprechung zum Reimschema, und das k von „kann" ist genau der Schnittpunkt dieser Verknüpfung.

2.7   A-Theologie

In diesem Panorama gibt es abschließend eine alles übergreifende Dimension, die ich bis jetzt ausgespart habe. Die Verbindung zwischen dem „hier" und „dort" entsteht durch das, was ein Gott ergänzt. Damit ist angezeigt, dass es nicht um den Ausgleich gelegentlichen Missgeschicks geht, sondern um den Sinn des Lebens überhaupt. Gerade darum aber ist die Form, in der dies im Gedicht – in der Schlüsselzeile B1.2 – geschieht, entscheidend.

Der einzige indefinite Artikel des Gedichts steht in der Verbindung „ein Gott", und er hat einen eindeutigen, einen fundamentalen Stellenwert. Wenn es „ein Gott" heißt, dann ist es nicht der Gott der monotheistischen Religion. Als Individuativum wird ein Gott nicht anders als ein Mensch vergleichbar mit anderen.

Aber in der monotheistischen Welt ist Gott nicht nur einzig und damit nicht indefinit, sondern definit – so wie „die Sonne", „das Universum" –, sondern singulär, personal. „Gott" ist grammatisch und semantisch deshalb kein Individuativum und lässt weder den definiten noch den indefiniten Artikel zu, „Gott" ist ein Eigenname, das Wort nennt den Allmächtigen, es klassifiziert ihn nicht.[2] Man könnte, um diese Überlegung zu neutralisieren, eine poetische Lizenz in Anspruch nehmen: Das Metrum verlangt eine unbetonte Silbe, und in der von der Antike geprägten Vorstellungswelt sind die Götter längst heimisch. Allerdings, eine poetische Lizenz bleibt eine Schwäche, und wenn es ernst wäre, wenn es um ein monotheistisches Bekenntnis ginge, wäre sie durchaus vermeidbar:

> Was hier wir sind, das kann Gott dort ergänzen

Diese Formulierung ist möglich, aber sie ist angestrengt, natürlich steht sie dem Original nach, aber nicht nur in der metrischen Gestalt. Das Gedicht ist durch die Vergleiche hindurch eine Weltsicht, und sie ist nicht jenseitig. Beschworen wird nicht der übermächtige Richter des Alten Testamentes, „ein Gott" ist eine Metapher in einer nicht-religiöse Welt, sie steht für die Imagination von Korrespondenzen, die den Mangel des Lebens ausgleichen, eine Imagination, an der das Gedicht selbst teilhat.

2.8   Fazit

Die Einordnung des Textes in Zusammenhänge von Biographie und Zeitgeschichte kann zweifellos Hintergründe für manche der hier konstatierten Befunde angeben, aber auch Gewinn aus der Strukturanalyse ziehen. Das gelassen Ausgleichende in Haltung und Struktur dieses Textes springt ins Auge, wenn man an das hymnische Pathos und das tragisch Verzweifelnde der großen Gedichte Hölderlins mit den entsprechend ausfahrenden Gesten denkt. Zweifellos entspricht diese Verhaltenheit der späten Lebenssituation Hölderlins. Aber man muss nicht mit Taubes (1991) der Meinung sein, Hölderlins Krankheit entspringe aus der Erfahrung der Unmöglichkeit, antiken Mythos

---

2   Natürlich gehören der Plural und die verschiedenen Artikelformen zum sprachlichen Wissen über das Nomen „Gott", weil die Sprachkenntnis nicht einer Religion verpflichtet ist. Aber wenn es um Gott im christlich monotheistischen Verständnis ginge, wäre der Artikel unmöglich, so wie z. B. der Plural von „Mut" unmöglich ist. Ich sehe dabei ganz ab von der Frage, was über die Semantik, also das rein sprachliche Bedeutungswissen für „Gott" zu sagen wäre.

    © Frank & Timme   Verlag für wissenschaftliche Literatur

und jüdisch-christlichen Monotheismus zu verbinden, um nachzuvollziehen, dass christliche Jenseitserwartung hier keinen Raum hat. Und die seltsame Klarheit, in der die Balance dieser Haltung gelingt, auch wenn sie Intermittenz in der Krankheit ist, trägt ihre Überzeugungskraft in sich selbst. Der Psychiater hat hier keine Zuständigkeit.

All dies ist ergänzend und hilfreich, notwendige Voraussetzung für das Verständnis und die Wertung des Vierzeilers ist es nicht.

Ich denke nicht, dass ich die vier Zeilen mit der extensiven Interpretation überanstrengt habe. Die Analyse ist überdies nicht einmal vollständig, und jede Einzelheit kann durch Sprachkenntnis und Alltagswissen belegt und bestätigt werden. Ich sage nicht, dass jeder Leser bei jedem Lesen oder Hören des Textes alle erwähnten Strukturen und Bezüge realisiert. Aber sie werden wirksam, auch wenn sie nicht bewusst vorgestellt werden, und sie sind zugänglich allein aufgrund von Kenntnis der Sprache und Aufmerksamkeit. Allerdings: Aufmerksamkeit auf was? Das ist die Frage, die mit diesem Beispiel aufgehellt werden sollte. In allen Befunden ging es um einen bestimmten Überschuss oder um zusätzliche Bedingungen über das Primärverständnis des Textes hinaus. Und sicher ist das, was man mit Qualität, Bedeutsamkeit und Schönheit eines Gedichts meint, eng verbunden mit der Vielschichtigkeit und dem Facettenreichtum, die die Analyse sichtbar macht.

Ähnliche Zusatzstrukturen sind allenthalben identifizierbar. Einer der ingeniösesten Vierzeiler des 20. Jahrhunderts[3] gibt mit einem lexikalisch-grammatischen Minimum – „die einen/die andern", „im Dunkel/im Licht" „sehen/nicht sehen" – und dem Prinzip von Kontrast und Parallelismus einer Plattitüde Ewigkeitswert:

Denn die einen sind im Dunkel
Und die andern sind im Licht.
Und man siehet die im Lichte
Die im Dunkel sieht man nicht.

Ganz unvollständig ist die Architektur dieses Quartetts, das aus vierhebigen Trochäen mit dem Reimschema a – b – c – b besteht, wie folgt anzugeben,

---

3   Anders als bei Hölderlins Gedicht handelt es sich hier allerdings nicht um einen eigenständigen Text. Die Genese dieser Strophe ist ein eigenes Kapitel. Sie ist in Fortführung der Moritat von Mackie Messer als Abschluss des Dreigroschenfilms entstanden, gegen den der Autor Brecht aber gerichtlich geklagt hat.

wobei die Paare 1 und 2 jeweils einen Kontrast und die B-Verse die Parallelis-mus-Inversion der A-Verse darstellt:

A1	a
A2	b
B2	c
B1	b

Entscheidend ist dabei natürlich die semantische Unterspezifiziertheit, die das Ganze per Analogie und Metaphorik wahlweise zu einer Gesellschaftsdiagnose oder einer Weltdeutung machen.

3 Empirische Poetik

3.1 Eine Alternative?

Wenn man der Art der Analyse, die im vorigen Abschnitt exemplifiziert wer-den sollte, im Prinzip folgt und auch die Einzelfeststellungen im Wesentlichen teilt, dann steht dennoch eine verbindliche Vorstellung davon aus, um welche Strukturen – über die hinaus, die die Linguistik zu erklären hat – und welche dafür zuständigen Prinzipien es geht und wie sie zu charakterisieren sind. Für einige Aspekte, insbesondere den Gesamtbereich der Metrik mit den zugehö-rigen phonologischen Grundlagen und den Parallelismus mit der morphosyn-taktischen Basis, gibt es gut begründete und ausformulierte Vorstellungen. Auch sie erfassen freilich nur die Bedingungen für die Struktur von Versen und Parallelismen und nicht ohne weiteres auch deren ästhetische Qualität und Wirkung. Vor allem aber ist offen, wie diese Bedingungen mit anderen Aspekten zusammenwirken und was in dieses Spektrum insgesamt einzube-ziehen ist. Für das, was die sprachliche Struktur einer Äußerung ausmacht, ist dieses Problem im Prinzip klar beantwortet, für die mögliche poetische Struk-tur der gleichen Ausdrücke ist nicht einmal die Frage hinreichend deutlich.

Welche Faktoren nehmen an der Konstitution poetischer Wirkung teil und wie sind sie zu repräsentieren? Bilden sie einen geschlossenen Gesamtkomplex oder kommen sie von Fall zu Fall zusammen? Sind es überhaupt mehrere Faktoren, oder ist es nur ein Wirkungsmoment?

Ob diese Fragen richtig gestellt sind, ist offen, und sie werden umso ungewisser, je weiter man den intuitiv vorgegebenen Bereich ausdehnt. Wie sind die Analysen und ihre Mittel von Gedichten auf Romane, auf Dramen oder Opern zu übertragen? Was besagt die Analyse von „An Zimmern" für „Hyperion" oder „Faust" oder Becketts „Happy Days", und wie kommt man vom Schlussvers der Moritat von Mackie Messer zur Dreigroschenoper? Gibt es einen gemeinsamen Rahmen, in den auch Bachs „Kunst der Fuge" oder Schönbergs Streichquartette und womöglich auch Leonardos Abendmahl gehören würden?

Ohne alle diese Weiterungen im Auge zu haben, hat Wolfgang Klein (2007) einen Vorschlag entwickelt, wie ästhetische Urteile einer objektiven Untersuchung zu unterziehen sind. Es geht dabei nicht eigentlich um eine Alternative zu dem in Abschnitt 1 rekapitulierten Programm, sondern um eine besondere Art, es zu interpretieren und ihm eine empirische Basis zu geben. Ausgangspunkt ist die oben bereits erläuterte Überlegung, dass es bei der Untersuchung und Erklärung von Poesie nicht um die Eigenschaften der Texte an sich, sondern um deren Wirkung geht. Von Interesse sind also Texteigenschaften relativ zu den Rezipienten. Von dieser Überlegung ausgehend kommt Klein zu folgender Aufgabenstellung:

Man muss bestimmen,

(a) was die relevanten Eigenschaften der Texte sind;
(b) was die relevanten Eigenschaften der Personen sind, auf die sie wirken;
(c) nach welchen Prinzipien diese Eigenschaften miteinander interagieren.

Für (a) kommt im Prinzip die Linguistik auf, wenn man ihr auch die Behandlung von Dingen wie Vagheit, Mehrdeutigkeit sowie Welt- und Kontextwissen überträgt. In die so bestimmten Eigenschaften könnten scheinbar die oben vorgestellten Erläuterungen zu dem Hölderlin-Text eingeordnet werden, allerdings mit einem wesentlichen Zusatz, der wesentliche Konsequenzen für den Stellenwert des Programmpunkts hat: Klein führt zur Erläuterung von (a) Eigenschaften an, die durch Sprachkenntnis bedingt sind und zwar poetische Wirkungen haben können, zu denen aber gerade nicht die poetikrelevanten Zusatzfaktoren wie Metrik, Versbau, Stabreim, Parallelismus oder Kontrastbildung gehören, die den Fokus der oben skizzierten Hölderlin-Analyse bilden, weil sie die poetische Wirkung erklären sollen. Mit anderen Worten, Kleins Punkt (a) zielt auf Eigenschaften, die durch Sprachkenntnis bedingt sind, nicht auf solche, die davon als poetische zu unterscheiden wären. Das bleibt auch gültig für die durchaus aufschlussreichen Beispiele, die Klein seinerseits mit Blick auf Unterschiede in den poetischen Effekten sprachlicher Texte betrachtet.

Diese Feststellung ist entscheidend für die Punkte (b) und (c) des Programms, sie bilden den Kernpunkt des Vorhabens, der programmatisch so zusammengefasst wird:

„Ästhetische Urteile müssen als Relationen zwischen Eigenschaften von Texten und Eigenschaften von Personen aufgefasst werden.
Diese Relationen müssen mit den Methoden untersucht werden, die dem üblichen Vorgehen in den empirischen Wissenschaften entsprechen."

Während für die Eigenschaften von Texten nach Kleins Überzeugung die Linguistik zuständig ist, sind seine Vorstellungen über die Eigenschaften von Personen, auf die sich empirische Hypothesen über ästhetische Urteile beziehen können, verräterisch vage. Etwas scherzhaft erwägt er, dass es die Haarfarbe wohl nicht sein kann, eher schon das Geschlecht oder das Alter einer Person, am ehesten aber so etwas wie Vertrautheit mit literarischen Texten im Allgemeinen und dem jeweils zu beurteilenden im Besonderen.[4] Was diese Überlegungen zeigen, ist allerdings klar: Eigenschaften einer Person sind für ihr ästhetisches Urteil gerade so weit von Belang, wie sie die Fähigkeit zur Rezeption des jeweiligen Textes betreffen – und zwar nicht hinsichtlich seiner historischen Wahrheit oder sachlichen Nützlichkeit, sondern genau seiner poetischen Qualität. Das aber heißt nichts anderes, als dass die Eigenschaften, um die es bei der Erklärung ästhetischer Urteile geht, eben die Fähigkeit ausmachen, die spezifisch poetischen Eigenschaften eines Textes zu erfassen und zu bewerten.

Die These, dass poetische Urteile als Relationen zwischen Eigenschaften von Texten und Eigenschaften von Personen aufzufassen sind, erweist sich insofern als reine Formulierungsvariante der Konzeption aus Abschnitt 1: Statt um Relationen zwischen Eigenschaften von Texten und Eigenschaften von Personen geht es tatsächlich um die Relation zwischen zwei Kenntnissystemen der gleichen Personen, nämlich der Sprachkenntnis und der Kenntnis, die die

....

4   Klein meint generell: „Es gibt zahllose plausible Dimensionen der Variation. Hier muß man so vorgehen wie in den Wissenschaften sonst – nämlich mehr oder minder gut motivierte Hypothesen aufstellen, sie überprüfen, verfeinern, wieder überprüfen, und so fort, bis man sich allmählich an jene herantastet, die in der Tat verantwortlich sind." Dass zahllose plausible Dimensionen in Betracht gezogen werden könnten, durch die man sich hindurchvariieren kann, halte ich für einen Irrtum, den Kleins eigene Annäherung an die Textvertrautheit Lügen straft.

Grundlage für ästhetische Urteile ist, also die Relation zwischen dem, was oben Sprachkenntnis G und poetische Kompetenz P genannt wurde. Deren Beziehung ist aber inhärent gegeben: Poetische Eigenschaften bauen auf den Bedingungen der Sprachkenntnis auf.

Das klingt zirkulär: Dass und wie eine Person poetische Eigenschaften bewertet, wird erklärt durch die Kenntnis, auf der das Verständnis poetischer Eigenschaften beruht. Tatsächlich ist diese Feststellung nicht mehr zirkulär als die unstrittige Annahme, dass das Verstehen einer sprachlichen Äußerung erklärt wird durch die Sprachkenntnis. In beiden Fällen besteht die empirische Aufgabe darin, zu klären, was das jeweilige Kenntnissystem enthält.

Der scheinbar besondere empirische Appeal des von Klein skizzierten Programms verlangt daher in Wahrheit sinnvolle Annahmen über die Kenntnisstrukturen, auf denen poetisch relevante Eigenschaften von Texten beruhen, nicht aber die Exploration beliebig variierbarer Merkmale von Personen wie Alter, Herkunft, Geschlecht oder Schulbildung. Die Ergebnisse geben andernfalls nicht Auskunft über die Grundlage und Natur ästhetischer Urteile, sondern über Gegebenheiten der Zeitgeschichte, des Bildungssystems, der Jugendkultur, der Migrationseffekte oder andere Faktoren, denen die Funktion von literarischen Texten natürlich allemal auch unterliegt.

3.2 Poetische Universalien

> *Walking and jumping are innate capabilities of every human. Some of us practice these abilities to the point where others will watch them, even pay money for the privilege. In parallel fashion, all of us produce (linguistic) utterances/discourses that have aesthetic value. In part this ability must be innate: surely Shakespeare possessed an ability that none of us could hope to acquire, but lesser talents no doubt learned how to write poems or plays or novels and got better at it. Practice usually helps.*
>
> Morris Halle

Unter einem Gesichtspunkt, der nichts mit Kleins Überlegungen zu tun hat und der auch in der Skizze in Abschnitt 1 nicht vorkommt, ist es allerdings möglich, ja notwendig, Unterschiede zwischen Personen und Personengruppen im Hinblick auf poetische Kompetenz in Betracht zu ziehen. Der Vergleich von Linguistik und Poetik bzw. Sprachkenntnis und poetischer Kompetenz bringt hier einige Aspekte ans Licht, die für empirische Untersuchungen nicht nur wichtig sind, sondern ihnen erst eine ernsthafte Grundlage geben.

Ein beinahe trivialer, aber für den Charakter und die Verlässlichkeit poetischer Bewertungen folgenreicher Gesichtspunkt ist der Zusammenhang und die Differenz zwischen Sprechen und Verstehen, Sprachproduktion und Perzeption und übrigens auch Schreiben und Lesen und – damit verbunden, aber nicht identisch – aktiver und passiver Sprachbeherrschung. Dass zwischen den verschiedenen Modi der Sprachverwendung Unterschiede bestehen, ist jedem vertraut, Bedingungen und Ausmaß solcher Unterschiede zu bestimmen ist allerdings weniger einfach. Klar ist indes, dass sie in Bezug auf Poesie und deren Bewertung ungleich ausgeprägter sind und damit die Variation nicht nur beim Schreiben, sondern auch bei der Rezeption und Beurteilung literarischer Texte erheblich instabiler und variantenreicher ist. In bestimmten Grenzen gilt hier, wie Morris Halle konstatiert, dass Übung hilft. Und die Bedingungen, die dabei eine Rolle spielen, können Gegenstand eines eigenen Forschungsprogramms sein, das allerdings eher didaktische Orientierung hätte.

Denn für das, was eine Gedicht von Hölderlin, ein Stück von Büchner oder eine Tragödie von Sophokles bedeutend macht, ist nur sehr bedingt die pädagogische Vorbereitung der Leser von Interesse. (Eher umgekehrt wird man sich didaktisch bemühen, weil und wenn der Rang eines Textes das rechtfertigt.)

Einen anderen Aspekt, der für die Frage nach der Basis ästhetischer Bewertungen entscheidend ist, markiert die linguistische Unterscheidung zwischen Sprachfähigkeit und Sprachkenntnis, oder technisch gesprochen: der Universalgrammatik UG und der jeweils einzelsprachlichen Grammatik G. Was genau die Sprachfähigkeit festlegt, ist das Kernproblem der Linguistik, und die Antworten, die nur auf indirektem Weg gefunden werden können und entsprechend kontrovers diskutiert werden, haben sich im Lauf der letzten fünf Jahrzehnte beträchtlich gewandelt. Unstrittig gehören Operationen für die Bildung komplexer Ausdrücke aus elementaren Bestandteilen dazu, und unstrittig ist insbesondere, dass diese Operationen und elementaren Bestandteile die im Organismus verankerte Ausstattung sind, die den Erwerb der jeweiligen Muttersprache(n) möglich macht. Eine entsprechende Annahme hält nun (nicht nur) Chomsky für die poetische Fähigkeit für unzweifelhaft. So wie die jeweilige Sprachkenntnis G auf der Struktur UG der Sprachfähigkeit beruht, ist also die jeweilige poetische Kompetenz P die Ausprägung einer generellen Poesiefähigkeit UP. Diese Überlegung führt zu drei möglichen Fragestellungen, die unterschiedliche, aber miteinander zusammenhängende Forschungsvorhaben bestimmen würden:

(1) Wie und durch welche Erfahrungen entsteht P auf der Basis von UP?

(2) Welche verschiedenen poetischen Systeme P gibt es aufgrund von UP?

(3) Was ist der Charakter und der Inhalt von UP?

Frage (1) betrifft die Analogie zum Spracherwerb, und man wird annehmen müssen, dass unbeschadet der Einbettung in den gleichen ontogenetischen Gesamtprozess relevante Unterschiede zu gewärtigen sind – nicht nur wegen des Phänomens der Sonderbegabung, die stets die Basis großer Kunst ist und mit dem zusammenhängt, was nach Chomskys Überzeugung niemand erklären kann. Für den normalen Verlauf der Ontogenese von P gibt es jedoch reiche Evidenz und rationale Forschungsprogramme, die sich keineswegs in unbekanntem Neuland verlieren. Kinderreime und Abzählverse, spontane und interaktive Äußerungen mit Eigenschaften, die poetische Strukturen manifestieren, bieten unmittelbar einschlägige Ansatzpunkte. Die spontane Entwicklung und ihre Begleitung sind übrigens nicht identisch mit den zuvor erwähnten Übungsprogrammen, auch wenn zwischen beidem keine strikte Trennlinie besteht.

Frage (2) führt zu mindestens zwei Problemen. Das erste setzt mit der Feststellung ein, dass es – vergleichbar mit der Verschiedenheit der Einzelsprachen – unterschiedliche Poetik-Systeme gibt, die sich gleichwohl der gleichen Disposition zur poetischen Gestaltung verdanken. Auch hier geht es nicht um unbekanntes Terrain. Einsichten in die Formen chinesischer, arabischer, afrikanischer oder isländischer Lyrik, in die Struktur von No-Spielen und griechischen Tragödien, den Aufbau indischer oder finnischer Epen sind reiche Erfahrungsbereiche, an denen die Ermittlung von Invarianten ansetzen kann, die zu Kandidaten für die Prinzipien von UP führen können.

Das zweite Problem betrifft die Identifizierung der Variationen, die innerhalb von UP möglich sind, und damit zugleich die Rahmenbedingungen, innerhalb deren die Einzelsysteme sich ausprägen, tradiert werden, sich historisch verändern. Hier am ehesten müssten Untersuchungen der Art einsetzen, die Klein zur Bestimmung der Eigenschaften von Personen ins Auge fasst: Die Formen des Minnesangs, der Skaldendichtung, aber auch der Rap-Texte sind an strikte Rahmenbedingungen gebunden, die formal-poetische mit sozialen Strukturen verbinden.

Frage (3) kann – wie die Suche nach den Prinzipien der Sprachkenntnis – nur durch die systematische Aufklärung der in verschiedenen Systemen der Poetizität realisierten Möglichkeiten beantwortet werden. Welche Schritte damit gemeint sind, sollten die Analysen in Abschnitt 2 exemplifizieren. Auch hier gilt natürlich, dass die Frage kein unerforschtes Terrain betrifft. Eine reiche Erfahrungsgrundlage besteht für die Prinzipien von Metrik und Versbau sowie für Phänomene wie Parallelismus. Ganz andere Arten von Struktur und Regularität sind allerdings verbunden mit der unterschiedlichen Organisation von Erzählformen sowie mit Texten für dramatische Aufführungsmodalitäten.

4　Poetik und Ästhetik

4.1　Parallelen und Unterschiede

Ich habe bisher keinen systematischen Unterschied zwischen poetischen und ästhetischen Qualitäten und Bewertungen eines Textes gemacht. Und in der Tat wird man im Prinzip literarische Texte als sprachliche Gebilde mit speziellen ästhetischen Eigenschaften betrachten. Damit wird aber die Frage verdeckt, ob das Schreiben, Verstehen und Bewerten von Gedichten, Erzählungen oder Dramen in einer besondere Perfektion der Sprachausübung besteht – so wie Laufen, Springen, Schwimmen oder Schifahren bei besonderer Perfektion preiswürdig werden – oder ob die ästhetische Qualität eines Textes auf einer besonderen Kenntnisstruktur beruht, wie es in der in Abschnitt 1 resümierten Vorstellung mit der poetischen Kompetenz P angenommen wird. Für eine solche Kenntnisstruktur spricht unter anderem die im Zusammenhang mit der Frage (2) erwähnte mindestens partielle Lern- und Kulturabhängigkeit: Auch wenn man z. B. vom Charakter eines Distichons oder einer Ghasele durchaus auch ohne Anleitung etwas erfasst, bedarf eine angemessene Würdigung doch mehr als nur der Sprachkenntnis. Folgt man dieser Grundvorstellung, dann

　　© Frank & Timme　Verlag für wissenschaftliche Literatur

entsteht aber die Frage, ob die als Basis für die Ausbildung von P angenommene Fähigkeit UP Grundlage für ästhetische Strukturen und Bewertungen generell oder für solche von sprachlichen Gebilden im Besonderen ist. Denn dass literarische Qualität direkt mit ästhetischer Bewertung zusammenhängt, wird intuitiv gewiss zu Recht unterstellt und entspricht der wechselnden Benennung.

Wie aber verhält sich poetische Qualität generell zu ästhetischen Eigenschaften in anderen Bereichen? Zu den Fragen (1) bis (3) ergeben sich damit zwei weitere Probleme:

(4) Wie verhält sich P und die zugrundeliegende Disposition UP zu ästhetischen Bewertungen in beliebigen anderen Domänen?

(5) Gibt es eine generelle Disposition für die Bewertung ästhetischer Qualitäten und was ist ihr Inhalt?

Dass es ästhetische Qualitäten in unterschiedlichen Bereichen gibt, ist offensichtlich, und auch, dass dabei Gemeinsamkeiten und wichtige Unterschiede bestehen. Ehe ich auf denkbare Folgerungen eingehe, die sich aus diesen Feststellungen für Antworten auf die Fragen (4) und (5) ergeben, will ich einen Unterschied erörtern, der das gängige Vorverständnis dieser Fragen prägt.

Für Musik und Dichtung, zwei benachbarte, zentrale Bereiche, die diese Fragestellung betrifft, weist die akademische Zuständigkeit und auch die Alltagsauffassung eine aufschlussreiche Asymmetrie auf. Beide Bereiche sind durch offenkundige Gemeinsamkeiten, aber auch durch essentielle Unterschiede geprägt. Gemeinsam ist ihnen vor allem der primär akustische Charakter ihrer Strukturen, die sich als Ereignisse im Zeitablauf manifestieren und damit den gleichen Realisierungsmodus aufweisen, durch den sie in den verschiedenen Formen des Gesangs auch direkt miteinander verbunden sein können. Der entscheidende Unterschied besteht darin, dass Dichtung eine konventionell-symbolisch bedingte, begriffliche Bedeutung ausdrückt, die sich essentiell von der Organisation ihrer akustisch realisierten Form unterscheidet, während die Musik eine analog-ikonische Struktur besitzt, die keine von der Signalstruktur verschiedene Bedeutung repräsentiert. Diese Bedingungen führen zu systematischen Konsequenzen verschiedener Art. Hier ist von Interesse, dass die Beschäftigung mit sprachlichen Kunstwerken in zwei Disziplinen geschieht, von denen die Literaturwissenschaft vor allem die ästhetischen

Eigenschaften behandelt, während die Linguistik sich primär mit ihrer sprachliche Grundlage befasst. Musikalische Gebilde werden dagegen in einer Disziplin thematisiert, die diese Teilung nicht kennt – Musik wird im Prinzip als ästhetische Erscheinung verstanden.[5] Dass sprachliche Gebilde unter zwei Gesichtspunkten behandelt werden, für die in der Musikwissenschaft eine parallele Teilung nicht existiert, hat verschiedene Gründe. Der wichtigste ist zweifellos die eigenständige Struktur der Sprache, die zu trennen ist von der Vielfalt ihrer Funktionen, die sich wiederum ergeben aus dem begrifflich-symbolischen Charakter der Semantik natürlicher Sprachen. Aber welche Gründe oder Zufälligkeiten auch die disziplinäre Verfasstheit von Literatur-, Sprach- und Musikwissenschaft hervorgebracht haben, sie ist Ausdruck einer unterschiedlichen Rolle des Ästhetischen. Auch die Struktur des musikalischen Materials (in den verschiedenen Deutungen, die dieser Terminus erfahren hat), ist vornehmlich unter ästhetischen Gesichtspunkten behandelt worden, während die Sprache, falls man sie als Material der Dichtung zu betrachten hätte, ein zunächst ganz anders geartetes Gebiet darstellt.

Dieser Feststellung zufolge ist für den akademischen wie für den Alltagsverstand die Musik ein grundsätzlich ästhetisches Gebiet, während die Sprache ihre ästhetische Funktion erst als zusätzliche Möglichkeit erhält. Soweit diese Perspektive angemessen ist, ergibt sie für die Fragen (4) und (5) eine deutliche Asymmetrie in der Rolle und der Entstehung des Ästhetischen: In der Musik ist der ästhetische Rang offenbar direkt verbunden mit der Perfektion des Musik-Machens, dessen Funktion ja vorab auf das Ästhetische gerichtet ist, in der Dichtung hingegen tritt die ästhetische Qualität zu dem, was die Sprachkenntnis an Möglichkeiten enthält, durch die poetische Kompetenz hinzu.

Dieser eigenartige Befund entspricht einer in der Sache liegenden partiellen Asymmetrie. Einerseits unterliegen beide Bereiche in wesentlicher Hinsicht gleichen Bedingungen: So wie die Hervorbringung und Bewertung von Sprachkunst durch die poetische Kompetenz P bedingt und ermöglicht wird, muss für die Organisation musikalischer Strukturen eine musikalische Kompetenz M angenommen werden. Für sie gelten ähnliche Bedingungen wie die oben für P erläuterten: Beide sind Ausprägungen einer zugrundeliegenden Fähigkeit, beide unterliegen kulturell-historischer Variation und Veränderung, beide sind das

....

5   Tatsächlich ist das Bild komplizierter, da in beiden Bereichen zumindest traditionell noch die Teilung in historische und systematische Teilbereiche berücksichtigt werden muss, wie ich in Bierwisch (1979) vorgeführt habe. Für die hier anstehende Frage ist das einfache Schema durchaus angemessen.

      © Frank & Timme   Verlag für wissenschaftliche Literatur

Ergebnis ontogenetischer Entwicklung, und beide weisen innerhalb der biologisch gegebenen Invarianz beträchtliche individuelle Unterschiede auf.

Andererseits ergibt sich ein entscheidender Unterschied aus der Tatsache, dass die Strukturen, die durch P mit einer poetischen Form versehen werden, zunächst oder parallel durch das sprachliche Kenntnissystem G determiniert sind und dadurch insbesondere eine begrifflich organisierte semantische Interpretation tragen, die natürlich auch für die von P bedingten Eigenschaften eine zentrale Rolle spielt, eine Bedingung, für die es in den durch M ermöglichten musikalischen Strukturen im Prinzip keine Parallele gibt. Insofern ist die ungleiche Behandlung sprachlicher und musikalischer Gebilde ein Reflex sachlicher Gegebenheiten.

Die Parallelität der mit P und M abgekürzten Kenntnissysteme wirft nun allerdings eine nicht triviale Frage in Bezug auf ihre Grundlage auf: Muss für den Bereich (kulturell ausgeprägter) musikalischer Kenntnissysteme M eine eigene Disposition UM angenommen werden, analog zu UP als Basis für P? Zweifellos gehört im Prinzip die Fähigkeit zum Bilden und Verstehen musikalischer Äußerungen nicht weniger zur Artausstattung als die Sprachfähigkeit und die der poetischen Gestaltung. Und es liegt auch nahe, die dafür verfügbaren Bedingungen als nicht weniger spezifisch anzusehen als die für andere mental fundierte Systeme.[6] Allerdings wirkt die Annahme jeweils eigener Grundlagensysteme nicht nur willkürlich und schematisch, sie verdeckt vor allem den aufzuklärenden Zusammenhang, den ja die ästhetische Orientierung und Unterscheidungsfähigkeit auch verlangt.

Es liegt daher nahe, für die in (4) und (5) gestellten Fragen eine andere Perspektive anzunehmen und die ästhetische Disposition als einen gemeinsamen Faktor zu verstehen.

4.2   Zwei Perspektiven

Dass ästhetische Bewertung und ästhetische Gestaltung intuitiv als einheitliches Phänomen verstanden werden, heißt nicht zwangsläufig, dass dem ein eigenes und einheitliches mentales System zugrunde liegt. Die Raumorientierung etwa wird als eigenständige Verhaltensform durch das Zusammenwirken

<hr>

6   Ligeti und Neuweiler (2007), ein Komponist und ein Neurobiologe, haben darüber einen ungewöhnlichen Dialog geführt, der die biologische Fähigkeit zur Steuerung der Feinmotorik als wesentliche biologische Basis nahelegt.

verschiedener Systemkomponenten bewirkt, visuelle, taktile, auditive Wahrnehmung, Motorik, Gleichgewichtsorgan erzeugen gemeinsam eine funktional ganzheitliche Dimension der Verhaltensorganisation mit einheitlicher Struktur. In diesem Sinn sind prinzipiell zwei Sichtweisen für das Phänomen der ästhetischen Verhaltens- und Bewertungsmöglichkeiten denkbar.

(A) Zu den Grunddispositionen des Organismus gehört die Regulation und Steuerung des Verhaltens durch ein System ästhetischer Strukturbildungen und Wertungen, die sich für verschiedene Verhaltensbereiche in entsprechenden Kenntnissystemen manifestieren.

Inhaltlich ist für ein solches System an Prinzipien zu denken, die Eigenschaften folgender Art auszeichnen:

(a) Symmetrie, Proportion
(b) Wiederholung, Kontrast
(c) Balance von Invarianz und Varianz

Sie dürften zusammenhängen mit Bedingungen der Wahrnehmungsorganisation, der Gedächtnisökonomie, der motorischen Aktivitätsregulation. Wirkungsfelder solcher Auszeichnung sind dann primäre Verhaltensbereiche wie Motorik, die verschiedenen Sinnesmodalitäten, Lautgebung und selbstverständlich Sprache. Bezogen auf die jeweiligen Verhaltensbereiche bilden sich auf diese Weise Kenntnissysteme wie die mit P und M abgekürzten, denen andere an die Seite zu stellen sind. Die Gemeinsamkeiten von Musik und Tanz, von Musik und Dichtung, von Drama und Pantomime werden damit nicht erzeugt, aber strukturiert durch das angenommene ästhetische Grundpotenzial.

Die Frage (5), die auf eine ästhetischen Grunddisposition und ihren Inhalt zielt, würde damit zu verfolgen sein durch die Ermittlung und Begründung von Prinzipien wie sie unter (a) bis (c) angedeutet sind. Für die Frage (4) nach dem Verhältnis dieser ästhetischen Disposition zu Kompetenzen wie P und M würde dann die Annahme naheliegen, dass diese die jeweils domänenspezifische, ontogenetisch entstehende Ausprägung der ästhetischen Grunddisposition sind. P wäre dann nicht auf UP, sondern die ontogenetische Interaktion von Spracherfahrungen mit der ästhetischen Grunddisposition zurückzuführen. Entsprechend wäre M die Ausprägung, die auditiv-motorische Erfahrungen in Interaktion mit der ästhetischen Disposition ergeben.

Ich halte diese Erwägungen für durchaus plausibel und nicht bloß spekulativ. Dennoch ist klar, dass sie zunächst kaum mit einem rationalen Forschungsprogramm zu verbinden sind. Auch wenn man die in (A) umschriebene Auffassung für gültig hält, ist es daher angezeigt, eine Perspektive zu formulieren, die näher an empirische Überprüfbarkeit heranführt und sinnvoller von Resultaten ausgehen kann, die in einzelnen der in Betracht zu ziehenden Bereiche verfügbar sind:

(B) Für bestimmte Bereiche (wie Dichtung, Musik, Tanz, Malerei, Skulptur) entstehen in der Ontogenese Kenntnissysteme, die entsprechende Verhaltensleistungen und Wertungen ermöglichen. Bereichsübergreifende Eigenschaften und Prinzipien, die sich in solchen Leistungen manifestieren, sind auf entsprechende generelle ästhetische Prinzipien zurückzuführen.

Diese Formulierung ist auf dem Hintergrund der bisherigen Erwägungen zu verstehen. Sie spart aber sowohl Dispositionen wie UP, UM und analoge Systeme wie auch die Annahme einer generellen ästhetischen Disposition aus und zielt zunächst auf die Analyse der Kenntnissysteme und die aus ihnen zu entnehmenden Prinzipien. Was das für die poetische Kompetenz besagt, ist in Abschnitt 2 exemplifiziert und leicht durch weitere Analysen zu ergänzen. Für die tonale Musik haben Lerdahl und Jackendoff (1983) einen großangelegten und interessanten Ansatz entwickelt. Die Prinzipien und bereichsübergreifenden oder mindestens vergleichsträchtigen Eigenschaften, die sich dabei ergeben, liegen sehr wohl in den durch die Punkte (a) bis (c) angedeuteten Bedingungen. Mit gebührender Vorsicht kann man in dieser Perspektive eine induktive Version der mit (A) umschriebenen Vorstellung sehen. Das Programm, das sich damit abzeichnet, setzt durchaus auf empirisches Vorgehen – wenn auch nicht auf einfache Tests und induktive Verallgemeinerung von Beobachtungsdaten, aber doch auf ein Vorgehen, wie Klein es zusammengefasst hat (Anmerkung 4), „nämlich mehr oder minder gut motivierte Hypothesen aufstellen, sie überprüfen, verfeinern, wieder überprüfen, und so fort, bis man sich allmählich an jene herantastet, die in der Tat verantwortlich sind."

Wenn dieser Ansatz erfolgreich ist, wird er schrittweise erklären, wie ästhetische Urteile über Gedichte entstehen, auf welchen Eigenschaften sie beruhen, welche Prinzipien ihnen zugrunde liegen. Vielleicht ist aus einfachen Prinzipien abzuleiten, was ein großes Gedicht ist.

Was an all dem fasziniert, wird dennoch die Aura behalten, in der sich das manifestiert, was keiner erklären kann.

Literaturverzeichnis

BIERWISCH, MANFRED (1965): „Linguistik und Poetik". In: HELMUT KREUZER & RUL GUNZENHÄUSER (Hg.): *Mathematik und Dichtung*, S. 49–65.

BIERWISCH, MANFRED (1979): „Musik und Sprache: Überlegungen zu ihrer Struktur und Funktionsweise". In: E. KLEMM (Hg.): *Jahrbuch der Musikbibliothek Peters 1978: Aufsätze zur Musik*, S. 9–102.

KLEIN, WOLFGANG (2005): „Wie ist eine exakte Wissenschaft von der Literatur möglich?" In: *Zeitschrift für Literaturwissenschaft und Linguistik* 137, S. 80–100.

KREUZER, HELMUT & GUNZENHÄUSER, RUL (Hg.) (1965): *Mathematik und Dichtung*, München.

LERDAHL, FRED & JACKENDOFF, RAY (1983): *A Generativ Theory of Tonal Music*, Cambridge, Mass.

LIGETI, GYÖRGY & NEUWEILER, GERHARD (2007): *Motorische Intelligenz*, Berlin.

TAUBES, JACOB (1991): *Abendländische Eschatologie*, München.

Rainer J. Kaus

Literatur als Meta-Sprache und die Proto-Sprache des Unbewussten

Wie stehen psychoanalytische und aktuelle sprachtheoretische Annäherung an Literatur zueinander?

> *Alle menschlichen Fehler sind Ungeduld, ein vorzeitiges Abbrechen des Methodischen, ein scheinbares Einpfählen der scheinbaren Sache.*
>
> Franz Kafka

1 Literatur als „künstlerische" Sprache – was heißt das?

Was ist Literatur? Lassen Sie mich beginnen mit einem Zitat des französischen Literaturwissenschaftlers Gérard Genette (* 1930), mit dessen Feststellungen ich mich in einer ersten Runde kritisch auseinandersetzen möchte. Genette beginnt sein erstes Kapitel „Fiktion und Diktion" folgendermaßen:

> Müsste ich nicht fürchten, mich lächerlich zu machen, so könnte ich diese Studien mit dem allerdings recht abgenutzten Titel „Was ist Literatur?" versehen – eine Frage, die der berühmte Text, der so heißt – er verweist natürlich auf Sartres *Qu'est-ce que la litterature?* – bekanntlich nicht wirklich beantwortet, was schließlich auch sehr weise ist: auf eine dumme Frage, keine Antwort; wirklich weise wäre es wohl, die Frage nicht zu stellen. Die Literatur besteht zweifellos aus mehreren Dingen gleichzeitig, die (beispielsweise) durch jenes lockere, von Wittgenstein „Familienähnlichkeiten" genannte Band miteinander verknüpft sind…"[1]

---

1   Gérard Genette: Fiktion und Diktion, München 1992, 11 (Fink).

     69

Genette geht dennoch so intensiv der angeblich lächerlichen Frage nach, wie es selten in den derzeitig so genannten „Literaturtheorien" geschieht. Zu diesem Ausdruck „Literaturtheorien" möchte ich vorweg bemerken, dass er derzeit äußerst vieldeutig, mindestens zweideutig, verwendet wird. In den zahlreich vorliegenden Sammlungen[2] unter diesen Titel geht es

- meist um Voraussetzungen und Methoden der Annäherung an Literatur
- selten um die Frage, was Literatur denn sei, was den gemeinsamen Charakter von „Literarität" (oder „Literarizität") der unter diesem Namen zusammengefassten Sprachprodukte denn ausmache

Dieses engere oder präzisere Verständnis von Literaturtheorie allein ist hier angezielt, im Unterschied zu jenem inflationären und ausweichendem Gebrauch der Bezeichnung „Literaturtheorien". Es führt auf die angeblich lächerlich elementare Frage zurück, was eigentlich Literatur sei. Wir wissen aber, was es mit solchen elementaren Kinderfragen auf sich hat: Sie sind ebenso schwer wie unabweisbar notwendig zu beantworten, auch wenn ein Großteil von wissenschaftlichen Produktionen um ihre Verdrängung und deren Kaschierung bemüht ist.

Gérard Genette geht sehr wohl ausführlich auf diese Frage ein, und ich nehme seine Vorarbeit gern zu Hilfe. Die geläufigste und von ihm als Ausgangspunkt gewählte Formel lautet. Die Literatur ist die Kunst der Sprache. Ein Werk sei dann literarisch, wenn es, – in einer Formulierung von Roman Jakobson „aus einer verbalen Botschaft ein Kunstwerk macht"[3].

Nun übersetzt Genette „Kunstwerk" mit „ästhetischem Aspekt". Doch Ästhetik und Kunst sind keineswegs dasselbe. Vielmehr liegt in dieser Gleichsetzung ein Riesenproblem der gesamten traditionellen Kunsttheorie: Wie grenzt sich das Kunstschöne nicht nur vom Naturschönen ab, sondern auch vom Ästhetischen? Es gibt vieles an wunderschöner Dekoration, also an ästhetischen, „künstlich" hergestellten Gegenständen, die dadurch keinesfalls zur Kunst werden und vom gesunden Menschenverstand auch nicht als solche

---

2   Um hier nur die gängigsten neueren deutschsprachigen Sammlungen zu nennen: Hans Vilmar Geppert/Hubert Zapf: Theorien der Literatur. Grundlagen und Perspektiven, Tübingen – Basel 2003/2005 (Francke); Dorothee Kimmich/Rolf G. Renner/Bernd Stiegler (Hg.): Texte zur Literaturtheorie der Gegenwart, Stuttgart 2008 (Reclam); Ulrich Schmid (Hg.): Literaturtheorien des 20. Jahrhunderts, Stuttgart 2010 (Reclam).

3   Roman Jakobson: Essais de linguistique générale, Paris 1963, 210 (zit. nach Genette, a.a.O. 12).

betrachtet werden. Diese weitere einfache Frage, was denn die Kunst ausmache, wurde und wird ebenfalls verdrängt und – mangels Antwort – als angeblich unmögliche Fragestellung gern beiseite geschoben. Meines Erachtens findet sie erst in einer semiotischen, zeichentheoretischen Herangehensweise eine befriedigende Antwort. In dieser müsste zugleich die Antwort darauf liegen, was denn das Künstlerische an der Sprache sei, was diese zur Literatur mache.

Bevor ich diese kunsttheoretische und semiotische Linie weiter verfolge, möchte ich zunächst Genettes Antwortversuch in kurzem Umriss referieren. Die Ausführungen dieser nunmehr gut achtzigjährigen französischen Autorität bieten einen geeigneten Hintergrund für eine weiterführende, entschieden semiotisch und sprachtheoretisch orientierte Theorie der Literatur.

2   Fiktion und Diktion – zwei Grundformen des Literarischen?

Genette verdeutlicht, wie unter dem Einfluss des Aristoteles das antike Verständnis von „schöner Literatur" ganz unter der Bestimmung der Fiktionalität stand: Die griechischen Epen und Dramen waren eben keine historischen Berichte, und selbst die gesungenen Gedichte, die wir heute Lyrik nennen, wurden gerade unter dem Gesichtspunkt ebenfalls als „Dichtung" (*prosodia*) bezeichnet, dass sie keineswegs die „wahre", realistische Erzählung des Sängers von sich und seinen gegenwärtigen Empfindungen sein sollten.

Anders gesagt: die Tätigkeit des Poeten ist nicht die Diktion, sondern die Fiktion. Dieser kategorische Standpunkt erklärt den Ausschluss von jeder nichtfiktionalen Poesis lyrischen, satirischen, didaktischen oder sonstigen Typs aus dem Bereich der Poetik, oder vielmehr deren Fehlen: Empedokles ist für Aristoteles kein Poet, sondern ein Naturforscher; und wenn Herodot in Versen geschrieben hätte, würde das seinen Status als Historiker überhaupt nicht betreffen. Umgekehrt ist sicher anzunehmen, dass Aristoteles, hätte es die Praxis der Fiktion in

Prosa zu seiner Zeit schon gegeben, grundsätzlich keine Einwände gehabt hätte, sie in seine *Poetik* aufzunehmen.[4]

Als brillanteste Vertreterin der „neoaristotelischen Poetik" sieht Genette Käthe Hamburger (1896–1992), für die *poiein*, das Machen und die *mimesis* gleichbedeutend mit Fiktion sind und den Wesenszug aller Dichtung oder – gleichbedeutend – Literatur ausmachen.[5] (In verwandtem Sinne, so sei hinzugefügt, bestimmt auch gegenwärtig der prominente Hölderlin-Forscher Ulrich Gaier das Wesen der Dichtung von der „Fiktionalität" her.[6] Der Anklang an den traditionellen Gedanken der Fiktion wird dabei bezeichnenderweise nicht vermieden, auch wenn Gaier dabei eher die Gemachtheit als das Imaginäre in den Vordergrund rückt.)

Nun will Genette der offensichtlichen Tatsache, dass es – von der Lyrik abgesehen – hochliterarische Gattungen bzw. deren Untergliederungen gibt, die keineswegs fiktiv, sondern ausgesprochen sachbezogen sein wollen, sagen wir nur Tagebuch, Biographie, Autobiographie, historischer Roman, Essay, Aphorismus. Diesen „Diktionen" jedoch kommt literarischer Charakter in seiner Terminologie nicht *konstitutiv* zu (wie angeblich allen Versen und Dramen), sondern *konditional*: wenn der Leser diesen Sprachgebilden literarischen Charakter zubilligt. Genette stellt daher der „*essentialistischen*" Literaturauffassung, die vom Wesen des Kunstwerks in sich ausgehe, eine „*konditionalistische*" Auffassung von Literatur gegenüber[7] Hier ist der Gedanke der Rezeptionsästhetik aufgegriffen: dass Literatur erst durch die Rezeptionsweise des Lesers oder Hörers zu einer solchen wird.

Ohne das Richtige an der Rezeptionsästhetik zu leugnen, kehrt jedoch die Frage unerbittlich wieder: Ist es etwas an manchen, keineswegs allen der genannten literarischen Produkten selbst, was sie als Literatur oder Dichtung aufgenommen und anerkannt werden lässt, was ihre Autoren auch beanspruchen – oder liegt das in der subjektiven Willkür bzw. im Vermögen der Rezipienten? Dieselbe Frage ließe sich gegenüber allen Kunstwerken stellen: Für die einen ist es Schrott, was dort auf der Wiese oder auch im Museum steht. Die

---

4   Gérard Genette, a.a.O. 17.

5   Käthe Hamburger: Die Logik der Dichtung, Stuttgart (Klett-Cotta) 1968.

6   Ulrich Gaier: Hölderlin. Eine Einführung, Tübingen –Basel (UTB) 1993, 221; ders., Das System des Handelns, 461–479.

7   G. Genette, a.a.O., 26–40.

anderen erkennen darin Kunst. Was aber an dem Schrott ist es, was diesen für Aufmerksame und Kenner kunstfähig macht? Unterscheidet den geformten Schrott etwas von irgendwelchen Alltagsdingen? Wir sind erneut auf interne, ästhetische und künstlerische Kriterien verwiesen.

Genettes Unterscheidung von konstitutiven versus konditionalen Grundformen der sprachlichen Produkte wird zudem dadurch in Frage gestellt, dass keineswegs alle Verse, keineswegs alle Dramensprache, keineswegs alle epischen Fiktionen, sagen wir in Gestalt der Groschenromane, beanspruchen können, Literatur im künstlerischen Sinne zu sein. Die Unterscheidung von essentialistischer und konditionalistischer Literaturauffassung verschleiert somit lediglich, dass es sprachinterne Kriterien geben muss, die im einen Fall die Zurechnung zur künstlerischen Literatur berechtigter macht als im anderen Fall. Der Komparativ „berechtigter" deutet den Spielraum und die damit oft verbundene Verlegenheit der Rezipienten an. Er deutet auch an, dass es zweifellos Grade der gelungenen Literarität, also der künstlerischen Sprache gibt. Wo jedoch von Graden die Rede ist, da wird bereits eine Skala vorausgesetzt, ein Maßstab, dessen Extreme lauten: nicht-literarisch – literarisch im Sinne von: nicht-künstlerische Literatur – künstlerische Literatur.

Wenn Genette am Ende der hier referierten Abhandlung „Fiktion und Diktion" doch einen Unterschied zwischen *ästhetisch* und *künstlerisch* andeutet, dann aber bemerkt, das Gebiet der Literatur sei zu eng für eine gültige Behandlung der Beziehung zwischen Ästhetik und „Artistik", besser Kunst,[8] so liegt auch darin erneut ein Ausweichen vor der eigentlichen Aufgabe: den Kunstcharakter von Literatur zu definieren. Demgegenüber scheint die Unterscheidung von fiktiver und nicht-fiktiver Literatur unwesentlich. Sie stammt aus Zeiten, nämlich aus der Antike, wo eine Ausdifferenzierung der Kunst und des Kunstbegriffs aus dem großen Bereich der *poiesis*, jeglicher Herstellung durch Menschen, noch lange nicht anstand. Die Ausdifferenzierung von Kunst allgemein ist eine ausgesprochen moderne Entwicklung (worauf Bazon Brock besonders nachdrücklich hingewiesen hat[9]), was nicht heißt, dass sie nicht geistesgeschichtlich notwendig war. Nichts anderes gilt für die künstlerische Sprache, die wir Literatur nennen.

....

8   Ebd. 40.

9   Vgl. etwa Bazon Brock: Lustmarsch durchs Theoriegelände:Eine Kampfschrift, Köln 2008(Dumont).

                    73

3   Das semiotische Kunstverständnis bei R. Jakobson und J. Lotmann

Den Namen Roman Jakobson (1896–1982) in diesem Zusammenhang zu nennen, bringt die Gefahr mit sich, sich auf seine lange Theorieentwicklung einzulassen, die in seiner monumentalen Interpretationsammlung „Die Poesie der Grammatik und die Grammatik der Poesie" (1982) gipfelt. Ich möchte jedoch auf die semiotische Sprach- und Literaturtheorie eines jüngeren Autoren hinaus, der die Grundanliegen Jakobsons gerade in Bezug auf die Poesie der Grammatik von der Semiotik her weiter konkretisiert. Deshalb nur ein paar umrisshafte Bemerkungen zu Jakobson sowie seinem russischen Landsmann Jurij Lotmann.

Die strukturalistische Herangehensweise sowohl an die Sprache wie an die Literatur führt Jakobson früh dazu, die „Poetizität" der Literatur (wie er fortschreitend statt Literarität zu sagen vorzieht) in den grammatischen und stilistischen Strukturen zu erkennen. Dies ist – um noch einmal in Genettes Terminologie zu sprechen – ausgesprochen essentialistisch und anti-konditionalistisch. Die grammatischen bzw. metagrammatischen Strukturen sind es, welche die Schönheit der Sprache und die Poetizität der Literatur begründen. Der rezeptionsästhetische oder konditionalistische Anteil an Literatur besteht einzig darin, wieweit der einzelne Leser oder Hörer in der Lage ist, die strukturellen Bezüge wahrzunehmen, wohlgemerkt vorbewusst. Es wird nicht etwa behauptet, dass theoretisch-reflexive Gelehrsamkeit Voraussetzung für den Genuss eines sprachlichen Kunstwerks sei. Die Gelehrsamkeit kann dem Literaturwissenschaftler überlassen werden, sofern sie ihn nicht womöglich an der vorbewussten Wahrnehmung der Bezüge hindert.

Soweit ich sehe, trifft Jakobson keine Unterscheidung zwischen Ästhetik und Kunst, und zwar deshalb, weil er die Ästhetik der Sprache von vornherein an der Poesie der Grammatik, an den sinngenerierenden Strukturen festmacht. (Eine durchaus vorhandene Ästhetik des Sprachkitsches, worin die ästhetischen Formen jedoch banal bleiben und keine künstlerisch sinngenerierende Ausdruckskraft gewinnen, scheint Jakobson nicht zu diskutieren.)

Die „Ästhetik" strukturell und formal zu spezifizieren, führt zu dem Gedanken, der dann bei Jakobsons Landsmann, dem eine Generation jüngeren Jurij M. Lotmann (1922–1992) aus der Bewegung des so genannten russischen Formalismus heraus leitend wird: dass Literatur ein *sekundärer Text* sei, der sich über den primären allgemein-sprachlichen Text lege.[10] Der sekundäre Text bedient sich desselben Sprachmaterials, doch er entfaltet strukturell neue Beziehungen, eine Meta-Syntax.

Lotman behauptet und exemplifiziert diesen Charakter einer „sekundären Sprache" für alle Künste. Sie alle seien „nach dem Typ der Sprache gebaut" und würden zumindest die Sprachfähigkeit des Menschen voraussetzen.

> Das bedeutet nicht, dass sie *sämtliche* Aspekte der natürlichen Sprachen reproduzieren. So unterscheidet sich z.B. die Musik deutlich von den natürlichen Sprachen durch das Fehlen obligatorischer semantischer Bezüge; trotzdem ist aber heute die volle Berechtigung zur Beschreibung eines musikalischen ‚Textes' als einer Art syntagmatischer Struktur offensichtlich (...). Die Auffindung syntagmatischer und paradigmatischer Zusammenhänge in der Malerei (...) und im Film (...) gestattet es, auch diese Künste als Objekte der Semiotik anzusehen, d.h. als Systeme, die nach dem Typus der Sprachen gebaut sind. Insofern das Bewusstsein des Menschen sprachliches Bewusstsein ist, können alle Arten von Modellen, die auf dem Bewusstsein aufbauen – darunter eben auch die Kunst – als sekundäre modellbildende Systeme definiert werden. Die Kunst kann somit beschrieben werden als eine Art sekundäre Sprache, und das Kunstwerk folglich als ein Text in dieser Sprache.[11]

Durch die Bemerkung „darunter eben auch die Kunst" gefährdet und relativiert Lotman allerdings die definitorische Prägnanz seiner Charakteristik der Kunst als sekundäre Sprache – auch die Strenge einer „Grammatik der Poesie", die Jakobson zunächst in der Sprachkunst, vermutlich aber ebenfalls in aller Kunst aufzuzeigen nicht müde wurde. Wenn es mehrere sekundäre Sprachen gibt, wodurch zeichnet sich dann die künstlerische aus?

Renate Homann, die Verfasserin einer höchst anspruchsvollen, um nicht zusagen prätentiösen „Theorie der Lyrik" (1999) kritisiert, „dass Jakobson und Lotman die Theorie der Literatur implizit auf eine Technik reduzierten"[12]. Sie

---

10   Jurij M. Lotman: Die Struktur literarischer Texte, dt. München 1972 (UTB).

11   Ebd. 23.

12   Renate Homann: Theorie der Lyrik. Heautonome Autopoiesis als Paradigma der Moderne, Frankfurt/M. 1999 (Suhrkamp), 70. Das Buch ist voller Klage über das bisher Nichtgeleistete und

will auf die Erfindung einer neuen, für die Verfassung der Gesellschaft paradigmatischen, freien Sprache im Vollzug der Kreation hinaus. Doch wäre es völlig ungerecht, Jakobson und Lotman zu unterstellen, sie verständen Literatur und Lyrik insbesondere lediglich als „technische" Anwendung tradierter oder logischer Muster. Im Übrigen bleibt diese Kritikerin eine von ihr angekündigte Sprachtheorie schuldig, von damit verbundener Gesellschaftstheorie zu schweigen.

4   Der Ansatz reflexionstheoretischer Semiotik bei J. Heinrichs

Es ist der Sozialphilosoph und Semiotiker Johannes Heinrichs, der auf den Schultern dieser beiden russischen Autoren stehend, im Übrigen aus der reflexionsphilosophischen Tradition der deutschen Philosophie kommend, hier entscheidende Schritte weitergeht und erstmals eine strukturelle Sprach- und Grammatiktheorie entwickelt. Erst auf dieser Grundlage lassen sich „Poesie der Grammatik" und „Grammatik der Poesie" genauer und systematischer aufzeigen, als es dem polyglotten und intuitiven Jakobson seiner Zeit möglich war. Die Ausdrücke „Meta-Sprache" für das, was Lotmann „sekundäres System" nannte, und „Meta-Syntax" für die sekundären, die normale Satzgrammatik quantitativ und qualitativ übergreifenden und übersteigenden Strukturen, sind Ausdrücke, die sich zentral in seiner Sprachtheorie und Stilistik finden.

Dabei hat „Meta-Sprache" nicht die Bedeutung der nachträglichen Thematisierung einer Objektsprache (wie der Ausdruck in linguistischen Seminaren gewöhnlich verwendet wird), sondern meint eine qualitative Steigerung der *inneren Reflexivität* der Sprache.[13] In der reflexionstheoretischen Semiotik von Heinrichs baut die Sprachtheorie auf seiner semiotischen Handlungstheorie auf und die Kunsttheorie auf der Sprachtheorie. Doch folgt die ausdrücklichtheoretische Reflexion der Theorien der Steigerung der gelebten, inneren Reflexion. Und in Bezug auf diese innere Reflexion gibt es nur *ein sekundäres*

....

voller Ankündigung des zu Leistenden, kommt aber über eine Anknüpfung an Kants „Urteil des Erhabenen", worin ästhetische und praktische Vernunft vereinigt seien, und eine allgemeine Betonung der Kreativität des Sprachvollzugs in der Lyrik – trotz 750 Seiten – nicht hinaus.

13   G.W.F. Hegel sprach, in dieselbe reflexionstheoretische Richtung zielend, bereits von „innerer Reflexion", im Gegensatz zur „äußeren", sowie vom „immanenten Leben" der Wirklichkeit, das es zu rekonstruieren gelte. Vgl. bes. *Wissenschaft der Logik*, Bd. II, aber auch die *Grundlinien der Philosophie des Rechts*.

System jenseits der Sprache, jedenfalls aus der Perspektive des individuell Handelnden: die Kunst.[14]

Als *Handeln*[15] charakterisiert Heinrichs solche Bewusstseinsvollzüge (bei Kant „Handlungen des Verstandes" genannt), die Teile der Wirklichkeit verändern: 1. Physisch-gegenständliches Handeln, 2. Innersubjektives Handeln wie das so wichtige Entscheidungshandeln, 3. Soziales Handeln, das in Übereinstimmung mit Max Webers Definition, sich in intersubjektiver Reflexion an Anderen orientiert, 4. Ausdruckshandeln, das Ausdrucksmedien verändert, sei es in Gestalt von Objekten, von Gestik, von soziale Ausdrucksformen oder in formellen Zeichen.

Die *Sprache* stellt nun das bevorzugte Ausdruckshandeln des Menschen dar, ein besonderes Zeichenhandeln, genauer ein solches, *in dem grammatische Metazeichen in ein und demselben Vollzug das Handeln mit Zeichen regulieren.* Durch diese, sich durch eigene Metazeichen selbst regulierende innere Reflexivität geht das Sprachhandeln über den gesamten Bereich des Handelns hinaus und erschließt eine ganz neue Welt menschlicher Ausdrucksmöglichkeiten: Es ist – in allen seinen Dimensionen – das Ausdruckssystem des sich selbst in intersubjektiver Spiegelung (Reflexion) reflektierenden Selbstbewusstseins.

Auf dieser semiotischen Handlungstheorie baut nun die entfaltete Sprachtheorie auf. Die drei semiotischen Dimensionen nach Charles Morris[16] werden reflexionstheoretisch umdefiniert und ergänzt: Der Dreiheit von semantischer, pragmatischer und syntaktischer wird als erste (mit Georg Klaus) hinzugefügt:

1. Die *sigmatische* Dimension des unmittelbaren Objektbezugs; durch Zeigen und Handlungseinbettung gewinnen die Sprachzeichen erstmals ihren Sinn und ihren Wirklichkeitsbezug (Wittgensteins Fragestellung, die er aber mit dem „Gebrauch" in Sinne der interpersonalen Pagmatik verwechselte).
   Es ist gerade die sonst vernachlässigte sigmatische Dimension, welche die Sprache als sich selbst reflektierendes, selbstreferentes System

<hr>

14 Heinrichs unterscheidet streng die individuelle von der kollektiven Systemreferenz oder Perspektive. Aus kollektiver Perspektive mag man mit Lotman von mehreren „sekundären Systemen", nicht jedoch aus individueller Perspektive.

15 Johannes Heinrichs: Handlungen. Das periodische System der Handlungsarten, München 2007 (Steno).

16 Charles W. Morris: *Foundation oft he Theory of Sings*, Chicago 1938; *Esthetics and the Theory of Signs*, Den Haag 1939; dt. *Grundlagen der Zeichentheorie. Ästhetik und Zeichentheorie*, München 1975.

davor bewahrt, im Selbstbezug den Wirklichkeitsbezug zu verlieren. Dies gilt dann auch für die Literatur als Meta-Sprache. Selbstreferenz ist stets als Selbstbezug – im-Fremdbezug zu denken. Echte Vertiefung der Selbstreferenz in der Sprache, dann in den Meta-Sprachen Kunst und gewährleistet zugleich tiefere Wirklichkeitsreferenz. Das unterscheidet diese inneren Reflexionsarten von äußerlich bleibenden, in unseren Zeiten oft geradezu autistisch werdenden Arten von Theorie.[17]

2. Die *semantische* Dimension hat mit dem Lexikon der bereits etablierten Wortbedeutungen und den elementaren Prädikationsarten zu tun.
3. Die *pragmatische* Dimension meint nicht (wie bei Morris) jegliche Beziehung der Zeichen zu ihrem Benutzer, sondern präzise die interpersonale Beziehung, in der allein die Sprache unmittelbar praktisch wird.
4. Die *syntaktische* Dimension wird zwar mit Morris als Dimension der Verbindung der Zeichen untereinander definiert, jedoch – gegen den seither üblichen Usus – als die höchstreflektierte, die anderen einschließende und systembildende Dimension der Sprache definiert.

Fortan braucht uns für unsere Frage nach der „Poesie der Grammatik“ und der „Grammatik der Poesie“ an dieser weit ausgreifenden Systematik der Sprache auf handlungstheoretischen und semiotischen Grundlagen nur noch die Syntax zu interessieren. Denn an sie knüpft die Kunsttheorie an.

Im Unterschied zu Chomskys dichotomischem (eher am Computer als am Menschen orientierten) Verfahren geht Heinrichs von einer gleichursprünglichen Vierheit aus, die sich um den Subjekt-Prädikats-Kern einer jeder Aussage herum gruppiert:

Was uns für unseren Zusammenhang eigentlich interessieren muss, ist nur die aus der gesamten semiotischen und sprachtheoretischen Systematik mit logischer Konsequenz resultierende Konzeption von Stilistik.

---

17 Ich beziehe mich hiermit auf die Ausführungen der Kollegin Claudia Liebrand: *Die Sehnsucht nach Referenz und die Literaturtheorie.*

5   Stilistik als Meta-Syntax

Genauer gesagt, handelt es sich nicht um eine bloße Konzeption, sondern um eine *Ausführung* von Stilistik (wie überhaupt in dieser Sprachtheorie alles das ausgeführt wird, was sonst immer nur postuliert wird). Stilistik ist für Heinrichs einmal allgemein die Lehre von den Ausdruckswerten der Satzsyntax, welche die die vorhergehenden Dimensionen einschließt, bildet dann aber im engeren Sinn den eigentlich syntaktischen Teil der Syntaxlehre im 5. Band des Gesamtwerkes „Sprache" mit der Lehre von den Stilfiguren.[18] Diese stellen nichts anderes als eine quantitativ und qualitativ die normale Satzsyntax überschreitendende Meta-Syntax dar! Eine solche Auffassung und Ausführung von Stilistik ist neuartig und bis dato einmalig. Dieselbe Reflexionslogik, welche die semiotischen Dimensionen und welche zuletzt die Satzglieder unterscheiden ließ, führt auch zur großen Gliederung der Arten von Stilfiguren, als da sind:

1. Wiederholungsfiguren
2. Analogiefiguren
3. Wahrheitstropen

    Hierin geht es um die vielfältigen Maskenspiele mit der Sprache, als da sind: Übertreibung und Untertreibung, Euphemismus und Emphase, Ironie und Scherz, schließlich das Maskenspiel mit Satzform und Inhalt (immutatio syntactica) in zahlreichen Spielformen.

4. Formelle Tropen

    Diese formell genannten Tropen sind die Spiegel-Spiele der Sprache: Wortspiele mit reicher Untergliederung, Antithesen, Verbindungstropen wie Gedankenbrüche und Anakoluthe, schließlich die Form-Inhalts-Tropen, die sich auf das Spiel mit den Inhaltsformen Bild und Gedanke, Handlung und Sprachzitate beziehen.

Man erkennt, dass hier die bekannten Figuren der rhetorischen Tradition reflexionslogisch rekonstruiert und in einen inneren Zusammenhang gebracht werden, doch darüberhinaus viele unbekannte. Der Reichtum dieser Sprachspiele im weiteren Sinne ist ungeheuer – und alles andere als irrational oder

---

18   Johannes Heinrichs: Sprache in 5 Bänden, Bd. 5: Stilistik, München 2009.

chaotisch. Im Gegenteil, die Sprache kleidet sich in scheinbare Irrationalität, um ihre logischen Spiele umso reizvoller erscheinen zu lassen.

Das Spiel der Sprache mit Stilfiguren ist zumindest für Lyrik nichts bloß Ornamentales, sondern konstitutiv. Das bedeutet: es gibt kein Gedicht, das den Namen verdient und in seiner Wirkung nicht wesentlich mit diesem stilistischen Instrumentarium charakterisiert werden kann. Das heißt nicht, dass Qualität und Wirkung eines Gedichtes durch die Analyse der Stilfiguren erschöpfend erklärt werden könnten, und zwar deshalb, weil die Ganzheit eines solchen Gebildes mehr ist als die Summe seiner Stilkomponenten. Es dürfte schwer sein, diese Summe nochmals analytisch zu erfassen – es ist auch unnötig. Das ganzheitliche, synthetische Erfassen eines Sprachkunstwerks geht über jede Analyse seiner Elemente hinaus! Es wird jedoch auch nicht durch stilistische Analyse gestört, sofern diese nur angemessen und erschließend ist.

Auch die berühmte und für Poetizität entscheidende Form-Inhalts-Einheit, also die Angemessenheit einer Form, und insbesondere der umrissenen Stilfiguren, für den Inhalt, ja genauer, *die inhaltsgenerierende Wertigkeit* einer Form, ist Sache der persönlichen Erfassung. Auf sie kann zwar analytisch hingewiesen werden. Sie im eigenen Erleben zu erfassen und zu bestätigen, ist etwas anderes, es bleibt eine persönliche Rezeptionsleistung. Insofern behält die Rezeptionsästhetik ein gewisses Recht – ohne dass dies aber Subjektivismus und Relativismus bedeuten würde. Die Stilfiguren sind objektive Gegebenheiten. Ihre inhaltsgenerierende Angemessenheit – im Gegensatz zum bloßen Gewolltsein – lässt sich aber letztlich nur in persönlicher Rezeption verifizieren. Dieses persönliche Moment teilt die literarische Erfahrung mit jeder Erfahrung.

6 Zur Theorie der literarischen Gattungen auf sprachtheoretischer Grundlage

Lässt sich nun die gesamte Poetizität durch Meta-Syntax erklären? In der Diskussion mit Gerard Genette wurde – mit dem Zurückweisen der Zweiteilung von Fiktion und Diktion und überhaupt der Fiktionalität als Kriterium für Literatur – bereits meine Tendenz deutlich, nicht nur die Poetizität der Lyrik, sondern die Literarität aller Sprachgattungen allein durch die literarische Form zu erklären, durch die „Grammatik der Poesie", die sich mit Hilfe der reflexionslogischen Stilistik von Heinrichs nun als eine veritable „Poesie der Grammatik" im Sinne von stilistischer Metasyntax erwiesen hat. Stellen wir uns nach dem kurzen Durchgang durch den Reichtum der Stilfiguren ausdrücklich diese Frage, so kommt uns ein Stück Gattungstheorie auf reflexionstheoretischer Grundlage zu Hilfe.

Die großen Literaturgattungen sind keine bloß historischen Erscheinungen. Historisch sind wohl die Ausprägungen dieser Gattungen, z.B. ein modernes Roman-Epos im Unterschied zum Homerischen Epos. Allerdings müssen die Gattungen konsequent vom Gedanken der Literatur als Meta-Sprache, d.h. vom Sprachtheoretischen her erfasst werden, was bisher nirgends geschehen ist, soviel ich sehe – außer in der umrissenen semiotischen Sprachtheorie.[19] Nach dieser stellen die Gattungen nichts anderes als die *metasprachlichen Ausprägungen der semiotischen Dimensionen der Sprache selbst* dar, sofern diese nur in ihrem vorher dargelegten reflexionstheoretischen Stufenbau erfasst werden.

Lassen Sie mich diesmal von oben, bei der syntaktischen Dimension der Sprache, beginnen, um dann bei der weniger geläufigen sigmatischen Dimension zu enden.

1. Die Kultivierung der *syntaktischen Dimension* der Sprache stellt die Lyrik dar. Sie stellt bereits den Übergang der gesamten Sprachkunst zur Musik dar, jener teilweise semantikfreien Kunstgattung, die als „absolute Musik" in nichts als syntaktischen Beziehungen zwischen den Tönen, man könnte sagen, in nichts als syntaktisch gestaltetem Schweigen besteht. Die Lyrik bedient sich im Unterschied zur angrenzenden Musik sehr wohl noch der Semantik. Doch das Entscheidende an ihr sind die syntaktischen Beziehungen, angefangen von der Lautgebung (als „Sinnmusik") über die Korrespondenzen der Worte bis hin zu den besprochenen Stilfiguren, die sich in jedem Gedicht ausmachen lassen, und sei es noch so kurz. Nehmen wir als solches ein Kurzbeispiel das Gedicht „Einfache Sätze" von Helmut Heissenbüttel:

während ich stehe, fällt der schatten hin
morgensonne entwirft die erste zeichnung
blühn ist ein tödliches geschäft

---

19 So differenzierte etwa Emil Staiger (Die Zeit als Einbildungskraft des Dichters, Stolberg 1953), um an einen letzten „klassischen" Versuch von Theorie der literarischen Gattungen zu erinnern, die literarischen Gattungen nach ihrem jeweiligen Verhältnis zur Zeit, also nach einem an die Sprache von Außen herangetragenen Gesichtspunkt.

ich habe mich einverstanden erklärt
ich lebe

Schon die erste Zeile ist von dem Gegensatz von konkretem „Stehen" und metaphorischem „Hinfallen" geprägt. In der zweiten Zeile entfaltet die Morgensonne eine metaphorische Aktivität, indem sie eine konkrete Zeichnung entwirft. Diese scheinbar einfachsten Protokollsätze werden dann in der dritten Zeile einer massiven Wertung unterworfen: „blühn ist ein tödliches Geschäft", wobei der Gegensatz von Blühen und tödlicher Geschäftigkeit ein Oxymoron prädikativer Art darstellt. So könnten wir noch weiter analysieren. Die gesamte Aussagekraft des Gedichtes über das „leben" (letzte Zeile) beruht mindest ebenso sehr auf den syntaktischen Beziehungen wie auf der Semantik, wobei eine Entgegensetzung beider unsinnig ist – *eben weil die Syntax die Semantik reflexiv in sich integriert und steigert.*

Es ging mir einzig um einen kurzen Beleg dafür, was es heißt, dass Lyrik die syntaktische Dimension der Sprache kultiviert wie keine andere Gattung. Aus dieser Feststellung kann freilich der Einwand gemacht werden, dass die literarische Form bei den anderen Literaturgattungen in etwas anderem als allein in syntaktischer Form bestehen müsse. Sehen wir näher zu.

2. Die *pragmatische Dimension* der Sprache, die oben als die interpersonale definiert wurde, wird offensichtlich von der *dramatischen Gattung* besonders kultiviert: Es ist offensichtlich, dass alle Dramatik in dargestellten Handlungen und Sprachhandlungen der Darsteller besteht. Das Sprachhandeln betrifft sowohl die dargestellten Beziehungen zwischen den Darstellern wie die Beziehung zwischen Darstellern und Publikum. Die letztere Beziehung würde allerdings auch beim Vortrag anderer Literatur bestehen. Deshalb ist die sprachliche und gestische Darstellung der Beziehungen zwischen den Darstellern die spezifisch dramatische, unbeschadet der Wichtigkeit ihrer Beziehung zum Publikum, die in manchen Stücken eigens ausdrücklich gestaltet wird. Die Grundbestimmung des dramatischen Genus ist, bei allen Variationsmöglichkeiten, so evident, dass Beispiele sich in der Kürze erübrigen.

Das Literarische der dramatischen Gattung wird allerdings nicht bereits dadurch gewährleistet, dass irgendetwas auf die Bühne gebracht wird, *sondern dass die Sprache in ihr, zusammen mit dem gestischen Handeln, ein Eigenleben entfaltet – und daher auch des Nachlesens würdig ist.* Hierin liegt ein wichtiges Kriterium für literarische Qualität für Dramen wie auch für Drehbücher von

Filmen liegen: Entfalten diese eine solche „sekundäre Sprache", die eine künstlerische Metasprache genannt werden kann. Aber woran bemisst sich diese „literarische Qualität", wenn es nicht allein die Metasyntax der syntaktischen Stilfiguren ist? Meine kurze Antwort: Man wird von einer Metasyntax der Sprachhandlungen sprechen können.

3. Die *semantische Dimension* der Sprache ist die der entfalteten Bedeutungen und damit Vorstellungen, unabhängig von deren situativen Gegenstandsbezug, wie wir ihn anschließend bei der sigmatischen Dimension als typisch antreffen werden. Insofern könnte man geneigt sein, das hier anzusiedelnde *epische Genus* zugleich als das fiktive zu bezeichnen. Könnte damit die alte, immer noch vertretene Bestimmung der Literatur von ihrem fiktiven oder fiktionalen Charakter her für dieses semantische Dimension und dieses epische Genus ihre Berechtigung behalten? *Genauer muss man jedoch sagen, dass selbst für dieses Genus die Fiktion nicht definitorisch ist, sondern vielmehr die Gleichgültigkeit gegenüber Fiktion oder Tatsächlichkeit.* Das ist ein Unterschied. Insofern sind auch historische Romane mit Anspruch auf Tatsachentreue oder Biographien/Autobiographien zum epischen Genus zu zählen. Definitorisch oder konstitutiv für diese Gattung ist vielmehr die *Entfaltung einer Vorstellungswelt*, unabhängig vom Tatsachenbezug. Dieser kann beansprucht werden oder auch nicht. So halten wir es auch mit der vorliterarischen Semantik: Ob ein „Einhorn" oder selbst ein „Walfisch" real existiert oder nicht, geht das semantische Vorstellungsleben nichts an. Die Semantik gibt sich auch zu solchen Vorstellungsgebilden wie „Krieg" oder „Nicht-Existenz" und allerhand merkwürdigen Vergegenständlichungen von Vorstellungen, die überhaupt keine konkrete, dingliche Existenz haben – um nur von den so genannten „Dingwörtern" zu sprechen. Alles dies passt zu der Aussage, dass das epische Genus als solches sich *indifferent* gegenüber Tatsachenbezug verhält. (Z. B. dass ein Genus, eine Sprachgattung sich „verhält", ist reine Fiktion. Die Sprache arbeitet notwendig mit solchen Fiktionen, unbeschadet dessen, dass manche Wörter einen realen Weltbezug beanspruchen.)

4. Ich komme zur *sigmatischen Dimension* der Sprache. In dieser muss ein realer Weltbezug oder irgendeine Bedeutung erst einmal situativ hergestellt werden. Sie ist Lieferant für die Semantik des Wörterbuchs, doch bleibend von der Semantik zu unterscheiden. Und was wäre wohl die Semantik von „dies" und „das", im Grunde von allen Pronomina und Namen? Die meisten allge-

meinen Bedeutungen, sagen wir von „Tür" und „Stuhl", brauchen eine situati-
ve Handlungseinbettung, um überhaupt konkret sinnvoll zu werden. Analog
wurde schon erwähnt, dass es eine große literarische Gattung gibt, die auf
nicht-fiktiven Sachbezug, mag dieser nun dinglich-konkret oder abstrakt sein,
überhaupt nicht verzichten kann und will. Ich zähle die episch „breit" entfaltete (Auto)Biographie und den so genannten Tatsachenroman aus besagten
Gründen nicht dazu, wohl aber: den künstlerischen Essay, die künstlerische
Abhandlung, den Aphorismus, den Sinnspruch, das literarische Tagebuch und
einiges mehr. Die Benennung dieser in der klassischen Gattungstheorie unbekannten Gattung könnte sein: *literarische Sachliteratur.*

7 Die textlinguistische Ausweitung von „Meta-Sprache"

Es bleibt die Frage: Wie ist hier das Literarische zu verstehen, woran ist es
festzumachen? Die Frage blieb auch für das epische Genus und für das dramatische Genus noch offen. Es ist die entscheidende Frage, vor der wir uns nicht
wie Genette mit einem bloßen Wort wie „Diktion" sowie mit dem Hinweis auf
die Konditionierung des Rezipienten drücken wollen. Auch der Hinweis auf
„sekundäre Sprache" (Lotmann) genügt nicht, wenn diese sekundäre Sprache
nicht als literarische Metasprache spezifiziert wird.

Auf der Suche nach einer Antwort können wir allein in der Aphoristik, den
kurzen Formen der Sachliteratur, von einer ähnlichen Bedeutung der Stilfiguren wie in der Lyrik sprechen. Nehmen wir einfach den ersten Aphorismus aus
des Novalis „Blüthenstaub":

Wir suchen überall das Unbedingte – und finden immer nur Dinge.

Der Parallelismus der beiden Aussagesätze, der nicht überraschende, sozusagen alltagssprachliche Gegensatz von „suchen" und „finden", dann aber das
etymologische Wortspiel (*figura etymologica*) von „Unbedingtes" und „Dingen". Dieses Spiel enthält inhaltlich die ganze Romantik. Es ist vollkommen
sachlicher Ernst in diesem Spiel. Hierzu fällt mir ein „Schnipsel" von Kurt
Tucholsky ein, einem der großen Aphoristiker des 20. Jahrhunderts:

Langweilig ist noch nicht ernsthaft.

  © Frank & Timme   Verlag für wissenschaftliche Literatur

Der Ernst des Novalis-Zitats ist eben nicht mit Langeweile verbunden, sondern mit literarischer Spannung, die sich meta-syntaktisch analysieren lässt. Wie steht es aber mit Tucholskys eigenem Aphorismus, was lässt sich daran an Meta-Syntax ausmachen? Man könnte meinen, diese Kürze erlaubt keine Syntax. Weit gefehlt. Die Gleichung von langweilig und ernsthaft wird vorausgesetzt – und negiert. Es handelt sich um die *Struktur einer vorausgesetzten Gleichung und deren Negation*. Worauf beruht diese Voraussetzung? Auf der Erfahrung, dass vieles Ernsthafte langweilig vorgetragen wird, dass Ernst geradezu die Lizenz zu Langeweile enthält (ob in Schule und Wissenschaft oder anderswo). Nun wird die Gleichung nicht einfach negiert im Sinne von „Langweilig ist nicht ernsthaft". Das würde andere Konnotationen mit sich bringen, etwa: Das langweilig Vorgebrachte ist nicht wirklich ernsthaft gemeint. Das würde der Erfahrung widersprechen. Aber das kleine Wörtchen „noch" gibt dem Ganzen eine andere Wendung. „Noch nicht" heißt: es fehlt etwas, es fehlt Leidenschaft oder spielerische Eleganz, es fehlt die Verführung zur Sache. Dadurch wird der langweilige Ernst als ein Mangel dargestellt, sogar ein Mangel an Ernst.

Man entschuldige die ernsthafte Pedanterie, mit der ich diesem kleinen Aphorismus zuleibe rückte. Es besteht eben ein Riesenunterschied zwischen „gelebter Reflexion" der Sprache und „nachträglich-theoretischer Reflexion" der Analyse. Worum es eigentlich geht: Auch in diesem Fall machen Strukturen die Sprache interessant und spannungsvoll, d.h. literarisch oder poetisch. Obwohl wir wohl keine logisch identifizierbare Stilfigur namhaft machen könnten, die dergleichen leistet.

Meine Behauptung lautet nun: Über die formellen, reflexionslogisch einzuordnenden Stilfiguren hinaus gibt es eine Fülle von informellen, sozusagen singulären Strukturen, und diese sind es, die sowohl in literarischen Sachtexten wie im Drama wie in der Epik den literarischen Charakter ausmachen, die im weiteren Sinn „poetische" Form. Die Zeit reicht nicht, um diese literarischen Formbezüge, die über die formellen Stilfiguren weit hinausgehen, an weiteren Beispielen zu verdeutlichen. Es wäre das, was wir *formale oder formbetonte Interpretation eines Textes* nennen können. Beim Roman sind das Korrespondenzen, die über viele Seiten hinausgehen können.

Doch diese informellen formalen oder strukturellen Bezüge sind von gleicher Art wie die formellen Stilfiguren. *Jeder längere Text lebt davon, dass auch in einzelnen Sätzen oder Abschnitt der Beweis der literarischen Qualität erbracht wird.* In Thomas Manns Studie über Schiller, überschrieben mit „Schwere Stunde", heißt es gegen Ende:

> *Und es wurde fertig, das Leidenswerk. Es wurde vielleicht nicht gut, aber es wurde fertig. Und als es fertig war, siehe, das war es auch gut.*

Die hier enthaltenen Stilfiguren lassen sich zum Teil benennen: emphatische Wiederholung und Kreuzstellung (Chiasmus). Noch nicht benannt ist damit, wie die skandalöse Aussage „es wurde vielleicht nicht gut" im nächsten Satz aufgehoben wird und wie die fulminante Schlussmetapher, die von der Muschel, in der das ganze Meer braust, durch diese Figuren vorbereitet wird.

Um kurz und prosaisch eine Folgerung zu ziehen: *Der Begriff der Meta-Syntax muss ausgeweitet werden über die formellen Stilfiguren hinaus auf strukturelle Bezüge, in denen die „Grammatik der Poesie" liegt – über die „Poesie der Grammatik" im Sinne der allgemein benennbaren Meta-Syntax hinaus.*

8   Die Beziehung zur psychoanalytischen Sicht von Literatur

Lassen sie mich wenigstens in Kürze, der Ankündigung gemäß, die Beziehung der dargelegten Sicht von Literarität oder Poetizität zu Freuds psychoanalytischer Sicht von Literatur herstellen. Freuds Grundgedanke ist, dass in der Literatur, ähnlich wie in Träumen sowie in den Tagträumen des Phantasierens, sich das Unbewusste mit seinen Wünschen und Befürchtungen ausspricht.[20] Wie vereinbart sich dieses Zum-Zuge-Kommen des Unbewussten durch die literarischen Träume und Phantasien mit dem hier stark hervorgekehrten Gedanken einer Meta-Syntax, jenseits der normalen Satzsyntax?

Ich habe an anderer Stelle ausführlich nachgewiesen versucht, dass Freuds „Traumdeutung" geradezu als Modell strukturaler Hermeneutik gelesen werden kann, dass die vier Momente der Traumarbeit, d.h. der Verarbeitung des latenten Trauminhaltes zum manifesten Traum, als da sind Verdichtung, Verschiebung, symbolische Darstellungsmittel und sekundäre Bearbeitung des manifesten Trauminhaltes, selbst ein „metasyntaktisches System" bilden.[21]

---

20 Vgl. Sigmund Freud: Der Dichter und das Phantasieren. Schriften zur Kunst und Kultur, Stuttgart 2010 (Reclam).

21 Rainer J. Kaus: Literaturpsychologie und Literarische Hermeneutik. Sigmund Freud und Franz Kafka, Frankfurt/M. 2004. S. 69–114.

Freuds Traumdeutung zeigt am deutlichsten, dass zwischen Meta-Syntax und Unbewusstem eine positive Beziehung besteht, dass wir uns nicht etwa mit der Analyse von metasyntaktischen Beziehungen in eine intellektualistische, formalistische Sichtweise begeben, die mit dem so fruchtbaren Gedanken nicht vereinbar wäre, dass Literatur das in sich verschlossene, private Unbewusste sozusagen gesellschaftsfähig macht.

Es waltet hier eine dialektische Gegensatz-Einheit und Korrespondenz von sekundärer Sprache und Meta-Syntax, der literarischen Verarbeitung also, und Proto-Sprache des Unbewussten: Sowohl die vorbewussten Gehalte der Phantasien wie die ins Unbewusste als Speicher des Verdrängten abgewanderten Inhalte (Wünsche, Gefühle, Phantasien) finden in der literarischen Meta-Sprache eine Art Erlösung: einen „Ausweg" (Kafka)[22], sich doch zu äußern, und zwar in öffentlicher, gesellschaftsfähiger Form, wenngleich teilweise verschlüsselt und nur dem „Gefühl" als Form gelebter Reflexion bzw. der literarischen Analyse als Form der ausdrücklich-theoretischen Reflexion einigermaßen zugänglich.

Freuds allgemeine Hochschätzung der Sprache als des Vehikels, vorbewusste und unbewusste Inhalte dem Bewusstsein zugänglich zu machen und somit aus der pathogenen Verdrängung herauszuholen, erfährt in seinem Verständnis von Dichtung seine Aufgipfelung. Was wir dem heute hinzufügen können, ist dies: dass die traumanaloge Bearbeitung des latenten, vor- und unbewussten Materials durch strukturell fassbare Stilfiguren formeller und informeller Art geleistet wird, die ihrerseits in präziser Analogie zu Freuds Modell struktureller Hermeneutik in seiner „Traumdeutung" stehen.

---

22 Ich spiele an auf den „Ausweg", den Kafka in seinem „Bericht an eine Akademie" seinen Protagonisten, den Affen, durch seine „Kunst" finden lässt.

Literaturverzeichnis

BROCK, BAZON (2008): *Lustmarsch durchs Theoriegelände: Eine Kampfschrift*, Köln.

FREUD, SIGMUND (2010): Der *Dichter und das Phantasieren. Schriften zur Kunst und Kultur*, Stuttgart.

GAIER, ULRICH (1993): *Hölderlin. Eine Einführung*, Tübingen/Basel.

GAIER, ULRICH (1986): *Das System des Handelns. Eine rekonstruktive Handlungswissenschaft*, Stuttgart.

GENETTE, GÉRARD (1992): *Fiktion und Diktion*, München.

GEPPERT, HANS VILMAR/ZAPF, HUBERT (2003/2005): *Theorien der Literatur. Grundlagen und Perspektiven*, Tübingen/Basel.

HAMBURGER, KÄTHE (1968): *Die Logik der Dichtung*, Stuttgart.

HEGEL, G.W.F. (1816): *Wissenschaft der Logik*, Bd. II, Nürnberg.

HEGEL, G.W.F. (1820): Grundlinien der Philosophie des Rechts.

HEINRICHS, JOHANNES (2009): *Sprache in 5 Bänden*, Bd. 5: *Stilistik*, München.

HEINRICHS, JOHANNES (2007): *Handlungen. Das periodische System der Handlungsarten*, München.

HOMANN, RENATE (1999): *Theorie der Lyrik. Heautonome Autopoiesis als Paradigma der Moderne*, Frankfurt/M.

JAKOBSON, ROMAN (1963): *Essais de linguistique générale*, Paris.

KAUS, RAINER J. (2004): *Literaturpsychologie und Literarische Hermeneutik. Sigmund Freud und Franz Kafka*, Frankfurt/M.

KIMMICH, DOROTHEE/RENNER, ROLF G./STIEGLER, BERND (Hg.) (2008): *Texte zur Literaturtheorie der Gegenwart*, Stuttgart.

LIEBRAND, CLAUDIA: „Die Sehnsucht nach Referenz und die Literaturtheorie." Vortrag beim internationalen Symposium „What is Literature? Contemporary and Historical Approaches to Literary Theory" in Köln. 06.–07.10.2011.

LOTMAN, JURIJ M. (1972): *Die Struktur literarischer Texte*, München.

MORRIS, CHARLES W. (1938): *Foundation of the Theory of Sings*, Chicago.

MORRIS, CHARLES W. (1939): *Esthetics and the Theory of Signs*, Den Haag; dt. *Grundlagen der Zeichentheorie. Ästhetik und Zeichentheorie*, München 1975.

SCHMID, ULRICH (Hg.) (2010): *Literaturtheorien des 20. Jahrhunderts*, Stuttgart.

STAIGER, EMIL (1953): *Die Zeit als Einbildungskraft des Dichters*, Stolberg.

RAINER J. KAUS

Literature as Meta-language and the Proto-language of the Unconscious

How do Psychoanalytic and Current Linguistic Theory interrelate in their Convergence on Literature?

> *Alle menschlichen Fehler sind Ungeduld, ein vorzeitiges Abbrechen des Methodischen, ein scheinbares Einpfählen der scheinbaren Sache.*
>
> Franz Kafka

1 Literature as "artistic" Language—what does that mean?

What is literature? Let me begin with a quotation from the French literary theorist Gérard Genette (*1930) whose assessment I would like to analyze in this first round. Genette begins his first chapter *"Fiction and Diction"* in the following way:

> If I did not have to fear making myself ridiculous, I could have provided this study with a certainly well-worn title "What is literature?"—a question which the famous text with that name—he is referring of course to Sartre's *Qu'èst-ce que la litterature*—famously does not actually answer, ultimately is a quite wise decision: for a dumb question, no answer. What would have been wiser was not to ask the question. Literature consists undoubtedly of multiple things simultaneously, which are bound together (for instance) through that casual strand dubbed "family resemblances" by Wittgenstein…[1]

....

1   Gérard Genette: Fiktion und Diktion, Munich 1992, 11 (Fink).

© Frank & Timme   Verlag für wissenschaftliche Literatur

Genette nevertheless intensively pursues this allegedly ridiculous question, in a way that seldom happens in current so-called "literary theories". To this expression "literary theories" I would like to comment in advance that at the moment it is being used quite ambiguously, or at least equivocally. In the numerous available collections[2] under this title, it has to do

- mostly with the presuppositions and methods for approaching literature
- hardly ever with the question as to what literature actually is, and what makes up the shared character of "literarity" (or "literarticity") of those language products pooled under this name.

It is solely this narrower or more precise understanding of literary theory which is my target here, in contrast to that inflationary and elusive use of the designation 'literary theories'. It leads back to the allegedly silly elementary question as to what literature actually is. We know, however, what we have with such elementary child-like questions: They are both difficult and undeniably necessary to answer, even when a large part of scholarly production is committed to their suppression and hiding them away.

Gérard Genette indeed pursues this question thoroughly, and I gladly take his spadework as an aid. The most common formula (and the one he chooses as his starting point) goes as follows: Literature is the art of language. A work is then literary—in a formulation from Roman Jakobson—when it "fashions from a verbal message a work of art."[3]

In this case, Genette translates "work of art" with "aesthetic aspect". Still, aesthetic and art are in no way the same things. In fact, in this equation there lies a major problem that runs through all traditional art theory: How does the artistically beautiful distinguish itself not only from what is naturally beautiful, but also from the aesthetical? There are many kinds of wonderful decorations, of aesthetically, 'artfully' produced objects which nevertheless in no way become art and by a healthy common sense would not be considered as such.

---

2   Taking just the most current, new German-language collections, I would name: Hans Vilmar Geppert/Hubert Zapf: Theorien der Literatur. Grundlagen und Perspektiven, Tübingen – Basel 2003/2005 (Francke); Dorothee Kimmich/Rolf G. Renner/Bernd Stiegler (Eds.): Texte zur Literaturtheorie der Gegenwart, Stuttgart 2008 (Reclam); Ulrich Schmid (Eds.): Literaturtheorien des 20. Jahrhunderts, Stuttgart 2010 (Reclam).

3   Roman Jakobson: Essais de linguistique générale, Paris 1963, 210 (quoted by Genette, loc.cit 12)

        © Frank & Timme   Verlag für wissenschaftliche Literatur

This further simple question, what is it that makes art, likewise has been and is still being suppressed and—failing an answer—is pushed off to the side as an allegedly impossible formulation of the question. In my opinion, not until it is taken in a semiotic, theory-of-signs strategy does it receive a satisfactory answer. And at the same time, the answer would have to depend on what, then, the artistic would be in the language which turns it into literature.

Before I pursue this art-theoretical and semiotic line of approach further, I would first like to offer in brief outline a comment on Genette's attempt at an answer. These achievements of this French authority, now over eighty years old, offer a proper background for a follow-up theory of literature, decidedly semiotic and oriented toward linguistic studies.

2   Fiction and Diction—two Basic Forms of the Literary?

Genette makes clear how under the influence of Aristotle, the ancient understanding of "beautiful literature" was completely enveloped by the notion of fictionality: the Greek epics and dramas were of course not historical accounts, and even the sung poems, which we today refer to as lyric poems, were likewise specifically from this point of view 'fictional story' (*prosodia*); they in no way should be taken as 'true', realistic tales from the singer about himself and his present feelings.

> Expressed differently: the activity of the poet is not diction, but rather fiction. This categorical point of view declares the exclusion of any non-fictional poetry: lyrical, satirical, didactic, or any other type from the realm of the poetic, or more so that they are absent from it: Empedocles is for Aristotle not a poet, but rather a naturalist; and had Herodotus written in verse, that in no way would affect his status as a historian. Conversely, one can assume that Aristotle (if there had been at his time the practice of fiction being written in prose) would have had no objection to absorbing it into his *Poetics*.[4]

---

4   Gérard Genette, loc.cit. 17.

Genette sees Käthe Hamburger (1896–1992) as the most brilliant exponent of the "neo-Aristotelian Poetic"; in her view *poiein*, the making and *mimesis* are synonymous with fiction and comprise the essential characteristic of all poetry or—with the same meaning—literature.[5] (In a related sense, it may be added, that at present the prominent Hölderlin researcher Ulrich Gaier posits the essence of literary work as coming from "fictionality".[6] The appeal to the traditional ideas of fiction is tellingly not avoided, even if Gaier with this pulls to the fore 'constructedness' rather than the 'imaginariness'.

Now Genette wants to do justice to the obvious fact that—apart from lyric poems—there are high literary genres or their subgroups that in no way intend to be fictional, but rather decidedly factual. We can mention as examples: diary, biography, autobiography, historical novel, essay, and aphorism. These 'dictions', however, do not *constitutively* possess literary character in his terminology (as ostensibly all verse and dramas do), but only *conditionally*: only when the reader concedes literary character to these linguistic constructs. Genette thus is juxtaposing a *conditionalist* view of literature to an *essentialist* view of literature, with the latter issuing forth from the essence of the work of art.[7] Here the thought of a reader response criticism is seized upon: literature only becomes such through the manner of its reception by the reader or the hearer.

Without denying what is correct in the reader response criticism, the question yet returns unrelentingly: is it something inherent in many, in no way all, of the literary products named here which allows them to be received and recognized as literature or fiction, something which their authors claim them to be—or does that rest in the subjective arbitrariness, that is to say, in the ability of the recipient? This very same question could be asked of all works of art: for one person something is junk that stands there in the meadow or even in a museum. The other recognizes art in it. But what is it in the junk that makes it presentable as art for the observant and knowledgeable person? Does the sculpted junk distinguish itself in any way from any other kind of everyday object? We are once again relegated to internal, aesthetic, and artistic criteria.

5   Käthe Hamburger: Die Logik der Dichtung, Stuttgart (Klett-Cotta) 1968.

6   Ulrich Gaier: Hölderlin. Eine Einführung, Tübingen –Basel (UTB) 1993, 221; idem., Das System des Handelns, 461–479.

7   G. Genette, loc.cit., 26–40.

          © Frank & Timme   Verlag für wissenschaftliche Literatur

Genette's distinction between essentialist versus conditional basic forms of linguistic products is moreover called into question by the fact that surely not all verse, nor all language in dramatic plays, nor in epic fictions, (say, in the form of penny novels) could claim to be literature in an artistic sense. The distinguishing of essentialist and conditionalist views of literature simply obfuscates that there must be internal linguistic criteria that in one instance make the assignment to artistic literature more legitimate than in another case. The comparative "more legitimate" indicates some latitude and with that the often associated quandary of the recipients. It also implies that there are undoubtedly gradations for the success of the literarity, therefore of the artistic language. Where, however, the talk is of gradations, that already presupposes a scale, a measure, whose extremes run: from non-literary—to literary, in the sense of, non-artistic literature—to artistic literature.

When Genette (at the end of the essay "Fiktion und Diktion" being discussed here) nevertheless suggests a distinction between *aesthetic* and *artistic*, then remarks that the field of literature is too narrow for a valid treatment of the relationship between aesthetic and "artistic", (better said, art),[8] then once again there lies therein an avoidance of the actual assignment: to define the artistic character of literature. By way of contrast, the distinction between fictive and non-fictive literature seems irrelevant. It comes from past times, namely antiquity, where any differentiation of art and the concept of art from the large field of *poiesis* (which represented any kind of production by humans) was still a long way from being in the queue. The differentiation of art generally is a decidedly modern development (to which Bazon Brock has pointed with special emphasis)[9] but that does not mean that it was not necessary within intellectual history. Nothing other obtains for the artistic language which we refer to as literature.

....

8   ibid. 40.

9   See. for example Bazon Brock: Lustmarsch durchs Theoriegelände:Eine Kampfschrift, Cologne 2008(Dumont).

3   The Semiotic Understanding of Art
     by R. Jakobson and J. Lotman

Mentioning the name of Roman Jakobson (1896–1982) in this context invites the danger of getting into the long development of his theory that culminated in his monumental collection of interpretations: *The Poetry of Grammar and the Grammar of Poetry* (1982). Yet I still would like to take as a starting point the semiotic linguistic and literary theory of a younger author who, drawing from semiotics, further concretizes the basic interests of Jakobson specifically with regard to the poetry of grammar. As a result, only a few sketched comments on Jakobson as well as his Russian countryman Jurij M Lotman.

The structuralist strategy both toward language as toward literature leads Jakobson early on to the point of seeing the 'poeticity' of literature (as he progressively preferred to say instead of literarity) in the grammatical and stylistic structures. This is—once again speaking in Genette's terminology—markedly essentialist and anti-conditionalist. The grammatical, or the meta-grammatical structures are those which provide a foundation for the beauty of the language and the poeticity of literature. The aesthetic of the reader response reception or the conditionalist proportion in literature consists solely therein as to how far the individual reader or listener is in the position to perceive the structural relations, mind you, at a pre-conscious level. It is not, say, being claimed that theoretical-reflective erudition is a prerequisite for the enjoyment of a linguistic work of art. Erudition is something that can be left to the literary theorist, in so far as it does not hinder him/her perhaps in the preconscious awareness of the references.

As far as I can tell, Jakobson does not make a distinction between aesthetic and art, because from the start he ties the aesthetic of language to the poetry of the grammar, to the meaning generating structures. (Jakobson does not appear to take up a discussion of a by all means available aesthetics of linguistic kitsch in which the aesthetic forms, however, remain banal and achieve no artistic meaning-generating power of expression.)

Specifying "aesthetics" structurally and formally leads to the idea which then takes on a guiding role, arising from Jurij M. Lotman (1922–1992), who was Jakobson's countryman and a generation younger and came from the movement called Russian formalism: literature is a *secondary text* which over-

    © Frank & Timme   Verlag für wissenschaftliche Literatur

lays the primary general language text.[10] The secondary text makes use of the same linguistic materials, yet it develops structurally new relationships, a meta-syntax.

Lotman suggests and exemplifies the character of a "secondary language" for all arts. They are all "built according to a type of language" and do presuppose at least the language ability of the human person.

> This does not mean that they reproduce the *full range of* the dimensions of natural languages. In this way, for example, music distinguishes itself from the natural languages through the absence of obligatory semantic relations; in spite of that, however, today the full legitimacy of a musical 'text' as a type of syntagmatic structure is obvious (…). The detection of syntagmatic and paradigmatic correlations in painting (…) and in film (…) allow a viewing of these arts as objects of semiotics, that is, as systems that are built in the style of a language. To the extent that the consciousness of a human person is a linguistic consciousness, then all styles of models which build on consciousness (among them of course art) can be defined as secondary, model-building systems. In this way, art can be described as a type of secondary language, and a work of art consequently as a text in this language.[11]

But with the comment "among them, of course, art" Lotman threatens the definitional incisiveness of his characterization of art as a second language—and moreover the strength of a "grammar of poetry" that Jakobson first in language arts, but presumably likewise in all art never grew tired of referring to. If there are several secondary languages, which one is it then through which the artistic distinguishes itself?

Renate Homan, the author of a highly ambitious, not to say pretentious, "*Theorie der Lyrik*" (1999), criticizes "that Jakobson and Lotman implicitly reduce the theory of literature to a technique."[12] Her point is she wants to

---

10 Jurij M. Lotman: Die Struktur literarischer Texte, (Ger). Munich 1972 (UTB).

11 Ibid 23.

12 Renate Homann: Theorie der Lyrik. Heautonome Autopoiesis als Paradigma der Moderne, Frankfurt/M. 1999 (Suhrkamp), 70. The book is full of complaint about what has not yet been achieved and full of declaration of what will be achieved, however in spite of 750 pages it makes no progress beyond taking up Kant's "Judgment of the Sublime", in which aesthetic and practical reason are united, and a general emphasis of the creativity of language performance in lyric poetry.

move on to the invention of a new free language (as a completion of creation) and it would be paradigmatic for the constitution of society. But it would be totally unjust to allege of Jakobson and Lotman that they would understand literature (and lyric poetry in particular) as simply 'technical' application of traditional or logical patterns. Apart from that, her criticism does not provide the linguistic theory she advertised, let alone the missing social theory that was to be connected to it.

4 The Approach of reflection-theoretical Semiotics by J. Heinrichs

It is the social philosopher and semiotician, Johannes Heinrichs, who stands on the shoulders of these two Russian authors, incidentally coming out of the reflection-philosophical tradition of German philosophy. He takes here some crucial steps further and for the first time develops a structural linguistic and grammatical theory. For the first time on this basis, "poetry of grammar" and "grammar of poetry" allow themselves to be illustrated more exactly and systematically than was possible for the polyglot and intuitive Jakobson to do in his time. The expressions 'meta-language' for that which Lotman called 'secondary system', and 'meta-syntax' for the secondary structures that reach quantitatively and qualitatively beyond and above the normal sentence grammar, are expressions that are central to his linguistic theory and stylistics.

In the course of this, 'meta-language' does not have the meaning of a later thematization of an object language (as this expression is commonly used in linguistic seminars), but instead means a qualitative augmentation of the *inner reflexivity* of the language.[13] In Heinrichs's reflection-theoretical semiotics, linguistic theory builds on his semiotic action theory, and artistic theory on linguistic theory. Still, the expressly theoretical reflection of the theories follows the augmentation of the lived, inner reflection. And with regard to this inner reflection, there is only a secondary system beyond language, namely,

---

13 G.W.F. Hegel spoke, aiming in this same reflection-theoretic direction, already from "inner reflection" as opposed to "external", as well as from the "immanent life" of reality, which it serves to reconstruct. cf. especially *Wissenschaft der Logik*, Volume II, but also the *Grundlinien der Philosophie des Rechts*.

art,[14] (that is, taken from the perspective of the individual person who is acting).

As *action*[15] Heinrichs characterizes such performances of consciousness (called by Kant 'actions of the understanding'), which alter parts of actuality: 1. to act on physical objects, 2. to act inner-subjectively, such as the ever important act of deciding. 3. social action, which in agreement with Max Weber's definition orients itself in inter-subjective reflection on others, 4. expressive action, that alters expressive media, whether it is in the form of objects, of gestures, of social forms of expression or in formal signs.

Language represents then the preferred expressive action of the human person, a special sign activity, more exactly, one *in which grammatical meta-signs in one and the same performance regulate the action with signs.* Through this inner reflexivity regulating itself through its own meta-signs, the linguistic activity extends over the whole area of activity and makes accessible a whole new world of human expressive possibilities: it is—in all its dimensions—the expression system of self-consciousness as its reflects on itself in inter-subjective reflectivity (reflection).

The developed linguistic theory builds on this semiotic theory of action. The three semiotic dimensions according to Charles Morris[16] are redefined reflection-theoretically and expanded: the first one appended to the trinity of semantic, pragmatic, and syntactic (along with Georg Klaus) are:

1. The *sigmatic* dimension of the immediate relationship to an object; through pointing and being embedded in actions, the linguistic signs for the first time achieve their meaning and their reference to actuality (Wittgenstein's question, which he, however, confuses with "use" in the sense of interpersonal pragmatics.)

   It is exactly this otherwise neglected sigmatic dimension which protects language (as a self-reflecting, self-referential system) from losing in its self-reference its reference to reality. This is also true then

---

14 Heinrichs strictly distinguishes the individual from the collective system-reference or perspective. From a collective perspective one may along with Lotman from several "secondary systems", not however from an individual perspective.

15 Johannes Heinrichs: Handlungen. Das periodische System der Handlungsarten, Munich 2007 (stenographic).

16 Charles W. Morris: *Foundation of the Theory of Signs*, Chicago 1938; *Esthetics and the Theory of Signs*, Den Haag 1939; (Ger.). *Grundlagen der Zeichentheorie. Ästhetik und Zeichentheorie*, Munich 1975.

for literature as meta-language. Self-reference is always to be thought of as self-reference in reference to the other. A true deepening of the self-reference in language, then in the meta-language art and protected at the same time is a deeper actuality reference.

That distinguishes these inner types of reflection from ones that remain external, in our times often virtually autistic types of theories.[17]

2. The *semantic* dimension deals with the lexicon of already established word meanings and the elementary types of predication.

3. The *pragmatic* dimension does not mean (as with Morris) any relationship of the sign to its user, but instead pinpoints the interpersonal relationship in which alone the language becomes at once practical.

4. While the *syntactical* dimension is defined with Morris as the dimension of the connection of the signs among one another, nevertheless—contrary to the common usage since then—they are defined as the most highly reflected, the other-inclusive and system-building dimension of language.

From this point forward, it will only be the syntax that will interest us in our question about the "poetry of grammar" and the "grammar of poetry" on this far-reaching systematics of language on an action-theoretical and semiotic basis, because art theory is connected to it.

Differently than with Chomsky's dichotomic (oriented more toward a computer than than on a human person) process, Heinrichs starts from an equiprimordial quadrality which groups itself around the subject-predicate kernel of every single statement:

What actually should interest us in this our context is only the concept of stylistics, which results with logical consequence from the whole semiotic and linguistic theory systematics.

....

17   I am relying here on the expositions of my colleague Claudia Liebrand: *Die Sehnsucht nach Referenz und die Literaturtheorie.*

5 Stylistics as Meta-Syntax

Expressed more specifically, this does not have to do with a simple conception, but instead with an explanation of stylistics (how in general everything is explained at all in this linguistic theory, which otherwise is only ever postulated). Stylistics for Heinrichs (first of all generally) is the doctrine of expressive values of sentence syntax, which includes the previous dimensions, building then however in a more narrow sense the actual syntactical part of the syntax theory in volume 5 of the whole work "Language" with the doctrine of linguistic devices.[18] This does nothing more than present a meta-syntax which quantitatively and qualitatively transcends the normal sentence syntax! Such a notion and explanation of stylistics is novel and at this point unparalleled. Indeed, this reflective logic, which allows for distinguishing the semiotic dimensions and then in the end the sentence parts, leads as well to a large classification of the kinds of linguistic devices:

1. Devices of repetition
2. Devices of analogy
3. Tropes of truth
   In this it has to do with the varied masquerading games with language that are present: exaggeration and understatement; euphemism and emphasis; irony and jest, and finally masquerade with forms of sentence and content (*immutatio syntactica*) in numerous forms of play.
4. Formal tropes
   These formally named tropes are word plays with rich subdivisions, antitheses, connective tropes as bridging thoughts and anacoluthons, and finally the form-content-tropes that relate to the play with the content form image and thought, action and linguistic quote.

One recognizes that here the known devices of the rhetorical tradition are being reconstructed with a reflective logic and brought into an inner connection, yet over and above that many are unknown. The abundance of these language games in the broader sense is tremendous—and is anything but irrational or chaotic. Quite the opposite, language clothes itself in what seems to

---

18   Johannes Heinrichs: Sprache in 5 Bänden, Vol. 5: Stilistik, Munich 2009.kaus

be irrationality, in order to allow its logical games to appear all the more charming.

The game of language with linguistic devices is at least for lyric poetry not merely ornamental, but actually constitutive. That means: there is no poem deserving of the name and in its effect cannot essentially be characterized with this stylistic apparatus. That does not mean that the quality and effect of a poem could be exhaustively explained through an analysis of the literary devices, and indeed for the simple reason that the whole of such a construct is more than the sum of its stylistic components. It might be difficult to grasp this sum once again analytically—and it is also not necessary. The complete, synthetic appreciation of a linguistic work of art reaches beyond any analysis of its elements! Yet it is not disturbed by a stylistic analysis to the extent that such is only appropriate and disclosive.

Also the famous and for poeticity decisive unity of form-content, thus the appropriateness of a form, and especially of the outlined linguistic devices, for the content, indeed more specifically, for *the value of a form in generating content*, is a matter of personal assessment. One can indeed point to it analytically. But to appreciate it in one's own experience and to confirm it is something else, remaining as a personal accomplishment of reception. In that sense, the reader response reception retains a certain right—without this meaning a subjectivism and relativism. The stylistic devices are objective givens. Their appropriateness (which generates their content) —in opposition to simply being deliberate—ultimately can only be verified in their personal reception. This personal moment is something the literary experience shares with every experience.

6   About the Theory of the literary Genres on a linguistic-theoretical Basis

Can the whole of poeticity now be explained using meta-syntax? In the discussion with Gerard Genette, my tendency was already clear (with my rejection of the binary division of fiction and diction and in general fictionality as the criterion for literature); to explain not only the poeticity of lyric poetry, but also the literarity of all linguistic genres solely by using literary form and the "grammar of poetry", which with the help of the reflective-logic stylistics of Heinrichs now turned out to be a veritable "poetry of grammar" in the sense of stylistic meta-syntax. If we explicitly ask ourselves this question after a short walk through the abundance of stylistic devices, then a bit of genre theory on a reflection-theoretical basis can help us.

The great literary genres are not mere historical phenomena. What is historical is the shaping of these genres, for example, a modern Roman epic in contrast to a Homeric epic. However, the genres must be comprehended rigorously from the perspective of the literature as meta-language, that is, from linguistic theory, which to this point is something that has never happened, as far as I can see—except in the adumbrated semiotic linguistic theory.[19] According to it, the genres represent nothing other than the *meta-linguistic manifestation of the semiotic dimension of language itself*, provided these are only included in the previously proffered reflection-theoretical hierarchical structure.

Allow me this time to begin from the top, with the syntactical dimension of language, in order then to conclude with the less common sigmatic dimension.

1. Lyric poetry represents the cultivation of the *syntactic dimension* of language. It represents in fact the transition of all linguistic art to music, that in part semantically free art genre which as 'absolute music' consists in nothing other than syntactic relationships between the tones, or one could say, consists in nothing other than syntactically formed silence. Lyric poetry quite clearly still makes use of semantics in contrast to music which adjoins it. Still, what is decisive about it are the syntactic relationships, beginning with the vocalizations (as music conveys the meaning) through the correspondences of the words all the way up to the spoken stylistic devices that can be discerned in every poem, even if it be quite short. Let us take as such a brief example; the poem "Einfache Sätze" from Helmut Heissenbüttel:

as I am standing, the shadow cascades
morning sun sketches the first drawing
blooming is a deadly business
I said I was in agreement
I live

---

19 This is how, say, Emil Staiger differentiates this, (Die Zeit als Einbildungskraft des Dichters, Stolberg 1953) in order to reflect back on a last "classical" attempt at a theory of literary genres, the literary genres according to their respective relationship to time, therefore according to a point of view brought over to language externally.

Even the first line is already molded by the contrast of concrete "standing" and metaphorical 'cascading'. In the second line, the morning sun displays a metaphorical activity in that it sketches out a concrete drawing. These apparently most simple protocol sentences then are in the third line subjected to a severe assessment: "blooming is a deadly business", whereby the contrast between blooming and deadly business represents an oxymoron of a predicative kind. So we could continue this analysis even further. The total expressiveness of the poem about "living" (last line) rests at least equally as much on the syntactical relationships as on the semantical, whereby the contraposition of the two would be senseless—*exactly because the syntax reflexively integrates and augments the semantic into itself.*

My interest has been solely to offer a brief voucher for what it means that lyric poetry cultivates the syntactical dimension of language as no other genre does. Against this assertion, the objection could of course be made that the literary form in other literary genres must consist in something more than merely syntactical form. We will look more closely at this.

2. The *pragmatic dimension* of language (which above was defined as the interpersonal) is clearly cultivated by the *dramatic* genre: it is manifest that all drama consists in the portrayed plots and linguistic activities of the actor. The linguistic action concerns both the represented relationships between the actors as well as the relationship between the actors and the audience. The latter relationship would also exist as well in the presentation of other literature. For that reason, the linguistic and gestural portrayal of the relationships between the actors is what is specifically dramatic, notwithstanding the importance of their relationship to the audience, which in some pieces is specifically and explicitly so designed. The basic determination of the dramatic genus, even with all its possible variations, is so evident that examples would be pointless in view of this limited space.

The literary of the dramatic genre is, however, not in fact guaranteed in that something is brought to the stage, *rather instead that the language in it, together with the gestural actions, develops an independent existence—and for that reason is worthy of being read again.* Herein lies a significant criterion for the literary quality of dramas as well as screenplays from films: so these develop such a "secondary language", which could be called an artistic meta-language. But what is this "literary quality" to be measured against if it is not solely the meta-syntax of the syntactical stylistic devices? My short answer: one can speak of a meta-syntax of the linguistic actions.

3. The *sematic dimension* of language is the developed meanings and ideas along with that; it is independent of its situational reference to an object, as we will discuss as being typical in the next section dealing with the sigmatic dimension. In this respect one could be inclined to name the *epic genus* (being given a place here) at the same time as the fictive. Could with that the old, still supported definition of literature based on its fictive or fictional character maintain its justification for this semantic dimension and this epic genus? *More exactly, however, one must say that even for this genus, fiction is not definitive, but instead more so it is the indifference toward fiction or actuality.* That is the difference. To that extent, historical novels with a claim to be founded accurately on facts or biographies/autobiographies would also count as members of the epic genus. What is definitive or constitutive for this genus is much more the *development of an imaginary world*, independent of a relationship to actual facts. This can be asserted or not. That is how we deal as well with the pre-literary semantic: whether a "unicorn" or even a "whale" really exists or not, makes no difference to the semantically imaginary world. Semantics also gives itself to such imaginary creations such as "war" or "non-existence" and all kinds of remarkable reifications of ideas which have absolutely no concrete, material existence—when just taking what are called 'nouns'. All of this fits with the claim that the epic genus as such acts *indifferently* toward whether there is a relation to what is actually the case. (For example, that a genus, a linguistic genre, 'acts' is entirely a fiction. Language necessarily works with such fictions, notwithstanding that some words claim a real reference to the world.)

4. I come now to the *sigmatic dimension* of language. In this, a real reference to the world or some kind of meaning must first of all situationally be produced. It is the supplier for the semantic of the dictionary, yet one must distinguish it from semantics. And would this be the semantics of "this" and "that", basically of all pronouns and names? Most general meanings, let us say from 'door' and 'chair' need a situationally embedded action in order to even become tangibly meaningful. Analogously, as already mentioned, there is a large literary genre that does not at all want to and cannot do without non-fictional focus on facts, whether this may be thing-concrete or abstract. I do not count the epic 'broad-

ly' developed, (auto)biographies, and what are called paperback novels among these for aforementioned reasons, but instead: the artistic essay, the artistic paper, the aphorism, the motto, the literary diary, and some others. The designation for this, which is unknown in the classical genre theory, could be: *literary non-fiction*.

7   The text-linguistic Expansion of 'meta-language'

The question remains: How is 'literary' to be understood here, on what should it be moored? The same question is also open for the genus 'epic' and for the genus 'drama'. It is the crucial question, which we do not want to duck as Genette does with a single word such as 'diction', nor with the reference to the conditioning of the recipient. Also, the reference to 'secondary language' (from Lotman) is not enough, if this secondary language is not specified as a literary meta-language.

In the search for an answer we can just speak in an aphorism, the short forms of non-fiction, from a similar meaning of stylistic devices as in lyric poetry. Let us simply take the first aphorism from Novalis's "Blüthenstaub":

> We search everywhere for the unconditional—and just keep finding things.

The parallelism of both assertions, the unsurprising, as it were, everyday opposition of 'seeking' and 'finding', but then the etymological play on words (*figura etymologica*) of "unconditional" (Unbedingtes) and (Dingen) "things". This gameplay comprises substantively the whole of Romanticism. It is soberly serious in this game. On this a snippet from Kurt Tucholsky comes to mind, one of the great aphorists of the 20th century

> Boring is not yet serious.

The seriousness of the Novalis quote is of course not connected with being bored, but instead with literary tension, which can be analyzed meta-syntactically. How are things, however, with Tucholsky's own aphorism; what in it can be discerned there as meta-syntax? One could say that its brevity does not allow for syntax. Far from it. The comparison of boring and serious is presumed—and negated. It deals with *the structure of a presupposed equation and its negation.* What does this presupposition rest on? From the experience that much of what is serious is presented in a boring way, that earnestness virtually contains the licence to be boring (whether in school and scholarship or somewhere else). Now the equation is not simply negated in the sense of "boring is not serious". That would bring other connotations along with it, for instance: The boringly proffered is not really meant seriously. That would contradict experience. But that little word "still" gives the whole thing a different turn. "Not yet" means: something is missing; passion is missing, or playful elegance, the seduction to the thing is missing. Through that, the boring seriousness is presented as a lack, in fact a lack of seriousness.

One may pardon the serious pedantry with which I take to task this little aphorism. There exists of course a huge difference between "lived reflection" of language and "retrospective-theoretical reflection" of the analysis. What it actually is about. Also in this case, structures make language interesting and suspenseful, that is, literary or poetic. Although we indeed would not be able to name any logically identifiable stylistic figures which perform like that.

My assertion now reads: Over and above the formal stylistic devices reflexion-logically classified, there is a wealth of informal, so to speak singular structures, and these are those that constitute the literary character both in literary non-fictional texts as well in drama and epic, which in a broad sense create 'poetic' form. There is not enough time to illustrate with further examples these literary references to forms which extend vastly beyond the formal stylistic devices. That would be what we could call *formal* or *form accented interpretation of a text.* In novels, those are correspondences which can extend over many pages.

Still these informal, formal, or structural references are all of the same type as the formal stylistic devices. *Every longer texts lives from the fact that evidence of the literary quality is furnished in the individual sentences or paragraph.* In Thomas Mann's work on Schiller, captioned with "difficult hours", it says toward the end:

> *And it was finished, this work of suffering. It would perhaps not be good, but*
> *it was finished. And when it was finished, see, it was also good.*

The stylistic devices contained here can be in part named: emphatic repetition and chiasmus. What is not yet named with this is how the scandalous statement "perhaps it would not be good" is then cancelled in the sentence and how the brilliant closing metaphor, which from the mussel, in which the whole sea roared, is prepared through these figures.

Quickly and prosaically to draw a conclusion: *The concept of meta-syntax must be expanded beyond the formal stylistic devices to structural references in which the "grammar of poetry" rests—over the "poetry of grammar" in the sense of the generally nameable meta-syntax.*

8   The Relationship to the psychoanalytic View of Literature

Allow me to at least briefly, in view of how this was announced, to proffer how I see the relationship of the view presented here of literarity or poeticity to Freud's psychoanalytic view of literature. Freud's fundamental idea is that in literature, similarly to dreams as well the daydreams of phantasies, the unconscious expresses itself with its wishes and fears.[20] How does the unconscious "having a turn" through literary dreams and phantasies square with what is here the strongly emphasized idea of a meta-syntax, beyond the normal sentence syntax?

In a different place I have sought to fully show that Freud's "interpretation of dreams" really can be read as a model of structural hermeneutics, that the four moments of dream work, that is, the processing of latent dream content to manifest dream, when compression, displacement, symbolic visualization means, and secondary editing of the manifest dream content build a "meta-syntactical system"[21]. Freund's interpretation of dreams shows most clearly that a positive relationship exists between meta-syntax and the unconscious; that we cannot give ourselves over to, for instance, an analysis of meta-syntactical relations in an intellectualistic, formalistic point of view, which would not be compatible with the fruitful idea that literature makes the unconsciousness (closed off within itself and private) socially acceptable.

....

20   cf. Sigmund Freud: Der Dichter und das Phantasieren. Schriften zur Kunst und Kultur, Stuttgart 2010 (Reclam).

21   Rainer J. Kaus: Literaturpsychologie und Literarische Hermeneutik. Sigmund Freud und Franz Kafka, Frankfurt/M. 2004. pp. 69–114.

What prevails here is a dialectical opposition-unity and correspondence of secondary language and meta-syntax, of literary processing, and the proto-language of the unconscious. The pre-conscious contents of the phantasies as the content that has wandered into the unconscious as preserved memory of the suppressed (wishes, feelings, phantasies) now find in their literary meta-language a kind of redemption: an "escape" (Kafka).[22] They are now able to express themselves to some degree in publicly, socially acceptable forms, even if partly encrypted and only accessible to "feeling" as a form of lived reflection, that is to say, to literary analysis as form of expressly theoretical reflection

Freud's general high estimation of language as the vehicle that makes pre-conscious and unconscious content accessible to consciousness and in so doing to retrieve it out of its pathological suppression, finds in his understanding of fictional story its culmination. What we could add to this today is this: that the processing (analogous to that done for a dream) of the latent, pre- and unconscious materials is rendered through structurally comprehensible stylistic devices of formal and informal kind, which for their part stand in a precise analogy to Freud's model of structural hermeneutics in his "interpretation of dreams".

---

22 I am alluding to the "escape", which Kafak in his "Report to the Academy" allows his protagonist, the ape, to find through his art.

References

BROCK, BAZON (2008): *Lustmarsch durchs Theoriegelände: Eine Kampfschrift*, Köln.

FREUD, SIGMUND (2010): Der *Dichter und das Phantasieren. Schriften zur Kunst und Kultur*, Stuttgart.

GAIER, ULRICH (1993): *Hölderlin. Eine Einführung*, Tübingen/Basel.

GAIER, ULRICH (1986): *Das System des Handelns. Eine rekonstruktive Handlungswissenschaft*, Stuttgart.

GENETTE, GÉRARD (1992): *Fiktion und Diktion*, München.

GEPPERT, HANS VILMAR/ZAPF, HUBERT (2003/2005): *Theorien der Literatur. Grundlagen und Perspektiven*, Tübingen/Basel.

HAMBURGER, KÄTHE (1968): *Die Logik der Dichtung*, Stuttgart.

HEGEL, G.W.F. (1816): *Wissenschaft der Logik*, Bd. II, Nürnberg.

HEGEL, G.W.F. (1820): Grundlinien der Philosophie des Rechts.

HEINRICHS, JOHANNES (2009): *Sprache in 5 Bänden*, Bd. 5: *Stilistik*, München.

HEINRICHS, JOHANNES (2007): *Handlungen. Das periodische System der Handlungsarten*, München.

HOMANN, RENATE (1999): *Theorie der Lyrik. Heautonome Autopoiesis als Paradigma der Moderne*, Frankfurt/M.

JAKOBSON, ROMAN (1963): *Essais de linguistique générale*, Paris.

KAUS, RAINER J. (2004): *Literaturpsychologie und Literarische Hermeneutik. Sigmund Freud und Franz Kafka*, Frankfurt/M.

KIMMICH, DOROTHEE/RENNER, ROLF G./STIEGLER, BERND (Hg.) (2008): *Texte zur Literaturtheorie der Gegenwart*, Stuttgart.

LIEBRAND, CLAUDIA: „Die Sehnsucht nach Referenz und die Literaturtheorie." Vortrag beim internationalen Symposium „What is Literature? Contemporary and Historical Approaches to Literary Theory" in Köln. 06.–07.10.2011.

LOTMAN, JURIJ M. (1972): *Die Struktur literarischer Texte*, München.

MORRIS, CHARLES W. (1938): *Foundation of the Theory of Sings*, Chicago.

MORRIS, CHARLES W. (1939): *Esthetics and the Theory of Signs*, Den Haag; dt. *Grundlagen der Zeichentheorie. Ästhetik und Zeichentheorie*, München 1975.

SCHMID, ULRICH (Hg.) (2010): *Literaturtheorien des 20. Jahrhunderts*, Stuttgart.

STAIGER, EMIL (1953): *Die Zeit als Einbildungskraft des Dichters*, Stolberg.

CLAUDIA LIEBRAND

Die Sehnsucht nach Referenz und die Literaturtheorie

Nachgegangen werden soll der Frage, wie sich die rezente Literaturtheorie, die Literaturtheorie der Nuller- und der beginnenden 10er Jahre, zu den literaturtheoretischen Strömungen im letzten Drittel des vorigen Jahrhunderts – den poststrukturalistischen, dekonstruktiven, postmodernen – positioniert. Alle diese theoretischen Strömungen, der Poststrukturalismus, die Dekonstruktion, die Postmoderne, auch der Konstruktivismus, sind ganz und gar bezogen auf die Ebene der Signifikanten, die in einem offenen System zum selbstreferentiellen Spiel einladen, abgekoppelt von Ontologie und Metaphysik. So priviligiert beispielsweise die Dekonstruktion Signifikanten vor dem Signifikat, setzt auf die „Schrift" und die „Differenz", auf die Aktivität der Zeichen.[1] Als wichtiges Element aller postmodernen Theorien herauszustellen ist der von ihnen diagnostizierte Wirklichkeitsverlust: Simulakren und Simulationen träten – so etwa Jean Baudrillard – an die Stelle der Realität.[2] Und auch der Konstruktivismus fasst Erkenntnis nicht mehr in erster Linie als Realitätserkenntnis auf, sondern als

> Selbsterkenntnis, d. h. als Erleben, Erfahren und Erlernen eigener Wahrnehmungs-, Verhaltens-, Denk- und Handlungsmöglichkeiten [....]. Die Erfahrungswelt kognitiver Systeme, ihre persönliche und soziale Wirklichkeit, [...] [sei] als System je subjektiv viabler Kognitionen, nicht aber als Repräsentation von Realität vorzustellen.[3]

So unterschiedlich alle diese Kultur- und Literaturtheorien auch sind, ihnen gemeinsam ist, dass die Wirklichkeit, das ‚Reale', wie immer man es auch fasst, nicht in ihrem Fokus steht. Nicht in den Blick kommt die Berührung von So-

----

1 Siehe etwa Jacques Derrida: *Die Schrift und die Differenz*, Frankfurt a.M.: Suhrkamp ^{5}1992.

2 Jean Baudrillard: *Simulacres et Simulation*, Paris: Editions Galilée 1981, engl.: *Simulacra & Simulation*, Michigan: University of Michigan Press 1994.

3 Gabriele Vickermann-Ribemont: „Konstruktivismus, radikaler", in: *Metzler Lexikon Literatur- und Kulturtheorie*, hg. von Ansgar Nünning, Stuttgart: Metzler ^{4}2008, S. 377–379, hier S. 377.

ma und Sema, von Realem und Symbolischem. Statt das ‚Wirkliche‘, wie auch immer konzeptualisiert, ins Spiel zu bringen, ist man – so etwa die Diagnose von Jean-Luc Nancy – in einer Sinn- und Bedeutungsmaschinerie gefangen, aus der kaum mehr zu entkommen ist. Nancy schreibt: „Es kommt der Moment, da man nichts mehr empfinden kann außer Zorn, einen gewaltigen Zorn über so viele Diskurse, so viele Texte, denen an nichts anderem liegt, als ein bißchen mehr Sinn zu schaffen und diffizile Leistungen der Sinnbestimmung nochmals zu erbringen oder zu vervollkommnen."[4] Die Alternative, die Nancy zur Produktion von Sinn, Abstraktion und Diskursen vorschlägt, ist eine Besinnung auf Präsenz, das Wieder-Ins-Spiel-Bringen von physischer Nähe und Greifbarkeit, man könnte auch formulieren: der Versuch, die Schnittstelle, die Berührung zwischen Diskursivem und Vordiskursiven, von Sema und Soma, von Symbolischem und Realem zu fokussieren.

Nancys Klage über den Verlust von Wirklichkeit, von Greifbarkeit, von Referenz drückt kein idiosynkratisches Unbehagen an der Theorielandschaft der letzten Jahrzehnte des letzten Jahrhunderts aus. Eine Reihe prominenter Literaturwissenschaftler, unter ihnen am prononciertesten Hans Ulrich Gumbrecht – in seinen Büchern *Diesseits der Hermeneutik. Die Produktion von Präsenz, Unsere breite Gegenwart* und *Stimmungen lesen. Über eine verdeckte Wirklichkeit der Literatur* – haben den ‚Weltbezug‘ der Literatur, die Möglichkeit, Präsenzerfahrungen zu machen, wieder auf die Agenda gesetzt. In *Diesseits der Hermeneutik* wendet Gumbrecht sich mit Force

> gegen die in der heutigen Kultur vorherrschende Tendenz, die Möglichkeit einer auf Präsenz basierenden Beziehung zur Welt preiszugeben und sogar aus dem Gedächtnis zu streichen. Das Buch will sich, spezifischer gesprochen, engagiert gegen die in den geisteswissenschaftlichen Fächern systematisch geübte Einklammerung von Präsenz und gegen die in diesen Fächern unbestrittene Zentralstellung der Interpretation wenden. Während sich die neuzeitliche westliche Kultur (einschließlich unserer Gegenwart) als ein Prozeß beschreiben läßt, bei dem die Präsenz [und der Weltbezug] fortschreitend preisgegeben wird und aus dem Gedächtnis verschwindet, kann es sich herausstellen, daß einige

---

4   Jean-Luc Nancy: *The Birth to Presence*, Stanford: Stanford University Press 1993, S. 6. Zitiert nach Hans Ulrich Gumbrecht: *Diesseits der Hermeneutik: Die Produktion von Präsenz*, Frankfurt a.M: Suhrkamp 2004, S. 76.

der heute von der avanciertesten Kommunikationstechnik produzierten ‚*special effects*‘ dazu beitragen, ein gewissen Verlangen nach Präsenz [und Weltbezug] wiederzuerwecken.[5]

In seinen Lektüren – sei es literarischer Texte, sei es der Gegenwartskultur – ist Gumbrecht auf der Suche nach epiphanischen Momenten. Solche ‚Epiphanien‘ haben insbesondere in der Literatur der Klassischen Moderne ihren privilegierten Ort. In Texten von James Joyce, Marcel Proust, Virginia Woolf, Hugo von Hofmannsthal oder beispielsweise von Rainer Maria Rilke finden sich Epiphanien, die – verwendet sei die Terminologie von Karl Heinz Bohrer – ‚Augenblicke‘ kondensieren,[6] Augenblicks-Ektasen, in denen ‚etwas‘ in das Subjekt einbricht, sich ein Moment ergibt, der vom Individuum als Offenbarung des ‚Realen‘, der puren Präsenz erlebt wird (die zugleich leer wie auch bis zum Bersten aufgeladen von Sinn, von Bedeutung ist). Das Objekt, das den epiphanischen Moment, der die Zeit einzufrieren scheint, anstößt und verursacht, fungiert als ‚Trigger‘, der eine Überfülle an semantischen Kettenreaktionen auslöst. Wir haben es gewissermaßen mit einer Sinnexplosion zu tun – die Soma-Sema-Relation lässt sich nicht mehr in einem quasi-strukturalistischen Modell, wie es etwa Saussures Zeichentheorie entwickelt hat, abbilden. Die Signifikate werden durch die Signifikanten nicht mehr kontrolliert und vice versa, vielmehr lässt sich von einer traumatischen Versehrung sprechen – einem Riss, einer Leere, die überbordende Sinnkaskaden evoziert.

Seine Sehnsucht nach dem ‚Einbruch des Realen‘, nach Präsenzerfahrungen teilt Gumbrecht durchaus mit anderen Literatur- und Kulturwissenschaftlern, die ebenso von dem Ungenügen an den eher selbstreferenziell als weltreferenziell ausgerichteten Theoriedesigns des ausgehenden 20. Jahrhunderts umgetrieben werden. Diesem Unbehagen an der Selbstreferenz und der Sehnsucht nach einer Referenz in literarischen Texten, die nicht ‚bloße‘ Selbstreferenz ist, sondern Weltreferenz oder, um eine andere Bezeichnung einzuführen: Fremdreferenz, sei im Folgenden nachgegangen. In den Blick genommen werden drei recht rezente Trends: erstens die Wiederkehr des Realen in der Theorie, zweitens der Boom der Dingforschung und drittens die Hausse der Traumatheorie.

....

5   Gumbrecht: *Diesseits der Hermeneutik*, S. 12.

6   Vgl. Karl Heinz Bohrer: *Plötzlichkeit. Zum Augenblick des ästhetischen Scheins*, Frankfurt a.M.: Suhrkamp 1981 [besonders S. 180–218].

1   Das Reale – Lacan reloaded

Das Konstanzer – im dortigen Exzellenzcluster angesiedelte – Graduiertenkolleg „Das Reale in der Kultur der Moderne" skizziert sein Erkenntnisinteresse und sein Profil wie folgt:

> Die kulturwissenschaftliche Debatte der letzten Jahrzehnte war auf Effekte der *Selbstreferenz* von Texten, Sprache und kulturellen Symbolisierungen gerichtet. Es ging vor allem darum, die gesellschaftliche und geschichtliche Bedingtheit von Zeichenprozessen und der sich daraus ergebenden Objektkonstitutionen vor Augen zu führen. Diese Akzentsetzung, die sich unter den Sammelbegriff ‚Konstruktivismus' fassen lässt, fordert ihren Preis. Sie lässt die Dimension der *Fremdreferenz* von Zeichensystemen in den Hintergrund treten, erzeugt eine gewisse Verlegenheit, was die Frage nach dem Realen unabhängig von der jeweiligen kulturellen Symbolwelt betrifft, und läuft dadurch Gefahr, den epistemischen Graben zwischen *sciences* und *humanities* zu vertiefen.
>
> Bei genauerem Hinsehen handelt es sich hier indessen nicht um ein spezifisch postmodernes Dilemma, sondern um einen Zwiespalt, der die gesamte Moderne begleitet und zudem wesentlich ältere Wurzeln hat. Es bildet geradezu die Signatur der Moderne, dass sie ihren großen Erfolgen in der Praxis eine tiefe Skepsis hinsichtlich der Erkennbarkeit der ‚Dinge an sich' und der Zugänglichkeit der Natur durch den Menschen entgegenstellt. Die kulturellen Selbstdiagnosen der Moderne werden von einem Narrativ dominiert, das einerseits von der wachsenden Autonomie des Subjekts und der Kultur als selbstgeschaffener menschlicher Bedeutungswelt Zeugnis gibt, andererseits aber in seinem pessimistischen Gegensinn eine (oft literarisch ausgestaltete) Geschichte vom Verlust der Referenz, vom Verfall der Nähe zu den Dingen und von der Entwirklichung der Erfahrung erzählt.
>
> Dieses gespaltene Narrativ prägt auch den Begriff des Realen in der Moderne, das kaum anders als paradox zu haben ist: als etwas, das sich im Prozess seiner Aneignung entzieht, das zur Symbolisierung und Repräsentation drängt, aber durch beide immer zugleich verstellt wird – sowohl Matrix als auch Hindernis kultureller Bedeutungsproduktion.

Das [...] Graduiertenkolleg geht von einem kultursemiotischen Ansatz aus der Frage nach, wie kulturelle Fremdreferenz organisiert ist und wie sie auch und gerade in ihren Paradoxien funktioniert. Es soll ‚Schauplätze des Realen‘, seiner begrifflichen Fassung und metaphorischen Modellierung aufsuchen – epistemologisch, wissenschaftstheoretisch, wahrnehmungsgeschichtlich, ästhetisch und literarisch.[7]

Das ‚Reale‘, das hier apostrophiert ist, steht in der Tradition des ‚Realen‘, wie es Jacques Lacan perspektiviert hat: Das Reale ist für den wirkmächtigen Psychoanalytiker „unmöglich zu imaginieren, unmöglich zu symbolisieren, unmöglich zu erreichen, ja mehr noch, es entzieht sich nicht nur diesen Zugriffsweisen, sondern unterminiert sie aktiv. Als solcherart radikales Interferenzprinzip wird es jedoch traumatisch.“ Obgleich das Reale dem Symbolischen und dem Imaginären aber widerstehe, wirke „das Reale auf das Imaginäre und Symbolische ein“.[8]

Das Reale, wie es von Lacan konzeptualisiert wird, ist ein sich entziehendes, ein unsagbares, ein unsymbolisierbares, ein widerständiges, aber es fungiert als Motor für Imaginierungs- und Symbolisierungsprozesse. Beim Realen handelt es sich um einen Rest, den nicht-symbolisierbaren Rest. Dieser Rest aber ist keine quantité négligeable, er ist der Motor unseres kulturellen Repräsentationssytems, das Reale ist gerade in seiner Ungreifbarkeit und Unsymbolisierbarkeit produktiv. Die Perspektivierungen, die das Konstanzer Kolleg entwickelt, um Beschreibungskategorien – nicht für das Reale, aber für die Diskurse um das Reale – zur Verfügung zu stellen, sind breit angelegt: Man beschäftigt sich unter anderem mit dem Realen in der Wissenschaftsgeschichte, mit dem Realen in der Kultursoziologie und nimmt in diesem Zusammenhang Quasi-Objekte (wie sie etwa von Bruno Latour konzeptionalisiert worden sind[9]), Artefakte, widerständige Körper in den Blick. Man konzeptualisiert das Reale als Lücke, Leerstelle, Riss, beschäftigt sich mit dem Realen als Trauma und fokussiert das Reale in der Photographie.

In allen seinen Arbeitsbereichen vollzieht das Kolleg eine Suchbewegung – im Wissen, das das Gesuchte sich entzieht: Man begibt sich auf die Spur des

---

7   Profil des Konstanzer Graduiertenkollegs „Das Reale in der Kultur der Moderne“: http://www.uni-konstanz.de/reales/ (letzte Abfrage: 10.05.2012).

8   Kai Hammermeister: *Jacques Lacan*, München: C.H. Beck 2008, S. 60f.

9   Vgl. Bruno Latour: *Wir sind nie modern gewesen. Versuch einer symmetrischen Anthropologie*, Frankfurt a.M.: Fischer Taschenbuch Verlag 1992.

Realen, das sich der Aneignung widersetzt – und im Sich-Widersetzen und Entziehen kulturell produktiv wird.

2 Die Dinge und ihre Agency

Die Frage nach dem ‚Realen' ist – in einer der zahlreichen möglichen Perspektivierungen – auch mit der Frage nach den Dingen verknüpft, die zurzeit eine auffällige Konjunktur hat. In der ersten Ausgabe der *Zeitschrift für Kulturwissenschaften* (1/2007), die den „Fremden Dingen" gewidmet ist, wird darauf verwiesen, dass die

> kulturwissenschaftliche Diskussion [...] sich lange Zeit einseitig auf die Eigengesetzlichkeit der Medien als Bedeutungsträger bezogen [habe], wie auch auf die Macht des Imaginären und der Erinnerung. Materielle Gegenstände, Materie selbst, Sachen, Dinge traten – zu bloßen Signifikanten geworden – nur noch selten in Erscheinung. Selbst der menschliche Körper fungierte in erster Linie als Projektionsfläche von Machtdispositiven. [...] Inzwischen können wir eine Hinwendung zu Sachen und Räumen [...] beobachten. [...] Karl-Heinz Kohls *Die Macht der Dinge* (2003) und Hartmut Böhmes *Fetischismus und Kultur* (2006) sind Beispiele für diese Entwicklung. Kohl geht in seiner ethnologischen Studie den kulturspezifischen Formen des Umgangs mit den Dingen nach und rekonstruiert die Transformationsprozesse, denen bestimmte Güter – „sakrale Objekte" – unterliegen, wenn sie von einer Kultur in die andere wandern. Der Literatur- und Kulturwissenschaftler Böhme dagegen beschreibt die Medien unserer eigenen Kultur, wie Kino und Museum oder selbst die Kulturwissenschaften, als Stiftshütten eines „liberalen Fetischismus".[10]

Literatur- und Kulturwissenschaften der letzten Jahre – die sich zurück auf material culture besinnen – interessieren sich für Dinge,[11] gerade insofern sie

---

10 Michael C. Frank, Bettina Gockel, Thomas Hauschild, Dorothee Kimmich, Kirsten Mahlke: „Fremde Dinge – Zur Einführung", in: *Fremde Dinge* (*Zeitschrift für Kulturwissenschaften* 1/2007), hg. von dens., Bielefeld: transcript 2007, S. 9–15, hier S. 9f.

11 Siehe etwa Dorothee Kimmich: *Lebendige Dinge in der Moderne*, Konstanz: Konstanz University

nicht in ihrer Zeichenhaftigkeit aufgehen, sondern in ihrer Materialität und Dinghaftigkeit fremd und nicht assimilierbar bleiben. Gerade in der Literatur entwickeln Dinge Widerständigkeit, werden gar lebendig. Und mit dieser Verlebendigung der Dinge ist auch eine Neubestimmung der Position des Menschen verbunden, die die literarischen Texte verhandeln.

Die Erwähnung eines Beispielautors (und zweier Beispieltexte) aus dem frühen 19. Jahrhundert sei erlaubt: E. T. A. Hoffmann. Dass auf Hoffmann rekurriert wird, ist kontingent und hat mit persönlichen Vorlieben zu tun: Um den ‚Aufstand der Dinge‘ in der Literatur, für den sich die Literaturwissenschaft der letzten Jahre intensiv interessiert, zu exemplifizieren hätten auch, genannt seien nur Autoren des 20. Jahrhunderts, „Robert Musil, Vladimir Nabokov, Franz Kafka, Robert Walser, Rainer Maria Rilke, aber auch [...] [Texte] von Walter Benjamin, Siegfried Kracauer, Francis Ponge und Jean Paul Sartre" angeführt werden können.[12] Aber bleiben wir bei Hoffmann.

Nathanael, der Protagonist in Hoffmanns Nachtstück *Der Sandmann*, etwa, ist mit Strategien befasst, die dafür sorgen sollen, dass die Dinge ihm nicht fremd, widerständig und tot bleiben, dass sie belebt und vermenschlicht werden. Die Objekte sollen als belebte ganz in den Verfügungsbereich des Subjekts geraten, ja zu dessen erweitertem Selbst werden. Nathanael versucht die äußere Dingwelt zu einem Reflex seiner Innenwelt zu machen – und verfolgt damit sehr radikal das romantische Programm, das auf Entdinglichung und Entmateralisierung, auf das Metapyhische abzielt. Gleichzeitig protokolliert der *Sandmann* aber auch eine Gegenbewegung. Der Protagonist, der Dinge vivifiziert und damit entdinglicht, wird unter der Hand selbst zu einem Ding, zu einer Puppe, zu einem Automaten. Die Subjektposition, die Dinge gottgleich

---

Press 2007; Dies: „Wie Dinge sich zeigen", in: *Deixis. Vom Denken mit dem Zeigefinger*, hg. von Heike Gfrereis und Marcel Lepper, Göttingen: Wallstein 2007, S. 156–169; Uwe C. Steiner: „Widerstand im Gegenstand. Das literarische Wissen vom Ding am Beispiel Franz Kafkas", in: *Literatur, Wissenschaft und Wissen seit der Epochenschwelle um 1800. Theorie –Epistemologie – komparatistische Fallstudien*, hg. von Thomas Klinker und Monika Neuhof, Berlin, New York: de Gruyter 2008, S. 237–251; Bärbel Tischleder: „Objektstücke, Sachzwänge und die die fremde Welt amerikanischer Dinge: zu Dingtheorie und Literatur", in: *Fremde Dinge. Zeitschrift für Kulturwissenschaften* 1 (2007), S. 61–71. Verwiesen sei außerdem auf folgende Publikationen, die als Beleg für die Virulenz der Dingtheorie für die Literaturwissenschaft angeführt werden können: Christiane Holm, Günter Oesterle (Hg.): *Schläft ein Lied in allen Dingen? Romantische Dingpoetik*, Würzburg: Königshausen & Neumann 2011 (Stiftung für Romantikforschung Bd. 54); Frauke Berndt, Daniel Fulda (Hg.): *Die Sachen der Aufklärung*, Hamburg: Felix Meiner Verlag 2012 (im Erscheinen); Stefan Börnchen, Georg Mein, Martin Roussel (Hg.): *Name, Ding. Referenzen*, München: Fink 2012.

12 Michael C. Frank, Bettina Gockel, Thomas Hauschild, Dorothee Kimmich, Kirsten Mahlke: „Fremde Dinge – Zur Einführung", S. 11.

vivifizieren kann, sie ganz zur Funktion der Innenwelt macht, wird als prekär markiert. Die verdrängten Dinge kehren wieder – an anderem Ort: Erscheint das souveräne Schöpfer-Subjekt doch selbst als lebloses Objekt, der Mensch wird zum Ding, zur Puppe, zur Automate (etwa in jener traumatischen Szene, in der Nathanael erlebt, dass er ‚auseingeschraubt‘ wird – wie ein Automat). Der Grenze zwischen Ding und Nicht-Ding, zwischen totem Objekt und lebendigem Protagonisten, zwischen dem anthropomorphen Kunstwesen und dem Menschen ist hier und immer wieder in Hoffmanns Text verwischt. Unheimlich an Hoffmanns Automatenfrau Olimpia ist gerade, dass die Automate die Anforderungen der bürgerlichen Gesellschaft im Allgemeinen und ihres Bräutigams, Nathanaels, im Besonderen passgenauer erfüllt, als ihre menschlichen Präfigurationen es vermögen. Die Ununterscheidbarkeit von Menschen und Maschinen, die Hoffmanns Erzählung in Szene setzt, macht nicht zuletzt Nathanaels an seine Verlobte Clara gerichtete Invektive deutlich, die sie als „lebloses, verdammtes Automat"[13] rubriziert: So seelenvoll, so menschlich der Protagonist die Maschinenfrau Olimipia erlebt, so gefühllos und mechanisch erscheint ihm ihre Konkurrentin Clara, die Menschenfrau. Ein „verdammtes Automat" ist Clara in Nathanaels Perspektive, weil sie sich ihm gegenüber wie ein widerständiges Ding verhält, anders als Olimpia, die ihn stets seelenvoll anblickt, „ach" seufzt und in der sich sein „ganzes Sein spiegelt".[14] Um aus dem Automaten Olimipia, mit „seltsam eingebogene[m] Rücken" und „[a]bgemessene[n] und [s]teife[n]" Bewegungen seine Ideal-Geliebte zu machen, bedarf es eines Instruments, „Coppolas Glas"[15] ist das Ding, der Transmitter, der tote Materie belebt.

Geht es also im *Sandmann* darum, das souveräne Schöpfer-Subjekt, das Dinge, Puppen, Automaten vivifiziert, selbst als Ding, Puppe, als Automat zu entlarven, geht es darum, den Dingen ihre Fremdheit auszutreiben, indem sie vivifiziert und zum Reflex des eigenen Inneren gemacht werden, wird in Hoffmanns zahlreichen Märchen eine gegenläufige Spielanordnung aufgebaut: Dinge werden – ganz genrekonform (gelten in Märchen doch eigene Regeln) – mit Agency ausgestattet; mit großem Nachdruck wird in Szene gesetzt, dass sie nicht auf ihre Zeichenfunktion reduziert sind. Es geht nicht darum, ihre Ding-

---

13   E.T.A. Hoffmann: *Der Sandmann*, in: Ders.: *Fantasie- und Nachtstücke*, hg. und mit einem Nachwort versehen von Walter Müller-Seidel, Darmstadt: Wissenschaftliche Buchgesellschaft 1989, S. 331–363, hier S. 348.

14   Ebd., S. 355.

15   Ebd., S. 353.

lichkeit, ihre Materialität angesichts des Repräsentations- und Verweiszusammenhangs, in den sie gestellt sind, zum Verschwinden zu bringen. Dinge werden vielmehr als solche vorgestellt, die sich vordrängen, als nicht zu unterschätzende Störenfriede, die vielem ins Gehege kommen – nicht zuletzt der auf Entmaterialisierung, Entkörperlichung, auf das Jenseitige setzenden ästhetischen Theorie der Früh- und Hochromantik. Als Beispielmärchen sei Hoffmanns *Königsbraut* in den Blick genommen.

Die Hoffmann-Philologie hat versucht, die *Königsbraut* als Allegorie naturphilosophischer Axiome zu lesen. So wird argumentiert, dass es sich in Hoffmanns Märchentext, der den vierten Band der *Serapionsbrüder* – und damit den gesamten Novellenzyklus – abschließt, um eine zeichenhafte Darstellung der romantischen Naturphilosophie gehe. Hoffmann setze

ganz radikal ein Grundkonzept seiner von Schelling und Schubert inspirierten Naturauffassung [um], derzufolge Natur beseelt ist, aus Naturformen mit verschiedenartigen Intelligenzen besteht, die aufgrund von ihren eigenen Trieben Wirkungen ausüben auf die sie umgebenden Naturformen aller Art, den Menschen eingeschlossen.[16]

In einer solchen Perspektive werden die Dinge, die in der *Königsbraut* paradieren und agieren, zu einer Allegorie funktionalisiert, in der sie nicht auch per se, sondern nur in ihrer Verweisfunktion auf die romantische Philosophie, in ihrer Zeichenhaftigkeit, Relevanz beanspruchen können.

Eine solche, die agierenden Dinge als Zeichen auffassende Lektüre der *Königsbraut* nun ist zweifellos möglich, verfehlt aber den Witz der dargestellten Konfiguration, reflektiert nicht hinreichend das parodistische, persiflierende und travestierende Verhältnis der naturphilosophischen Anspielungen zu den Schubert'schen Theoremen. Die Komik in der *Königsbraut* entzündet sich daran, dass das, was als Zeichen fungieren kann, eben gerade nicht in seiner Verweisfunktion aufgeht: Das vivifizierte Gemüse, das ironischer- und paradoxerweise dem Bereich der Naturgeister zugeordnet ist – damit auch jenes höhere Geisterreich aufruft, in das vorzustoßen sich die Künstlerprotagonisten Hoffmanns immer bemühen –, erweist sich dieser Deszendenz ungeachtet als von eminenter Materialität, Dinglichkeit, Körperlichkeit. Selbst wenn sie zei-

....

16 Gisela Vitt-Maucher: *E. T.A. Hoffmanns Märchenschaffen. Kaleidoskop der Verfremdung in seinen sieben Märchen*, Chapel Hill, London: University of North Carolina Press 1989, S. 141.

chenhaft gemeint sein sollten, die Agency, ja die Physis der dargestellten Gemüsesorten, kommt ihrer Zeichenfunktion ins Gehege.

Erzählt wird in der *Königsbraut* eine Variante, eine Umkehrung der Vivifikationsgeschichten, wie sie etwa der *Sandmann* präsentiert. Belebt Nathanael ein Ding, eine Automate, die ihm zur Idealgeliebten wird, die er vermenschlicht, verlobt sich in der *Königsbraut* ein vivifiziertes Ding mit einer Menschenfrau, mit Ännchen von Zabelthau – die Bezeichnung der Mohrrübe als Ding mag durchgehen, auch wenn wir es nicht mit einem künstlich hergestellten Gegenstand, sondern mit einem Objekt aus dem Bereich der organischen, der vegetativen Natur zu tun haben. Der Bräutigam, König Daucus Carota ist nicht nur ein Mann der Liebe, sondern auch des Kampfes. Als seine Braut in der Küche Radieschen putzt, wachsen einem Radies

> plötzlich zwei Beinchen unter dem dicken Kopf [...], mit denen er schnell aus dem Teller hinabsprang, dann stellte er sich dicht hin vor Corduanspitz und ließ sich also vernehmen: „Grausamer Daucus Carota der Erste, der du vergebens trachtest, meinen Stamm zu vernichten! Hat je einer deines Geschlechts einen so großen Kopf gehabt als ich und meine Verwandten? [...] Aber ich trotze dir, o Daucus Carota, bist du auch gleich ein ungeschlachter Schingel wie alle deines gleichen! – Laß sehen, wer hier der stärkste ist" – Damit schwang der Radiesherzog eine lange Peitsche und ging ohne weiteres dem König Daucus Carota dem Ersten zu Leibe. Dieser zog aber schnell seinen kleinen Degen und verteidigte sich auf die tapferste Weise. In den seltsamsten tollsten Sprüngen balgten sich nun die beiden Kleinen im Zimmer umher, bis Daucus Carota den Radiesherzog so in die Enge trieb, daß er genötigt wurde, mit einem kühnen Sprung durchs offne Fenster das Weite zu suchen. König Daucus Carota, dessen ganz ungemeine Behendigkeit dem geneigten Leser schon bekannt ist, schwang sich aber nach und verfolgte den Radiesherzog über den Acker.[17]

So fürchterlich die Mohrrübe im Duell wütet, so ausgebildet ist ihr Sinn für gepflegte Erotik: Im sechsten Kapitel, *„welches das letzte und zugleich das er-*

---

17 E.T.A. Hoffmann: *Die Königsbraut*, in: Ders.: *Die Serapionsbrüder*, mit einem Nachwort versehen von Walter Müller-Seidel, Darmstadt: Wissenschaftliche Buchgesellschaft 1989, S. 945–971, hier S. 979.

   © Frank & Timme   Verlag für wissenschaftliche Literatur

baulichste ist von allen",[18] setzt sich Daucus auf den Schoß der Braut und lässt sich von Amandus, Ännchens ehemaligem Verlobten, einem Poeten, Lieder vorspielen:

> Gern werden Sie es sehen [verspricht er ihr], daß ich den Herrn Amandus von Nebelstern zu unserm Hofpoeten erkoren und ich wünsche, daß er gleich eine Probe seines Talents ablegen und uns eins vorsingen möge. Wir wollen aber in die Laube gehen, denn ich liebe die freie Natur, ich werde mich auf Ihren Schoß setzen und Sie können mich, geliebteste Braut, während des Gesanges, etwas im Kopfe krauen, welches ich gern habe, bei dieser Gelegenheit![19]

Amandus' Lieder indessen sind so grauenvoll schlecht – Kunst wird hier nicht perspektiviert als jenes Zaubermedium, das als ‚Vorwurf des Unendlichen' zu verstehen ist, sondern ist nur noch zum Davonlaufen, dass Daucus' kleines Schäferstündchen mit Ännchen ein unerquickliches Ende findet:

> Daucus Carota wand und krümmte sich auf Fräulein Ännchens Schoß und stöhnte und winselte immer jämmerlicher als litte er an fürchterlichem Bauchgrimmen. Auch glaubte Fräulein Ännchen zu ihrem nicht geringen Erstaunen zu bemerken, daß Corduanspitz während des Gesangs immer kleiner und kleiner wurde. [...] [Endlich kreischte] [...] Daucus Carota [laut] auf, schlüpfte zum kleinen, kleinen Mohrrübchen geworden, herab von Ännchens Schoß und die Erde hinein [...].[20]

Amandus' Poeme garantieren den Koitus interruptus; der hyberbolische Anspruch romantischer Kunst, Irdisches in Jenseitiges zu verwandeln, wird verballhornt. In der *Königsbraut* stehen sich menschliches Personal und vivifiziertes Gemüse als gleichberechtigte Kontrahenten gegenüber. Die Dinge sind mit Agency ausgestattetet, kommen den Protagonisten das Märchen hindurch eigensinnig und amüsant ins Gehege. Bemerkenswert ist Hoffmanns Gemüse nicht in seiner allegorischen Zeichenfunktion, es entwickelt Komik aufgrund

---

18 Ebd., S. 988.

19 Ebd., S. 990.

20 Ebd., S. 990f.

seiner Gegenständlichkeit, seiner Körperhaftigkeit, die der Text, die Duellszene und den Liebesakt wurden als Beispiele herangeholt, ausstellt. In Hoffmanns Texten geschieht die

> romantische Rehabilitation der Dinge [...] nicht [...] über die Restitution einer ihnen zugeschriebenen ‚stummen‘ Objekthaftigkeit, sondern durch ein verwirrendes Wechselspiel, bei dem die zuvor festgelegten Systemstellen von Subjekt und Objekt aus dem Gleichgewicht geraten, an Eindeutigkeit verlieren, ihre Positionen zuweilen sogar vertauschen. In den Prosatexten von Novalis, Eichendorff, Brentano, Tieck, Hoffmann, Heine und anderer und auch in den Grimmschen Märchen treten die Dinge als aktive Protagonisten auf, deren manchmal offensiv, manchmal subtil präsentierte Subjektivität die menschlichen Figuren oftmals umgekehrt zu dinglichen Objekten, Automaten oder Marionetten degradiert. Dabei lassen sich verschiedene Abstufungen einer den Dingen derart zugeschriebenen Aktivität beobachten. Von den in Aussehen und/oder Handlungsmächtigkeit menschengleich dargestellten Automaten- oder Märchendingen reicht die Palette romantischer Dingakteure bis hin zu magisch-fetischisierten Dingen wie Talismanen, Amuletten und Schmuckstücken, die zwar nicht im menschlichen Sinne ‚handeln‘, wohl aber mit ihrem historischen, symbolischen oder magischen Mehrwert das eigentliche Subjekt der Erzählungen [...] bilden oder zumindest zu bilden scheinen.[21]

Festzuhalten ist jedenfalls das Bewusstsein der romantischen Texte, das Bewusstsein der Texte Hoffmanns von der „physisch-metaphysische[n] Doppelstruktur des []Dinges, das gerade wegen seiner dem menschlichen Zugang rätselhaft verschlossenen dinglichen Physis zu metaphysischen Narrationen reizt.“[22] Schon Novalis wusste, dass unsere immerwährende Suche nach dem ‚Unbedingten‘ überall und immer nur auf ‚Dinge‘ stößt. Auch der Spätromantiker Hoffmann trägt diesem Befund mit Inszenierungen eines ‚Theaters‘ der

---

21 Johanna Zeisberg: Tagungsbericht anlässlich der vom 11.09.2008 bis zum 13.09.2008 in München stattgefundenen und von der Stiftung für Romantikforschung (Sonderforschungsbereich Erinnerungskulturen der Justus-Liebig-Universität Gießen) veranstalteten Tagung „Schläft ein Lied in allen Dingen…‘ Romantische Dingkulturen in Text und Bild“, http://hsozkult.geschichte.hu-berlin.de/tagungsberichte/id=2331 (letzte Abfrage: 10.05.2012).

22 Ebd.

Dinge Rechnung: eines Theaters der Dinge, das in seinen Texten zur Aufführung gelangt.

3   Das Trauma und die Literatur- und die Kulturtheorie

In den letzten Jahrzehnten florierte nicht nur die Dingforschung, spätestens seit den späten 80er Jahren kann man von einer kulturwissenschaftlichen Hausse des Trauma-Konzepts (und seiner Applikation auf im kulturellen Repräsentationssystem relevante Diskussionsfelder vom Holocaust bis zum Kindesmissbrauch) sprechen. Seitdem ebbt die Flut von Trauma-Veröffentlichungen – nicht nur in Publikationsorganen, die ausdrücklich „Disaster and Trauma Studies"[23] zum Thema haben – nicht ab. An den amerikanischen Universitäten sind inzwischen die „Trauma Studies", die nicht nur psychologisch-psychiatrisch, sondern auch kulturwissenschaftlich und literaturwissenschaftlich ausgerichtet sind, instituiert. Beim Trauma nun – das hat die Konfiguration mit dem ‚Realen' und mit dem ‚Ding' gemein – haben wir es mit einem Sujet zu tun, dass sich nicht auf die Ebene der Bedeutungen und Symbolisierungen beschränken lässt, es fokussiert stattdessen die Berührung zwischen Soma und Sema, Physis und Psyche, nimmt einen Ort (der Wirkmächtigkeit des ‚Realen') in den Blick. Was die Kultur- und auch die Literaturtheorie am Trauma fasziniert, ist gerade dieser ‚Charme' des Realen.

Diese Schnittstelle, diese Berührung lässt sich repräsentationstheoretisch konzeptualisieren, sie ist aber auch – am vielleicht forciertesten von Elisabeth Bronfen – als Produktionstheorie fruchtbar gemacht worden (Bronfen rekurriert damit auf Lacan, wie ja auch das Konstanzer Kolleg in seiner Perspektivierung des ‚Realen' als Produktionsmaschinerie des Symbolischen auf Lacan zurückgreift). Das einschlägige Traumabuch, das Bronfen im Jahr 1998 vorgelegt hat, trägt allerdings einen irreführenden Titel: *Das verknotete Subjekt. Hysterie in der Moderne.* Die Hysteriegeschichte, die Bronfen schreibt, ist genau genommen eine Traumageschichte, rekonstruiert Bronfen doch das, was sie Hysterie nennt, auf einer traumatheoretischen Folie und lenkt bei der Lektüre hysterischer Konstellationen den Blick (einem Vorschlag Mieke Bals folgend) weg vom Phallus (als Markierung der Geschlechterdifferenz) auf den

....

23 Vgl. etwa das *Australasian Journal of Disaster and Trauma Studies:* http://www.massey.ac.nz/~trauma/ (letzte Abfrage: 10.05.2012).

Omphalos (der Omphalos verhält sich zum Nabel wie der Phallus zum Penis).
Ins Zentrum des Interesses rückt damit eine Markierung, die nicht „unweiger-
lich in eine Diskussion sexueller Differenzen mündet" (wenn sie auch gender-
spezifisch sei: als Narbe der Abhängigkeit von der Mutter, die allerdings Frau-
en und Männer besäßen).[24]

Bronfen schlägt also vor,

> unser kritisches Augenmerk auf ein nicht von Gender bestimmtes psy-
> chisches Moment von Verlust, Trennung, Entzug und anhaltender Pro-
> duktion von Erzählungen, die an die Wirkung der traumatischen Ver-
> wundbarkeit erinnern, zu richten, die im Zentrum unserer psychischen
> und ästhetischen Repräsentationen stehen.[25]

Die hysterische Rede, die Äußerungsformen von Hysterikerinnen und Hyste-
rikern, sei insofern ‚omphalisch', als sie die Botschaft der Verwundbarkeit
verkünde, der

> Verwundbarkeit des Symbolischen (die Fehlbarkeit des paternalen Ge-
> setzes und der gesellschaftlichen Bindungen); die Verwundbarkeit der
> Identität (die Unsicherheit der geschlechtlichen, ethnischen und der
> Klassenzugehörigkeit); aber – womöglich vor allem – die Verwundbar-
> keit des Körpers angesichts der eigenen Veränderlichkeit und Sterblich-
> keit.[26]

Hysterische Selbstpräsentationen lassen sich – für Bronfen, die darauf verweist, dass Freud ursprünglich von einer traumatischen und keiner sexuellen
Ätiologie der Hysterie ausging – also nicht der phallischen Rede subsumieren.
Freuds theoretische Wende liest die Autorin mithin als ‚Schutzdichtung', als
Abwehr und Verleugnung von Sterblichkeit und Verletzbarkeit. Nicht um
phallische Sexualität, sondern um Verwundbarkeit, Mangel, Sterblichkeit, um
allgegenwärtige traumatische Erschütterung gehe es in der Hysterie, deren
proteische Äußerungsformen etwas, ein Nichts, umkreisten, das sich jeglicher

---

24 Elisabeth Bronfen: *Das verknotete Subjekt. Hysterie in der Moderne*, Berlin: Verlag Volk & Welt
    1998, S. 37.

25 Ebd., S. 38.

26 Ebd., S. 17.

Repräsentation widersetze, aber unermüdlich wieder und wieder neue Repräsentationen hervorbringe.

Bronfens Hysterie- und Traumakonzept ist kritisiert worden, weil es nur sehr bedingt an medizinisch-empirische Traumaforschung anschließt, dieser auch widerspricht. Bronfen geht es – darin stimmt sie mit den zentralen Protagonisten und Protagonistinnen der kulturwissenschaftlichen Traumaforschung überein – um die Funktionalisierung des Traumas für kultur- und literaturtheoretisch brisante Denkfiguren und Diskussionsfelder. So besetzt das ‚Trauma‘ – darauf wurde ja bereits hingewiesen – einen privilegierten Ort in der Debatte um Repräsentation; es bringt das ‚Reale‘ ins Spiel, fragt danach, wie dieses Reale in Symbolisches verwandelt wird. Zu fassen versucht wird das Trauma in den kulturwissenschaftlichen Debatten der letzten Jahre mit dem Modell der Lücke oder des Risses. Das Reale (etwa in Gestalt einer überwältigenden Situation, die den Betroffenen mit Schmerz und Panik überflutet) zerreißt – so die Konzeptualisierung – die Intaktheit des Semas und des psychischen Firnisses,[27] verwundet mithin sehr literaliter die Ordnung des Symbolischen. Diese ‚Verwundung‘ des Symbolischen – auch die traumatheoretischen Überlegungen Elisabeth Bronfens fokussieren ja diesen Zusammenhang – nun ist insofern produktiv, als wieder und wieder Narrative, Repräsentationen generiert werden, die die ‚Lücke‘, die sich einer solchen ‚abschließenden‘ Repräsentation widersetzt – zum Verschwinden bringen sollen. Der Riss bleibt aber bestehen, die psychische Lücke produziert Erinnerungen, die insofern ‚Deckerinnerungen‘ sind, als sie die Wunde schließen sollen. Eben das gelingt den Deckerinnerungen nicht, kann ihnen nicht gelingen, die produzierten Erinnerungen sind immer ‚false memories‘. Konstitutiv für die Freud’sche Trauma-Konzeptualisierung ist nicht nur dieses ‚produktive‘ Potential des Traumas, sondern auch seine Nachträglichkeit. In der Fallgeschichte des Wolfsmanns[28] expliziert Freud, dass nicht die Urszene selbst in dem Moment,

....

27 Ruth Leys weist darauf hin, daß Freud diese „Intrusion" mit quasi-militärischen Formulierungen beschreibe: „In that work [*Beyond the Pleasure Principle* – C. L.], Freud posited the existence of a protective shield or ‚stimulus barrier‘ designed to defend the organism against the upsurge of large quantities of stimuli from the external world that threatened to destroy the psychic organization. Trauma was thus defined in quasi-military terms as a widespread rupture or breach in the ego's protective shield, one that set in motion every possible attempt at defense even as the pleasure principle itself was put out of action." Ruth Leys: *Trauma. A Genealogy*, Chicago: University of Chicago Press 2000, S. 23.

28 Sigmund Freud: „Aus der Geschichte einer infantilen Neurose [„Der Wolfsmann"]", in: Ders.: *Studienausgabe*, hg. von Alexander Mitscherlich u.a., Bd. 8, Frankfurt a.M.: Fischer 2000, S. 126–232.

in dem der Patient sie erlebe, traumatisierend wirke; erst zu einem späteren Zeitpunkt, an dem diese Urszene wieder ‚auftauche‘, entfalte sie ihr traumatisierendes Potential.[29] Die traumatisierende Szene werde immer wieder aktiviert, imitiert, iteriert, performativ durchgespielt; das Trauma werde wiederholt, agiert und inszeniert, ohne in den psychischen Haushalt integriert werden zu können. Eben da diese Integration nicht gelingt, fungiert das Trauma als Generator von immer neuen Fiktionen, von immer neuen ‚Schutzdichtungen‘, die die ‚Versehrung‘, den traumatischen Einbruch des ‚Realen‘, den entstandenen Riss abdichten sollen. Der Riss lässt sich nicht dauerhaft ‚kitten‘ – evoziert werden wieder und wieder Schutzdichtungen, wieder und wieder Fiktionen. Im Kontext des eingangs erwähnten Konstanzer Graduiertenkolleg beschäftigt sich schwerpunktmäßig Aleida Assmann mit dem Trauma – unter der Überschrift „Das Reale als Trauma“. Assmann sieht in der literaturtheoretisch relevanten Traumaforschung die Kategorie der Konstruktion produktiv attackiert:

Angesichts der Kategorie des Traumas stößt die Vorstellung von der immer neuen Formbarkeit und Plastizität des Gedächtnisses in der Gegenwart an eine harte Grenze. Wir können das Trauma deshalb als einen ‚Einbruch des Realen‘ beschreiben, der aufgrund seiner überwältigenden und lebensbedrohlichen Übermacht die Netze der kulturellen Symbolisierung zerreißt und damit die Grundlagen der Erfahrungsverarbeitung zerstört. Es steht also in schroffem Gegensatz zur konstruktivistischen Vorstellung von der Verfügungsmacht, die die Gegenwart über die Vergangenheit hat, insofern es die Macht bezeugt, die die Vergangenheit über die Gegenwart behält. Indem es die Entmächtigung des Subjekts und die Unverfügbarkeit der Vergangenheit in den Mittelpunkt stellt, erfordert das Traumakonzept ein alternatives Gedächtnis- und Repräsentationsmodell, bei dem die Darstellungsqualität der Zeichen gegenüber ihrem indexikalischen Charakter

29 „[D]ie Aktivierung dieser Szene (ich vermeide absichtlich das Wort: Erinnerung) [hat] dieselbe Wirkung […], als ob sie ein rezentes Erlebnis wäre.“ In anderem Zusammenhang führt Freud aus: „Für eine besondere Art von überaus wichtigen Erlebnissen, die […] seinerzeit ohne Verständnis erlebt worden sind, *nachträglich* aber Verständnis und Deutung gefunden haben, läßt sich eine Erinnerung meist nicht erwecken“. Sigmund Freud: „Erinnern, Wiederholen und Durcharbeiten“, in: Ders. *Studienausgabe*, hg. von Alexander Mitscherlich u.a., Ergänzungsband, Frankfurt a.M.: Fischer 2000, S. 205–215, hier S. 209. [Hervorhebung durch Freud.]

(den neuralgischen Punkten) in den Hintergrund tritt. Am literatur- und kulturwissenschaftlichen Traumabegriff wechselt die Vorstellung von der umfassenden Machbarkeit, Gestaltbarkeit und Selbstkonstruktion des Menschen gewissermaßen ihr Vorzeichen und schlägt in ihr Gegenteil um.[30]

Zu diesen drei in den Blick genommenen literatur- und kulturtheoretischen Trends – das neu erwachte Interesse am Realen, die (nicht nur in der Ethnologie und in der Geschichtswissenschaft, sondern gerade auch in der Literaturwissenschaft) boomende Dingforschung, die Konjunktur der Traumatheorie seit bereits zwei Jahrzehnten – könnten weitere Strömungen, weitere Forschungsdesigns angeführt werden, die die hier behauptete Sehnsucht der Literaturtheorie und der Literaturwissenschaft nach dem ‚Wirklichen‘, wie auch immer konzeptualisiert, dokumentieren. Ein einziges, beliebig herausgegriffenes weiteres Beispiel, sei genannt: das neue Münsteraner Promotionskolleg über Literaturtheorie und Gesellschaft, das wohl vor zehn Jahren mit seinem Forschungsfokus nicht in die literaturwissenschaftliche und literaturtheoretische Landschaft gepasst und Befremden ausgelöst hätte. Das Kolleg gibt sich folgende Agenda:

Im Zentrum des gemeinsamen Forschens steht das Verhältnis von Literaturtheorie und Gesellschaft. Wissenschaftstheorie und Theorie(n) der Literatur(wissenschaft) sowie Anwendungsbezüge literaturwissenschaftlicher Erkenntnis bilden weitere Schwerpunkte des Forschungs- und Lehrprogramms. Theorie und Praxis werden nicht als Gegensätze begriffen, sondern stehen nach dem Selbstverständnis unseres Promotionskollegs in einem lebendigen Wechselverhältnis.
Literatur ist eine wachsame und kritische Beobachterin gesellschaftlicher Verhältnisse und eine sensible Seismographin sozialer Spannungsfelder und Veränderungsprozesse. Literaturtheorie setzt sich mit der Art und Weise auseinander wie Literatur auf die außerliterarische Wirklichkeit und damit auch und insbesondere auf die Gesellschaft Bezug nimmt und wie ihre spezifisch sprachlich-ästhetische Verfasstheit dazu

30 Aleida Assmann: „Das Reale als Trauma", http://www.uni-konstanz.de/reales/ programm.html#126 (letzte Abfrage: 10.05.2012).

beiträgt, Weltwissen und Wirklichkeitserkenntnis zu schaffen und zu kommunizieren. Ziel des Promotionskollegs ist es, Literaturtheorie als Theorie der Gesellschaft zu reformulieren.

Die Frage, ob und in welcher Hinsicht Literaturtheorie als Theorie der Gesellschaft verstanden werden kann, ist bislang in Forschung und akademischer Lehre nicht explizit gestellt worden. Im Kolleg werden ältere und neuere Ansätze in der Literaturtheorie im Hinblick auf ihr gesellschaftstheoretisches Potenzial befragt, das in innovativen Doktorarbeiten sowohl theoretisch-methodisch als auch textanalytisch ausbuchstabiert und weitergedacht wird.[31]

Das ,Wirkliche', das hier fokussiert wird, unterscheidet sich signifikant etwa von dem ,Realen', das vom Konstanzer Kolleg in den Blick genommen wird. Die gesellschaftliche Wirklichkeit lasse sich – so die zitierten Ausführungen des Münsteraner Promotionskollegs – beobachten, gerade von der Literatur beobachten. Die besonderen seismographischen Fähigkeiten der Literatur, gesellschaftliche Wirklichkeit zu fassen und zu beschreiben, erlaubten Einsichten in die Faktur der Gesellschaft, böten Ansätze, diese neu zu theoretisieren. Das Wirkliche, das ,Reale', das die Konstanzer interessiert, ist gänzlich anders verfasst. Es lässt sich gerade nicht greifen, es entzieht sich – und evoziert, indem es sich entzieht, Imaginations- und Symbolisierungsprozesse. So unterschiedlich die Agenden beider dezidiert *literaturtheoretisch* ausgelegten Kollegs aber auch ausgerichtet sind – das Konstanzer schließt an die französische Theorie, an den Psychoanalytiker Jacques Lacan und dessen Konzeptualisierungen an, das Münsteraner Kolleg scheint Fragestellungen der sozialgeschichtlich ausgerichteten Literaturwissenschaft der 70er Jahre neu perspektiviert wieder aufzugreifen –, beide Agenden zielen auf eine Referenz von Literatur, die keine Selbstreferenz ist, sondern Fremdreferenz oder Weltreferenz, Referenz auf etwas, das außerhalb der Literatur liegt. Stefan Börnchen und Georg Mein haben 2010 einen Band herausgebracht[32], der diesem Umschwung von der Selbst- zur Weltreferenz in der Literaturtheorie nachgeht und den Abschied der zeitgenössischen Literaturtheorie von der Literatur- und Kultur-

31 Münsteraner Promotionskolleg „Literaturtheorie als Theorie der Gesellschaft": http://www.uni-muenster.de/Literaturtheorie/ (letzte Abfrage: 10.05.2012).

32 Stefan Börnchen, Georg Mein (Hg.).: *Weltliche Wallfahrten. Auf der Spur des Realen*, München: Fink 2010.

theorie der 1970er und 1980er Jahre konstatiert – jener Theorie, die die Selbstreferentialtät der Literatur feierte und die Signifikanten frei flottieren ließ, ohne Rekurs auf – ein wie auch immer modelliertes – ‚Wirkliche‘. In *Weltliche Wallfahrten. Auf der Spur des Realen* verweisen sie auf „einen sich in den letzten Jahren abzeichnenden theoretischen, Theorie-politischen oder auch topologischen Klimawechsel [...], der in ganz unterschiedlichen Sphären zu beobachten ist [...]“[33], das Pendel der Theorie schlage von der Selbstreferenz zur Referenz um. Und so gehen die Herausgeber der *Weltlichen Wallfahrten* „Vorstellungen, Phanstasmen, Topoi oder Metaphern der *Berührung des Realen und des Symbolischen* [nach] – jener zwei dichotomer Sphären, die bei Platon im *Kratylos* mit den Begriffen *sôma* und *sêma*, *phýsis* und *psychē* geschieden [...] werden“.[34] 2012 erschienen ist ein weiterer Band des Kölner und des Luxemburger Literaturwissenschaftlers[35] mit dem Titel *Name, Ding. Referenzen*, der Konzeptualisierungen einer auratisch-magischen Referenz zwischen der Welt der Signifikanten und der Welt der Signifikate verfolgt.

Diese hier skizzierte Theoriewende von der Selbstreferenz zur Fremdreferenz, zur Weltreferenz lässt sich auch als Selbstregulationsmechanismus beschreiben: Die Erkenntnismöglichkeiten und Neuperspektivierungen der eher selbstreferenziell orientierten Literaturtheorien scheinen erschöpft, so dass eher fremdreferenziell orientierte Literaturtheorien wieder Boden gewinnen. Dabei gilt es festzuhalten, dass die Literaturwissenschaft sowohl auf den selbstreferenziellen Fokus als auch auf den fremdreferenziellen Fokus nicht verzichten kann. Literatur verweist auf die Welt *und* Literatur verweist auf Literatur, in unterschiedlichen Mischungsverhältnissen und -modellierungen. Beide Referenzen, die Selbstreferenz und die Fremdreferenz, sind literaturtheoretisch in den Blick zu nehmen und zu konzeptualisieren.

Schaut man sich den momentanen Trend hin zu fremdreferenziellen Literaturtheorien an, scheint allerdings nicht zu befürchten, dass die Konzeptualisierungen hinter die – unhintergehbaren – Erkenntnisse zurückfallen, mit denen Poststrukturalismus, Dekonstruktion, Postmoderne, oder auch Konstruktivismus uns – in Bezug auf die selbstreferenzielle Dimension der Literatur – bereichert haben. Dass etwa der Versuch, auf Wirklichkeit zuzugreifen, immer prekär ist, dass Kultur- und Literaturdefinitionen nicht auskommen ohne den

....

33 Ebd., S. 10.

34 Ebd., S. 15 [Schreibung der griechischen Worte wie in der Vorlage.]

35 Mitherausgeber ist Martin Roussel.

Verweis auf das komplexe und immerwährend in Produktion befindliche Zeichensystem, auf das wir alle rekurrieren, das sind Standards hinter die Literaturtheorien, die sich dem ‚Wirklichen' wieder stellen, auch wenn es sich – als das ‚Reale' konzipiert, gleich wieder entzieht –, nicht zurückfallen.

CLAUDIA LIEBRAND

The Longing for Reference and Literary Theory

What will be pursued here is the question as to how the recent literary theory of the last fifteen years positions itself with regard to currents in literary theory as they were present in the last third of the previous century—the poststructuralist, deconstructionist, post-modernist. All of these theoretical currents (post-structuralism, deconstruction, post-modernism, and also constructivism) are wholly oriented toward the plane of signifiers which in an open system extends an invitation to a self-referential game, one that is uncoupled from ontology and metaphysics. As an example, deconstruction privileges signifiers over the signified, focusing on the "writing" and the "difference", on the activity of the signs.[1] The important element in all post-modern theories that needs emphasizing is the diagnosis of a loss of the 'actual'; simulacra and simulations take the place of reality—for instance with Jean Baudrillard.[2] And even even constructivism does not conceive of knowledge anymore in the first instance as knowledge of reality, but rather as

> self-knowledge, that is, as knowing from experience, realizing, and learning about one's own possibilities of perception, behaviour, thought, and action. [...] The world of experience of cognitive systems, its personal and social actuality, [...] [are] as a system of ever subjectively variable cognitions, but not however to be imagined as a representation of reality.[3]

For as different as all these cultural and literary theories may well be, what is common among them is that which is actually the case, namely, the 'real' (however one wants to conceive of it) is not really in their focus. What does

---

1   See for example Jacques Derrida: *Die Schrift und die Differenz*, Frankfurt a.M.: Suhrkamp 51992.

2   Jean Baudrillard: *Simulacres et Simulation*, Paris: Editions Galilée 1981, engl.: *Simulacra & Simulation*, Michigan: University of Michigan Press 1994.

3   Gabriele Vickermann-Ribemont: „Konstruktivismus, radikaler", in: *Metzler Lexikon Literatur- und Kulturtheorie*, ed. Ansgar Nünning, Stuttgart: Metzler 42008, pp. 377–379, here p. 377.

not come into view is the contact of *soma* and *sema*, of the real and the symbolic. Instead of bringing "what is actual" into play, however it may be conceptualized, one is entrapped (along the lines of the diagnosis from Jean-Luc Nacy) in a meaning and reference machine from which one can hardly escape. Nancy writes: "The moment comes where one can no longer feel anything except bad temper, a powerful bad temper at so many discourses, so many texts, which seek to do nothing more than create a little more meaning and to produce de novo difficult determinations of meaning or to improve them."[4] The alternative which Nancy proposes for the production of meaning, abstraction, and discourses, is a reflection on presence, the 'bringing back into play' of physical proximity and tangibility; one could also formulate this as: an attempted focusing on the interface, the contact point between discursive and pre-discursive, *sema* and *soma*, the symbolical and the real.

Nancy's lament about the loss of reality, of tangibility, of reference is not an expression of some kind of idiosyncratic unease about the theory landscape of the last decades of the last century. An array of prominent literary theorists, the most prominent among them being Hans Ulrich Gumbrecht in his books *Diesseits der Hermeneutik. Die Produktion von Präsenz, Unsere breite Gegenwart* and *Stimmungen lesen. Über eine verdeckte Wirklichkeit der Literatur* – have once again placed on literature's agenda "reference to the world", the possibility of creating an experience of presence. In his *Diesseits der Hermeneutik* Gumbrecht turns forcefully

> against the prevailing tendency in today's culture to surrender the possibility of a relationship to the world that is based on presence, and even wiping it from memory. The book, speaking more specifically, commits to opposing the systematic bracketing of presence in the liberal arts and to disagree with the uncontested central position afforded to interpretation. And while modern western culture (our present time included) can be described as a process in which presence (and the relationship to the world) is progressively abandoned and vanishes from memory, it can come to pass that some of the current "special effects" being produced by the most advanced forms of communication techniques are

---

4   Jean-Luc Nancy: *The Birth to Presence*, Stanford: Stanford University Press 1993, p. 6. Quoted by Hans Ulrich Gumbrecht: *Diesseits der Hermeneutik: Die Produktion von Präsenz*, Frankfurt a.M: Suhrkamp 2004, p. 76.

contributing to a re-awakening of a certain demand for presence (and relationship to the world).[5]

In what he reads—whether literary texts, or from current culture—Gumbrecht is searching for epiphanic moments. Such 'epiphanies' have an especially privileged place in classic modern literature. In the writings of James Joyce, Marcel Proust, Virginia Woolf, Hugo von Hofmannsthal or, for example, of Rainer Maria Rilke such epiphanies can be found, which—using the terminology of Karl Heinz Bohrer—condense 'moments'[6], moments of ecstasy, in which 'something' bursts in on the subject, a moment presents itself which the individual experiences as a revelation of the 'real', of pure presence (which is at the same time empty and also charged to bursting with meaning, with importance). The object, which initiates and causes the epiphanic moment that seems to freeze time, functions as a trigger which unleashes a profusion of sematic chain reactions. To a certain extent we are dealing with an explosion of meaning—the *soma-sema* relation does not allow itself to be copied in a quasi-structural model as say Saussure's theory of signs developed it. The signified are no longer under the control of the signifiers and vice versa; it would instead seem one could speak of a traumatic injury—a rupture, an emptiness, which evokes an overwhelming cascade of meaning.

His longing for the "breaking in of the 'real'", for the experience of presence, is something Gumbrecht shares completely with other literary and cultural theorists who are restive about the inadequacy of the more self-referentially rather than world-referentially oriented theory designs in the closing years of the 20th century.

The following will now pursue this unease with self-reference and the longing for a reference in literary texts, which are not merely self-reference, but rather world-reference, or introducing another term: what will be pursued in the following is 'other-reference' (external-reference). Three recent trends will be examined here: firstly, the return of the 'real' to a place in theory; second, the boom in the research into 'thing', and thirdly, the rise of trauma theory.

....

5   Gumbrecht: *Diesseits der Hermeneutik*, p. 12.
6   Cf. Karl Heinz Bohrer: *Plötzlichkeit. Zum Augenblick des ästhetischen Scheins*, Frankfurt a.M.: Suhrkamp 1981 [especially pp. 180–218].

1   The 'Real'—Lacan Reloaded

The Constance research training group—located in the excellence cluster there—"The Real in the Culture of Modernity" outlines its research interest and its profile as follows:

> The debate in the cultural sciences of recent decades has been directed at the effects of the *self-reference* of texts, language, and cultural symbolization. It was primarily concerned with bringing into view the social and historical conditionality of signification processes and the resulting constitution of objects. This setting of the accent, captured in the collective term "constructivism", was had only at a price. It allowed the dimension of an "external reference" in sign systems to fade into the background, engendering a certain embarrassment with regard to the question about the 'real', independent of the current cultural symbolworld, and so ran into the danger of deepening the epistemic rift between the *sciences* and *humanities*.
>
> When looked at in more detail, however, this is not about a specific post-modern dilemma, but rather about a cleavage that accompanies the whole of modernity and moreover has substantially deeper roots. It literally forms the signature of modernity that it set up in opposition to its great success in praxis a deep scepticism with regard to the knowability of the "thing in itself" and the accessibility of nature to human beings. The cultural self-diagnoses of modernity are dominated by one narrative that on the one hand witnesses the growing autonomy of the subject and culture as self-created human worlds of meaning. On the other hand, however, in its pessimistic opposite direction a (often literarily embellished) story telling about a loss of reference, about a forfeiture of closeness to things and of experience receding from reality.
>
> This cleaved narrative also influenced the concept of "the real" in modernity, that can be understood hardly any other way than as a paradox: as something that withdraws into itself in the process of its appropriation, that edges toward symbolization and representation, but which is always immediately disguised by both—it is both matrix as well as obstacle to the cultural production of meaning. The research training

group starts from a cultural semiotic premise to pursue the question as to how cultural reference to the external is organized and how it also functions especially in its paradoxes. It aims at looking for "venues of the real", of its conceptual form and metaphorical modelling—epistemologically, from the philosophy of science, history of perception, aesthetically, and literarily.[7]

The 'real' as referred to here stands in the tradition of the 'real' from the perspective of Jacques Lacan: The 'real' for this quite productive psychoanalyst is: "impossible to imagine, impossible to symbolize, impossible to be reached, in fact yet more, it withdraws itself not only from this way of accessing it, but rather actively undermines it. Though, as such a radical interference principle, it becomes traumatic." Although the 'real' resists the symbolic and the imaginary, "the real acts upon the imaginary and symbolic."[8]

The real, as Lacan conceptualizes it, is something elusive, unspeakable, unable to be symbolized, resistant…but it functions as a motor for processes in the imagination and symbolization. The 'real' has to do with a remainder, a remainder that cannot be symbolized. This remainder, however, is no *quantité négligeable*, it is the motor of our cultural system of representations; the 'real' is productive precisely in its inability to be conceived and symbolized. The proposed perspectives that the Constance research group is developing in order to provide descriptive categories—not for the real, but for the discourse about the real—are laid out quite broadly: Among other areas, one is concerned with the 'real' in the history of science, with the 'real' in cultural sociology; one takes into consideration in this context quasi-objects (as they have been conceptualized, say, by Bruno Latous[9]), artefacts, resistant bodies. The real is conceptualized as gap, empty space, fissure, dealing with the 'real' as trauma and focusing on the 'real' in photography.

In all its areas of activity, the research group is putting into effect a search pattern: knowing that what it is seeking is fleeing. One sets out on the trail of the 'real', which resists this acquisition—and in its act of opposing and eluding becomes culturally productive.

---

7   Profile of the Constance Research Training Group "The Real in the Culture of Modernity": http://www.uni-konstanz.de/reales/ (last accessed: 10.05.2012).

8   Kai Hammermeister: *Jacques Lacan*, Munich: C.H. Beck 2008, p. 60f.

9   Cf. Bruno Latour: Wir sind nie modern gewesen. Versuch einer symmetrischen Anthropologie, Frankfurt a.M.: Fischer Taschenbuch Verlag 1992.

2   Things and Their Agency

The question about 'the real' is—in one of the numerous possible perspectives on it—also linked to the question about things, an inquiry which at the moment is enjoying a striking resurgence. In the first edition of the *Zeitschrift für Kulturwissenschaften* (1/2007), which was dedicated to "Strange Things", it is pointed out that

> the discussion in cultural studies … for a long period referred one-sidedly to the autonomy of the media as the conveyors of meaning, as well as the power of the imaginary and of memory. Material objects, matter itself, things appeared only rarely—having become mere signifiers. Even the human body functioned principally as a projection surface for settling power issues. [...] In the meantime we are noticing a steering back toward things and spaces [...]. Karl-Heinz Kohl's *Die Macht der Dinge* (2003) and Hartmut Böhme's *Fetischismus und Kultur* (2006) are examples of this development. Kohl pursues in his ethnographic study the culturally specific forms of interacting with things, and reconstructs the transformation processes which underlie certain goods—"sacred objects"—, when they travel from one culture into another. The literary and cultural theorist Böhme, on the other hand, describes the media of our own culture, such as cinema and museum or even cultural studies, as tabernacles of "liberal fetishism".[10]

Literary and cultural theorists of recent years—who are reflecting on material culture—are interested in things,[11] specifically to the extent that they are not

---

10   Michael C. Frank, Bettina Gockel, Thomas Hauschild, Dorothee Kimmich, Kirsten Mahlke: „Fremde Dinge – Zur Einführung", in: *Fremde Dinge (Zeitschrift für Kulturwissenschaften 1/2007)*, idem., Bielefeld: transcript 2007, pp. 9–15, here p. 9f.

11   See for example: *Lebendige Dinge in der Moderne*, Konstanz: Konstanz University Press 2007; also: „Wie Dinge sich zeigen", in: *Deixis. Vom Denken mit dem Zeigefinger*, ed. by Heike Gfrereis and Marcel Lepper, Göttingen: Wallstein 2007, pp. 156–169; Uwe C. Steiner: „Widerstand im Gegenstand. Das literarische Wissen vom Ding am Beispiel Franz Kafkas", in: *Literatur, Wissenschaft und Wissen seit der Epochenschwelle um 1800. Theorie –Epistemologie – komparatistische Fallstudien*, ed. Thomas Klinker and Monika Neuhof, Berlin, New York: de Gruyter 2008, pp. 237–251; Bärbel Tischleder: „Objektstücke, Sachzwänge und die die fremde Welt amerikanischer Dinge: zu Dingtheorie und Literatur", in: *Fremde Dinge. Zeitschrift für Kulturwissenschaften* 1 (2007), pp. 61–71. The following publications are also referred to, which can be added here as evidence for the virulence of "thing theory" in literary studies: Christiane Holm, Günter Oesterle (Ed.): *Schläft ein Lied in allen Dingen? Romantische Dingpoetik*, Würzburg: Königshausen & Neumann 2011

separated off into their role as signs, but instead remain in their materiality and 'thingness' something other not given to assimilation. Especially in literature, things develop resistance, even become alive. And associated with this vivification of things is also a new determination of the position of the human person, with which literary texts try to come to terms.

Mentioning an author as an example, (and two texts) from the early 19th century, seems appropriate: E.T.A.Hoffmann. That one is harkening back to Hoffmann is contingent and has to do with personal preference: For the purpose of exemplifying the 'uprising of things' in literature (something in which the literary studies of recent years have been intensively interested), one could also cite exclusively authors of the 20th century, "Robert Musil, Vladimir Nabokov, Franz Kafka, Robert Walser, Rainer Maria Rilke, but also [...] [texts] by Walter Benjamin, Siegfried Kracauer, Francis Ponge and Jean Paul Sartre."[12] But let us stick to Hoffmann.

Nathanael, the protagonist in Hoffmann's nocturne *Der Sandmann*, for instance, is involved with strategies that are intended to make sure that things do not stay other, resistant, and dead for him; instead that they become animated and humanized. The objects once animated are to come fully under the control of the subject, indeed to become part of its expanded self. Nathanael attempts to make the external world of things into a reflex of his inner world—following thereby the quite radical Romantic program which aims at intangibility, immateriality, metaphysics. At the same time, however, the *Sandmann* also records a counter-movement. The protagonist, who vivifies things and thus removes them from being just things, secretly himself becomes a thing, a puppet, an automaton. The position of the subject, who similarly to a god can vivify things and make them totally into functions of the inner world, is demarcated as precarious. The suppressed things return once again—in another place: When the creator-subject, totally in command of the situation, himself appears as a lifeless object, the human becomes a thing, a puppet, an automaton (for instance in that traumatic scene in which Nathanael experiences that 'screws are being removed from him'—as with an automaton). The boundary between thing and not-thing, between the dead object and the living protagonist, be-

---

(Stiftung für Romantikforschung Vol. 54); Frauke Berndt, Daniel Fulda (Ed.): *Die Sachen der Aufklärung*, Hamburg: Felix Meiner Verlag 2012 (in publication); Stefan Börnchen, Georg Mein, Martin Roussel (Ed.): *Name, Ding. Referenzen*, Munich: Fink 2012.

12 Michael C. Frank, Bettina Gockel, Thomas Hauschild, Dorothee Kimmich, Kirsten Mahlke: „Fremde Dinge – Zur Einführung", p. 11.

tween the anthropomorphic artistic entity and the human person is blurred. What is eerie about Hoffmann's automaton wife Olympia is precisely that the automaton fulfils the expectations of bourgeois society in general and of her groom Nathanael in particular more perfectly than her human pre-figurations are capable of. Finally, the indistinguishability of humans and machines to which Hoffmann's story draws attention, makes clear Nathanael's invective against his fiancé Clara, which categorizes her as a "lifeless, damnable automaton":[13] For as soulful, and so human as the protagonist experiences the mechanized wife Olympia, her rival, Clara, seems to him to be devoid of feelings and mechanical, yet she is the human. From Nathanael's point of view Clara is a "damned automaton", because toward him she behaves as a resistant thing, in contrast to Olympia, who always looks at him so soulfully, sighs "ah!", and in whom "is reflected his whole being."[14] In order to turn this automaton Olympia (with her "strangely turned in back" and "measured and stiff" movements) into his ideal beloved, an instrument is needed; a "Coppolas Glas"[15] is the thing, the transmitter, that vivifies inanimate material.

If the *Sandmann* is about revealing the creator-subject (in full control of everything, who vivifies things, puppets, automata) as himself being a thing, mannequin, automaton, then it is about casting out the otherness of things in that they are vivified and are made into the reflection of one's own interiority; so then in Hoffmann's numerous fairy tales an inverse play design is being constructed: things will be endowed with agency—totally conforming to their genre (for with fairy tales 'in-house' rules apply); with great emphasis they are placed in scenes that do not reduce them to their function as signs. This is not about causing their "thingness", their materiality to disappear given their connection as representation and reference in the setting in which they are placed. Much more so, things are presented as pushing themselves forward, as underestimated troublemakers who obstruct much — not least of all because of the aesthetic theory of early and high Romanticism with its immaterialism, disembodiment, and focus on the transcendent. As an example of a fairy tale, we can consider Hoffmann's *Königsbraut*. Hoffmann literary studies have attempted to read *Königsbraut* as an allegory on the axioms of natural philoso-

---

13   E.T.A. Hoffmann: *Der Sandmann*, in: idem.: *Fantasie- und Nachtstücke*, ed. and with a epilogue by Walter Müller-Seidel, Darmstadt: Wissenschaftliche Buchgesellschaft 1989, pp. 331–363, here p. 348.

14   Ibid., p. 355.

15   Ibid., p. 353.

phy. Thus it is argued that the text of Hoffmann's fairy tale, which concludes the fourth volume of *Serapionsbrüder* (and with that the novels' cycle), has to do with a figurative portrayal of the Romantic philosophy of nature. Hoffmann implements

> quite radically a foundational concept of his view of nature (inspired by Schelling and Schubert) according to which nature possesses a soul, consisting of natural forms with different kinds of intelligences, which based on their own instincts exert influences on those surrounding natural forms of all different sorts, human beings included.[16]

In such a perspective, the things that parade about and act out in *Königsbraut* are functionalized into an allegory which have a claim to relevance not as they are in themselves, but rather only in their role as signs, through their indicative function directed toward Romantic philosophy.

Such a reading of *Königsbraut* that perceives acting things as signs is without a doubt possible, but misses the point of the configuration depicted; nor does it adequately reflect the parodistic, satirical, and travesty relationship of natural philosophical allusion to Schubertesque theses. The comical element in the *Königsbraut* ignites on the fact that what can function as a sign, does not simply exhaust itself in its reference function. The vivified vegetable, which ironically and paradoxically is assigned to the realm of natural spirits—also evokes that higher realm of spirits into which the Hoffmann's artist protagonist is trying to venture—the vegetable shows itself to be unaware of this descendance from eminent materiality, thingness, corporality. Even when they are supposed to be meant as signs, the agency, indeed the *physis* of the depicted vegetable types, intrudes upon their functioning as signs.

Königsbraut tells a variant, an inversion of the vivification stories, as presented, for instance, in *Sandmann*. If Nathanael vivifies a thing, an automaton, which then becomes an ideal beloved for him and which he humanizes, in the *Königsbraut* a vivified thing becomes engaged to a human wife, with Ännchen von Zabelthau—calling a carrot a thing may be allowable, even when we are not dealing with an artificially produced object, but rather with an object from the realm of organic, vegetative nature. The groom, King Daucus Carota is not

....

16 Gisela Vitt-Maucher: *E.T.A. Hoffmanns Märchenschaffen. Kaleidoskop der Verfremdung in seinen sieben Märchen*, Chapel Hill, London: University of North Carolina Press 1989, p. 141.

only a man of love, but also of battle. When his wife is cleaning radishes in the kitchen, a radish

suddenly [grows] two legs under its thick head [...], using them he quickly jumps down from the plate, then positions himself right in front of Corduanspitz and interrogates him: 'cruel Daucus Carota the First, you who are striving unsuccessfully to annihilate my clan! Has anyone of your race ever had a head as big as I and my relatives do? [...] But I defy you, o Daucus Carota, you are right now an uncouth rascal, with all the rest of your kind! Let us see right now who is the strongest.' And with that the radish duke swung a long whip and without hesitating bore down violently on King Daucus Carota the First. The latter, how-ever, quickly drew his small sword and defended himself most coura-geously. In the most unusual crazy leaps the two little ones tussled around in the room until Daucus Carota got the radish duke so cor-nered that he was forced with an intrepid jump to go through the open window and take to his heels. King Daucus Carota, whose quite tre-mendous agility is already known to the sympathetic reader, swang down after him and pursued the radish duke across the field.[17]

For as awesome as the carrot raged in the duel, so too is its sense for cultivated eroticism. In the sixth chapter, *"which is the last and simultaneously the most edifying of them all"*[18] Daucus sat down on the lap of his bride and had Aman-dus, Ännchen's former fiancé, a poet, perform songs:

You will be glad to see (he promised her) that I have chosen Mr Aman-dus from Nebelstern as our court poet and I want him to immediately give a rehearsal of his talents and sing a song for us. However, we want to go to the summerhouse, for I love the outdoors; I will sit on your lap and you can for me, dearest bride, run your fingers through my hair, which I would so enjoy on this occasion.[19]

....

17 E.T.A. Hoffmann: *Die Königsbraut*, in: Idem.: *Die Serapionsbrüder*, with an epilogue by Walter Müller-Seidel, Darmstadt: Wissenschaftliche Buchgesellschaft 1989, pp. 945–971, here p. 979.

18 Ibid., p. 988.

19 Ibid., p. 990.

However, Amandus's songs were so horribly bad—art is not viewed here as a magical medium which could be conceived as a "sample of infinity", but rather is much more something from which to flee, with the result that Daucus's clandestine rendezvous mit Ännchen comes to a less than cheerful end.

> Daucus Carota turned and contorted himself on Miss Ännchen's lap and moaned and whined with increasing misery as if he were suffering from horrible stomach pains. Even Miss Ännchen thought to her not small surprise, that Corduanspitz during the song had gotten smaller and smaller. [...] [Finally Daucus Carota screeched out [loudly], having now become a small, small little carrot, and he slipped down from Ännchen's lap and into the ground. [...].[20]

Amandus's poems guarantee *coitus interruptus*; the hyperbolic claim of Romantic art that it can turn the earthly into the otherworldly is being spoofed. In *Königsbraut* human personnel and vivified vegetable face one another as parties on an equal footing. Things are endowed with agency, and keep stubbornly and amusingly violating the turf of the protagonists throughout the fairy tale. Hoffmann's vegetable is not remarkable in its allegorical function as a sign; it educes comedy based on its concreteness, its physicality, which the text displays—the duel scene, and the love making were offered here as examples. In Hoffmann's texts, what takes place is the

> the Romantic rehabilitation of things [...] not [...] by way of a restitution of a "mute" objectivity as ascribed to them, but rather through a dizzying interplay in which the terms of subject and object that were previously fixed in the system now come unbalanced, losing their clarity, occasionally even switching their positions. In the prose texts from Novalis, Eichendorff, Brentano, Tieck, Hoffmann, Heine and others, and also in the Grimm fairy tales, things appear as active protagonists, who sometimes demonstrate an offensively, sometimes subtly presented subjectivity and in reverse mode often they degrade the human figures into simple objects, automata, or marionettes. Along the way one can observe various gradations in the activity ascribed to things. The palette

....

20   Ibid., p. 990f.

of Romantic "thing" actors ranges from automata or fairy tale objects which are depicted as having similar features and/or capacity for actions similar to humans, all the way to magical-fetishized things such as talismans, amulets, and jewellery pieces, which while they do not act in any human sense, indeed with their historical, symbolic, or magical added-value constitute the actual subject of the story or at least seem to shape it.[21]

In any case, what needs to be kept in mind is the awareness in the Romantic texts, the awareness in Hoffmann's texts of the "physical-metaphysical double structure of the thing, which precisely because of its mysteriously shuttered tangible physis is not humanly accessible, and tempts one to turn to metaphysical narration."[22] Novalis was already aware that our perpetual search for the 'unconditional' everywhere and always only runs into 'things'. And the late Romantic Hoffmann also accommodates this discovery with the staging of a "theatre" of things: a theatre of things which comes to be performed in his texts.

3 Trauma and Literary and Cultural Studies

Research into the 'thing' has been flourishing not just in recent decades; at the latest since the 1980s one can speak of boom in cultural studies of the trauma concept (and its application to relevant fields of discussion in the cultural system of representation from the holocaust to the abuse of children). Since then the flood of trauma publications has not ebbed—and not just in the publishing media which are expressly dedicated to the topic of "disaster and trauma studies".[23] At American universities, in the interim, 'trauma studies'—not only those that are psychologically/psychiatrically oriented, but also cultural studies and literary studies—have found their institutional place,. With trauma

---

21 Johanna Zeisberg: Conference proceedings on the occasion of the gathering "'Schläft ein Lied in allen Dingen…' Romantische Dingkulturen in Text und Bild", held from 11.09.2008 to 13.09.2008 in Munich, organized by the Romantikforschung Stiftung (Sonderforschungsbereich Erinnerungskulturen of the Justus-Liebig-Universität Gießen) http://hsozkult.geschichte.hu-berlin.de/tagungsberichte/id=2331 (last accessed: 10.05.2012).

22 Ibid.

23 Cf. for example the *Australasian Journal of Disaster and Trauma Studies*: http://www.massey.ac.nz/~trauma/ (last accessed: 10.05.2012).

(which shares the configuration with the 'real' and with the 'thing'), we are dealing with a subject which does not just limit itself to the level of meaning and symbolization; instead it focuses on the contact between *soma* and *sema*, *physis* and *psyche*, taking into account a place (the effective power of the "real"). What fascinates cultural and also literary studies about trauma is specifically this 'charm' of the real.

This interface, this contact can be conceptualized representation-theoretically; however it is also—perhaps most forcefully by Elisabeth Bronfen—made fruitful as a production theory (Bronfen refers back to Lacan, as indeed the Constance research group harkened back to Lacan when laying out its perspective of the 'real' as production machinery of the symbolic.) The respective trauma book in question, which Bronfen presented in 1998, bears however a misleading title: *The Knotted Subject. Hysteria in Modernity*. The history of hysteria which Bronson writes, strictly speaking, is a history of trauma, but then Bronfen reconstructs what she calls hysteria from a trauma-theoretic transparency. With readings about hysterical moments in stories (following a suggestion from Mieke Bals), she bends the focus away from the phallus (as what marks gender difference) toward the Omphalos (the Omphalos is related to the navel as the phallus is to the penis). What shifts into the centre of interest with this is a tag which does not "inevitably flow into a discussion of sexual differences" (even if it is also gender specific, as scar of the dependence on the mother, which however women and men both possess.)[24]

So, Bronfen proposes,

> to direct our critical attention to a psychical moment not determined by gender that deals with loss, separation, withdrawal, and continuous production of stories that recollect the effects of the traumatic vulnerability, that stand at the centre of our psychical and aesthetic representations.[25]

Hysterical discourse, the expressive forms of those women and men who are hysterical, are 'omphalic' in so far as they announce a message of vulnerability, of a

....

24 Elisabeth Bronfen: *Das verknotete Subjekt. Hysterie in der Moderne*, Berlin: Verlag Volk & Welt 1998, p. 37.
25 Ibid., p. 38.

vulnerability of the symbolical (the fallibility of paternal law and social connection); the vulnerability of identity (the insecurity of sexual, ethnic, and class membership); but—where possible primarily—the vulnerability of the body in the face of one's own changeability and mortality.[26]

Hysterical self-presentations—Bronfen refers to the fact that Freud originally started with a traumatic and not a sexual aetiology of hysteria—therefore cannot be subsumed under phallic speech. Freud's theoretical change of direction is something the author consequently reads as a 'protective seal', as defence and denial of mortality and vulnerability. So hysteria is not about phallic sexuality, but rather about vulnerability, absence, mortality, and omnipresent traumatic shocks. Hysteria's protean forms of expression revolve around something, a nothingness, that opposes any kind of representation, but tirelessly again and again begets new representations.

Bronfen's concept of hysteria and trauma has been criticized, because it is only quite conditionally tied to medical-empirical trauma research, and contradicts it as well. For Bronfen this is about the functionalization of trauma for cultural and literary, theoretically controversial modes of thought and fields of discussion. In this she is in agreement with the central protagonists of culture-theoretical trauma research. So 'trauma' possesses—as already pointed out—a privileged place in the debate about representation; it brings the 'real' into play, and asks how this 'real' is transformed into the symbolical. The attempt is made to comprehend trauma in the cultural studies debates of recent years using the model of a gap or a fissure. The 'real' rips (say, in the form of an overwhelming situation, which floods the affected person with pain and panic— thus it is conceptualized) the intactness of the *sema* and of the psychical veneer.[27] It consequently wounds quite literally the order of the symbolical. This 'wounding' of the symbolical—even the trauma-theoretical reflections of

....

26 Ibid., p. 17.

27 Ruth Leys points out that Freud described this "intrusion" with a quasi-military formulation: "In that work [*Beyond the Pleasure Principle* – C. L.], Freud posited the existence of a protective shield or 'stimulus barrier' designed to defend the organism against the upsurge of large quantities of stimuli from the external world that threatened to destroy the psychic organization. Trauma was thus defined in quasi-military terms as a widespread rupture or breach in the ego's protective shield, one that set in motion every possible attempt at defense even as the pleasure principle itself was put out of action." Ruth Leys: *Trauma. A Genealogy*, Chicago: University of Chicago Press 2000, p. 23.

Elisabeth Bronfen indeed bring this connection into focus—is now in so far productive, as again and again narratives, representations are generated which are supposed to cause the gaps to disappear even as they resist such 'conclusive' representations. The fissure remains, however; the psychical gaps produce memories which in this respect are 'screen memories' as they are supposed to close the wounds. It is precisely that very thing which the 'screen memories' are not successful in doing, and they cannot be successful, for the produced memories are always 'false memories'.

What is constitutive for Freudian conceptualization of trauma is not only this 'productive' potential of trauma, but also its appearance after the fact. In the case story of the wolf man,[28] Freud explains that it is not the original scene itself in the moment in which the patient experiences it that functions traumatically; it is only at a later point of time when this original scene appears once again that it unfurls its traumatizing potential.[29] The traumatizing scene is repeatedly activated, imitated, iterated, and performatively played out; the trauma is repeated, acted out, and staged, without being able to be integrated in the psychical economy. Precisely because this integration does not succeed, the trauma acts as a generator for ever new fictions, for ever new protective coverings, which are supposed to seal up the injury, the traumatic intrusion of the 'real', the resultant fissure. This fissure does not allow itself to be permanently 'patched'—again and again protective seals are evoked, fictions concocted again and again. In the context of the Constance research working group mentioned at the beginning, Aleida Assmann is dealing predominantly with trauma—under the title: "The 'Real' as Trauma". Assmann sees in the trauma research relevant for literary studies that the category of construction is productively under attack:

In the face of the category of trauma, the idea of a constantly renewed formability and plasticity of memory currently is running up against a

28 Sigmund Freud: „Aus der Geschichte einer infantilen Neurose [„Der Wolfsmann"]", in: Idem.: *Studienausgabe*, ed. Alexander Mitscherlich et.al., Vol. 8, Frankfurt a.M.: Fischer 2000, pp. 126–232.

29 "The activation of this scene (I intentially decline to use the word 'memory') has the same effect […] as if it were a living experience." In another context, Freund continues: "For a certain kind of immensely important experiences which […] at that time were experienced without understanding them, but then *subsequently* however were understood and given meaning, a memory does not usually let itself be awakened." Sigmund Freud: „Erinnern, Wiederholen und Durcharbeiten", in: Idem. *Studienausgabe*, ed. Alexander Mitscherlich et.al., Supplemental Volume, Frankfurt a.M.: Fischer 2000, pp. 205–215, here p. 209. [Emphasis added by Freud.]

rigid barrier. Therefore, we can describe trauma as an "intrusion of the real", which because of its overwhelming and life-threatening superior power tears the net of cultural symbolization and destroys with it the basis for processing experience. That stands in harsh opposition to a constructivistic idea of a power to dispose which the present has over the past, in so far as it attests to the power which the past maintains over the present. In that it places the disempowerment of the subject and the inaccessibility of the past at the centre, the trauma concept requires an alternative model of memory and representation in which the quality of signs to display (as opposed to their indexical character (neuralgic points)) moves into the background. In the trauma concept in literary and cultural studies, the image of the broad feasibility, malleability, and self-construction of the human person changes to a certain extent its prognostic symptoms and flips over to its opposite.[30]

To these three literary- and culture-theoretic trends that have been considered here—the recently awakened interest on the 'real', the booming research into the 'thing', (not just in ethnology and history, but also especially in literary theory), the rising interest in trauma theory for more than two decades now—and other currents, indeed other research designs, could be added here which document the yearning (as claimed here) in literary theory and literary studies for the 'actual', however it is conceived.

To name one arbitrary additional example for selection here, there is the new Münster doctoral research group on literary theory and society, which even ten years ago with its research focus would not have found a place on the literary studies and literary theory landscapes and would have caused consternation. The research group has set the following agenda for itself:

At the focus of joint research is the relationship between literary theory and society. Other key areas for the research and teaching programs are the theory of science and the theory (theories) of literary studies as well as the practical uses for literary theoretical research results. Theory and practice will not be understood as opposites, but rather in our research

....

30 Aleida Assmann: „Das Reale als Trauma", http://www.uni-konstanz.de/reales/
programm.html#126 (last accessed: 10.05.2012).

group's conception of itself stand in a living reciprocal relationship to one another.

Literature is an observant and critical observer of social relationships and a sensitive seismograph of social fields of tensions and processes of change. Literary theory addresses the ways and means of how literature regards the reality outside of literature and thus also and especially the society, and how its specific linguistic-aesthetic internal state contributes to the creation and communication of knowledge of the world. The goal of the research group is to reformulate literary theory as theory of the society.

The question as to whether and in what regard literary theory can be understood as a theory of society has not been asked explicitly heretofore in research and academic theory. In the research group, older and newer approaches in literary theory with a view to their social theoretical potential will be queried. Then in innovative doctoral theses these will be pursued, reflecting on both theories and the methods related to such, subsequently spelling them out through the analyses of texts.[31]

The 'actual' that is being focused on here, distinguishes itself significantly, for instance, from the 'real' which the Constance research group is considering. Social reality—to quote the explanation of the Münster doctoral research group—can be observed, specifically observed in literature. The special seismographic abilities of literature to grasp and describe social actualities, enable insights into the making of society, offering approaches for freshly theorizing about it. The actual, the 'real', which interests the researchers in Constance is something totally different. It in fact does not allow itself to be grasped; it withdraws itself, and yet it triggers by doing so processes of the imagination and symbolization.

However, for as differently as the agendas of both dedicated literary theory research groups are targeted—the Constance group associates itself with the psychoanalyst Jacques Lacan and his conceptualizations and the Münster group seems to be taking up the literary studies of the 1970s oriented toward social history from a new perspective—, both agendas aim at a reference for

....

31 Münster Doctoral Research Group „Literaturtheorie als Theorie der Gesellschaft":
    http://www.uni-muenster.de/Literaturtheorie/ (last accessed: 10.05.2012).

literature that is not a self-reference, but rather a reference to the 'other', or reference to the world; a reference to something that lies outside of literature. Stefan Börnchen and Georg Mein published in 2010 a volume[32] which inquires into this swing from self- to world-reference in literary theory, and establishes the departure of contemporary literary theory from the literary and cultural theory of 1970s and 1980s—which was a theory extolling the self-referentiality of literature and letting signifiers float freely, without recourse to the 'actual', no matter how it was modeled. *In Weltliche Wallfahrten. Auf der Spur des Realen* they point to "a theoretical, theory-political, or also topological climate change that has been manifesting itself in recent years [...] which can be observed in quite different spheres [...]"[33], the pendulum of theory is swinging back from self-reference to reference. And so the authors of *Weltlichen Wallfahrten* pursue: "ideas, phantasms, topoi, or metaphors for the *contact of the real and the symbolical*—those two dichotomous spheres, which in Plato's *Cratylus* are distinguished with the terms *sôma* and *sêma, phýsis* and *psychē*."[34] In 2012 a further volume was published by Börnchen and Mein[35] with the title *Name, Ding. Referenzen,* which pursues the conceptualization of an auratic-magical reference between the world of signs and the world of the signified.

The turn in theory from self-reference to reference to the 'other', to world-reference as sketched here, can also be described as a self-regulating mechanism: The gains in knowledge and new perspectives of the previous self-referentially orientated literary theory seem to be exhausted, such that it is now literary theories oriented toward reference to the 'other' which are gaining ground.

With that it would be valid to maintain that literary theory cannot go without either its self-referential focus or its focus on reference to the 'other'. Literature refers to the world *and* literature refers to literature, in different mixed proportions and modelling. Both references, self-reference and reference to the 'other' are literary-theoretically to be considered and conceptualized.

If one looks at the current trend toward literary theories that deal with reference to the 'other', there would not really seem any need to be afraid that conceptualization would fall back behind the—inescapable—findings with

....

32 Stefan Börnchen, Georg Mein (ed.).: *Weltliche Wallfahrten. Auf der Spur des Realen*, Munich: Fink 2010.

33 Ibid., p. 10.

34 Ibid., p. 15 [The written form of the Greek words as in the original.]

35 Co-editor Martin Roussel.

which post-structuralism, deconstruction, post-modernism, or even constructivism have enriched us—the reference to the self-referential dimension of
literature. There is recognition that the attempt, say, to grasp the 'actual' firmly
is always precarious, that cultural and literary definitions cannot survive without reference to the sign system that is complex and constantly finding itself in
a process of production, and to which we all have recourse: these are standards
which literary theories will not renounce, even those which once again take
note of the 'actual'—even when conceived as the 'real' which then immediately
recedes.

STEFAN BÜTTNER

„Kunst als Nachahmung der Natur"? –
Zu einem Grundbegriff der antiken Literaturtheorie

1 Einführung: Sind vormoderne Literaturtheorien *per se* überholt?

Spätestens seit der Zeit um 1970 wird die Literaturwissenschaft von einem Problem bewegt, das man für existentiell für diese Wissenschaft halten muss. Es herrscht eine große Uneinigkeit darüber, was eigentlich Gegenstand dieser Wissenschaft ist, also darüber, was „Literatur" von „Nicht-Literatur" unterscheidet. Die zahlreichen Vorschläge zur Bestimmung der Literatur nun aufzuzählen, die seitdem dafür gefunden wurden, würde meine Kompetenz überschreiten; es finden sich aber dazu dankenswerterweise Übersichten in diesem Band.[1]

Eine oft wiederholte Begründung dafür ist, dass antike und mittelalterliche Theorien die Leistung der Literatur auf die Mimesis respektive die Nachahmung eingeschränkt hätten, und zwar auf die „Nachahmung der Natur", wobei Natur meist im Sinne der empirisch gegebenen Natur verstanden wird. Als Kronzeugen dieser Nachahmungstheorien dienen in der Regel Platons Aussagen in der *Politeia* und die *Poetik* des Aristoteles, da bei diesen Denkern die traditionelle Bestimmung von Literatur als Dichtung, und das heißt, als Rede mit metrischer Gestaltung, durch ein neues Konzept, nämlich Literatur als Nachahmung zu verstehen – unabhängig davon, ob metrische Gestaltung vorliegt oder nicht –, ersetzt worden sei.

Diese Theorien gelten als naiv, weil sie als Gegenstand der Literatur eine fest geordnete Welt anzunehmen scheinen, die objektiv erfassbar sei und für

---

1 Vgl. dazu den Beitrag „The Longing for Reference and Literary Theory" von Liebrand in diesem Band sowie die Einleitung von Zeuch 2004, 9–29, die eine sehr nützliche Einführung in den Stand der Diskussion bietet. Allgemein fällt bei diesen Theorien im Vergleich zu den antiken Literaturtheorien auf, dass viele der aktuellen Versuche, „Literatur" zu bestimmen, weniger *spezifische Inhalte* von Literatur in den Blickpunkt zu stellen scheinen als vielmehr die *Umstände* oder die *Modi, wie Literatur entsteht oder rezipiert wird*, zum Beispiel, unter welchen gesellschaftlichen Bedingungen oder Erwartungshaltungen oder als Folge welcher Mentalitäten Texte entstanden sind.

die man feste Regeln der Darstellung aufstellen könne. Der subjektive Aspekt, vor allem bei der Produktion von Literatur, fehle diesen Theorien, da der Gedanke „einer Autonomie dichterischer Fiktion" erst in der Wende zur Neuzeit aufgekommen sei.[2] „Literatur" wird bei einer solchen Beurteilung antiker Literaturtheorien erstens also implizit als fiktionales Erzählen im Gegensatz zu faktualem Erzählen charakterisiert; zweitens korreliert dem auch die Verortung der schriftstellerischen Leistung innerhalb der menschlichen Seele: Für die vormodernen Theorien stehe das Vertrauen auf die Vernunft und ihre Regeln für die richtige Nachahmung der Natur im Vordergrund; für die modernen Theorien seien Vermögen wie die Imagination, die Einbildungskraft, der Geschmack, der *bon goût* – also subjektive, frei spielende, kreative Vermögen – die treibende Kraft für das Schaffen von Literatur.

Was den ersten Faktor, die Fiktionalität des Schreibens, angeht, so ist festzustellen, dass typische Elemente einer institutionalen Fiktionstheorie wie zum Beispiel die Berufung auf den Fiktionsvertrag zwischen Autor und Leser gemäß Coleridge oder die Bestimmung der fiktionalen Rede als derjenigen nicht behauptenden Rede, die keinen Anspruch auf Referenzialisierbarkeit erhebt, im Sinne etwa von Gabriel,[3] sich bereits in der antiken Literatur und Literaturtheorie finden. Beispiele dafür bei Gorgias und Platon werde ich gleich vorstellen (1.1), Aristoteles, der gerne als Ahnherr der Fiktionstheorie gehandelt wird, wird im Rahmen des Abschnittes zur Nachahmung bei Platon (2.1) und Aristoteles (2.2) genauer betrachtet werden.

Zum zweiten Punkt, der Ablösung rationalistischer Nachahmungspoetik durch eine Ästhetik des Geschmacks und der Einbildungskraft, sei zunächst so viel gesagt, dass diese Wendemetaphorik von Literaturwissenschaftlern auch – offensichtlich nicht vereinbar mit einer solchen Wende von Antike und Mittelalter zur Renaissance – bereits zur Beschreibung von Entwicklungen der Literaturtheorie in der Antike und dann auch wieder für Entwicklungen nach der Renaissance angewandt wird. Das macht diese Beschreibungskategorien für sich bereits verdächtig, was ich unten an einigen Beispielen ausführen werde (1.2).

---

2   Exemplarisch dafür etwa Harth/vom Hofe 1982, 8–32, hier bes. 18 ff., Zitat 28.

3   Gabriel 1975, 28.

1.1 Elemente einer institutionalen Fiktionstheorie in der griechischen Literatur

Die Frage nach der Entdeckung der Fiktionalität in der griechischen Antike wird in verschiedener Weise beantwortet.[4] Bald gilt die Rede der Musen zu Beginn der *Theogonie* Hesiods (geschrieben um 700 v. Chr.) als erste Unterscheidung fiktionalen und faktualen Erzählens, bald ist es der Redner Gorgias (der über 250 Jahre später wirkte), dem diese Leistung als erstem zugeschrieben wird. Danach ist es Platon mit seinen Dialogen *Timaios*, *Kritias* und *Politikos* (die zu seinem Spätwerk zu rechnen sind und nicht weit vor 350 v. Chr. geschrieben sein dürften), der seine Atlantis-Geschichte und seinen Mythos von der wechselnden Drehbewegung des Kosmos mit so vielen Fiktionssignalen überhäuft habe, dass dies nur als der erste Versuch der abendländischen Literatur verstanden werden könne, einen Fiktionsvertrag mit dem Leser abzuschließen.[5] Zuletzt wird Aristoteles (der noch einmal zehn bis zwanzig Jahre später die *Poetik* schreibt) als Entdecker der Fiktionalität angesehen. Im neunten Kapitel der *Poetik* habe er mit der Scheidung der Inhalte von Dichtung und Geschichtsschreibung auch die erste theoretische Abgrenzung einer eigenen poetischen Wahrheit der Fiktion gegenüber der historischen Wahrheit vorgenommen.

Im Folgenden sollen exemplarisch einige Textstellen von fiktionstheoretischem Interesse bei Gorgias und Platon einer Betrachtung unterzogen werden, das neunte Kapitel der *Poetik* folgt, wie schon gesagt, im zweiten Teil dieses Aufsatzes.

Tragödie und Fiktionsvertrag bei Gorgias (Diels-Kranz Frg. 82 B23)

In einer bei Plutarch überlieferten Bemerkung des Gorgias sehen etliche Interpreten eine erste Beschreibung von Fiktionalität in der Antike[6] (*De gloria Atheniensium* 348c):

....

4   Noch immer einschlägig zum Folgenden ist Rösler 1980. Siehe aber jetzt auch die teils zustimmende, teils kritische Auseinandersetzung mit Rösler bei Verf. 2013.

5   Zum Atlantismythos vgl. Gill 1977 und 1979 sowie Görgemanns 2000, zum *Politikos* siehe Tomasi 1990.

6   So im Grunde schon Rösler 1980, 311 bes. A. 80, Franz 1991, 240–248, ders. 1999, 117–167 passim; vgl. jetzt auch (mit Einschränkungen) Sier 2000.

ἤνθησε δ' ἡ τραγῳδία καὶ διεβοήθη, θαυμαστὸν ἀκρόαμα καὶ θέαμα τῶν τότ' ἀνθρώπων γενομένη καὶ παρασχοῦσα τοῖς μύθοις καὶ τοῖς πάθεσιν ἀπάτην, ὡς Γ. φησίν, ἣν ὅ τ' ἀπατήσας δικαιότερος τοῦ μὴ ἀπατήσαντος καὶ ὁ ἀπατηθεὶς σοφώτερος τοῦ μὴ ἀπατηθέντος. ὁ μὲν γὰρ ἀπατήσας δικαιότερος ὅτι τοῦθ' ὑποσχόμενος πεποίηκεν, ὁ δ' ἀπατηθεὶς σοφώτερος· εὐάλωτον γὰρ ὑφ' ἡδονῆς λόγων τὸ μὴ ἀναίσθητον.

Die Tragödie aber blühte auf und wurde berühmt, da sie zu einem aufregenden Hör- und Seherlebnis der damaligen Menschen geworden war und durch die Geschichten und Affekte eine Täuschung verschaffte von der Art, wie Gorgias sagt, dass der Täuschende gerechter als der Nicht-Täuschende und der Getäuschte weiser als der Nicht-Getäuschte ist.[7] Denn der Täuschende ist gerechter, weil er dies machte, nachdem er es vorher angekündigt hatte; der Getäuschte ist weiser, weil sein Empfindungsvermögen[8] durch die Freude an den Reden leicht eingenommen werden kann.

Jemand, der täuscht, will normalerweise betrügen und ist somit ungerecht. Entsprechend ist der Getäuschte auch derjenige, der Unrecht erleidet, nicht selten aus eigener Gutmütigkeit oder Unachtsamkeit heraus. Gorgias macht sich nun einen Spaß daraus, bei der Beschreibung des Verhältnisses von Tragödiendichter und Zuschauer diese Erwartungshaltung auf den Kopf zu stellen. Bei ihm agiert der Tragiker als der Täuschende, der hier aber gerechter genannt wird als der Nichttäuschende – weil er den Trug dem „Betrogenen", dem Zuschauer, vorher ankündigt. Der Trug besteht zum einen in der Illusion des Theaters, die dem Besucher natürlich bekannt ist, aber auch in der Fiktionalität jeder Tragödie, die dadurch evident wird, dass derselbe Mythos in seinen Einzelheiten und Charakterisierungen immer neu gestaltet wird; der Dichter verzichtet somit auch auf einen ernsthaften Behauptungsanspruch für seine Version.[9] Es gab kurz vor den Dionysien tatsächlich eine eigene Ankün-

....

7   Bis hierhin ist das Zitat des Gorgias gesichert. Ob der weitere Text noch von Gorgias stammt oder bereits eine Interpretation des Gorgias durch Plutarch darstellt, ist nicht endgültig entscheidbar.

8   Wörtlich steht im Griechischen „das Nicht-Empfindungslose". Dabei kann es sich ebenso um die Wahrnehmung wie um das Denken handeln und das ganze Spektrum, das sich dazwischen befindet.

9   So explizit Franz 1991, 243 (Sperrung von Franz): „Wesentlich ist für Fiktionalität, dass die

   © Frank & Timme   Verlag für wissenschaftliche Literatur

digung der Stücke im sogenannten Proagon, in dem der Stoff der Stücke vorgestellt und sie vielleicht sogar angespielt wurden.

Dem Zuschauer werden also die Illusion des Theaters und die Variation des Mythos angekündigt, und er lässt sich auf beides ein. Auf diese Weise „betrogen", wird seine Sensitivität durch die Freude am Stück, speziell an den durch die Sprache ausgelösten Affekten, angeregt. Dadurch erweist sich der Zuschauer nun nicht als „der Dumme", sondern als einer, der in seinem Seelenhaushalt bereichert wird; insofern ist er „weiser" als der, der sich nicht täuschen lässt, sich also nicht auf die Tragödie und ihre spezifische Rezeptionsform einlässt.

Es liegt der Beschreibung der Tragödienproduktion und -rezeption also ein Fiktionsvertrag im Sinne von Coleridge zugrunde. Der Tragiker stellt seinen Mythos als eine Variante von mehreren Möglichkeiten, also auch ohne Behauptungsanspruch, zur Verfügung, der Zuschauer lässt sich für die Dauer des Stückes auf die Fiktion als temporäre Wirklichkeit ein.

Die Bedeutung fiktionaler Literatur in der Politeia

Wenn man sich Platons Aussagen über die Literatur zuwendet, steht meist die sogenannte Dichterkritik im zehnten Buch der *Politeia* im Fokus. Aus fiktionstheoretischer Perspektive fällt auf, dass Platon dort offenbar diejenige Literatur verwirft, die sich hauptsächlich der Empirie und damit dem Faktischen zuwendet. Der Grund liegt darin (um es sehr grob zu umreißen)[10], dass nach Platons Ansicht im Idealstaat erstens vor allem Charaktere und deren Handlungen Gegenstand der Literatur sein sollten, die möglichst gut sind, und dass zweitens die Empirie durchgehend gute Charaktere eher selten aufweist, sondern meist den (im negativen Sinn) mittelmäßigen Menschen zeigt, dessen Darstellung den Zuhörer nicht erhebt und charakterlich verbessert (wie Platon sich das hingegen von der Darstellung guter Charaktere erhofft).

So beschreibt Sokrates zum Beispiel in R. 603 e3–605 e7, wie jemand, der durch einen Trauerfall in einem von Emotionen höchst aufgewühlten Zustand

---

Darstellung von der Verpflichtung entbunden wird, einen e r n s t h a f t e n B e h a u p t u n g s a n s p r u c h geltend zu machen. Auf diesen Grundkonsens ästhetischer Kommunikation scheint Fragment B 23 hinzuweisen."

10 Platons Literaturtheorie ist ungleich komplexer als das im Folgenden Gesagte, das sich nur auf den Aspekt der Fiktionalität, und dies nur an wenigen Beispielen, konzentriert. Für eine umfassende Darstellung vgl. Verf. 2000, speziell zur Mimesis im 10. Buch der *Politeia* Verf. 2004 (dort auch der erneute Nachweis, dass in Buch 10 nicht die Dichtung und Kunst überhaupt, sondern nur eine Auswahl der traditionellen Dichtung verworfen wird), zum Enthusiasmus Verf. 2011.

ist, sich in vielfältiger Klage ergeht und in keiner Weise der Zukunft und den anstehenden Aufgaben zuwendet. Die Selbstverlorenheit in der Trauer ist für Sokrates dabei nur ein Beispiel für zu starke Emotionen überhaupt. Literatur, die solche Emotionen aufzeichnen will, bietet eine breite und bunte Palette der Nachahmung (πολλὴν μίμησιν καὶ ποικίλην ἔχει, R. 604 e1) und kann ihre Inhalte direkt aus der täglichen Erfahrung beziehen.

Ein vernünftiger und ruhiger, mit sich selbst im Einklang stehender Mensch, wie er das Darstellungsziel nach Platon sein soll, ist dagegen schwer darzustellen (οὔτε ῥᾴδιον μιμήσασθαι, R. 604 e2–e3), genau deswegen, weil er empirisch viel seltener begegnet und ein Autor daher für seine Darstellung eine ganz andere Art von Beobachtung und Analyse der menschlichen Natur benötigt.

Im Umkehrschluss bedeutet das, dass der Idealstaat, der auf der musischen Erziehung aufbaut und ohne sie überhaupt nicht bestehen kann[11], in besonderem Maße auf Fiktionalität in der Literatur angewiesen ist. Das gilt auch und gerade für die Erzählung vom Idealstaat selbst. Im fünften Buch der *Politeia* fragt Glaukon bei Sokrates an, ob alles, was Sokrates vorher ausgeführt hat – das heißt, die Erzählung vom gerechten und guten Menschen und vom gerechten und guten Staat der Bücher 2 bis 4 –, überhaupt Wirklichkeit werden könnte. Er erkundigt sich also nach der Referentialität des im Gespräch entworfenen Menschen und Staates mit der faktischen Welt, und sei es in einer zukünftigen Gesellschaft.

Sokrates antwortet dem Glaukon, dass der Bezug zur faktischen Welt für ihn irrelevant sei. Er will vom gerechten Menschen wissen, wie er beschaffen sein dürfte, wenn es ihn denn gäbe (οἷος ἂν εἴη γενόμενος, 472 a6), und ob er, im Vergleich zum ungerechten Menschen, glücklich oder unglücklich sei. Ziel sei nicht gewesen, zu beweisen, dass von all diesem auch die Möglichkeit bestehe, dass es Wirklichkeit werde (ὡς δυνατὰ ταῦτα γίγνεσθαι, 472 d2). Sokrates vergleicht sich und seine Schilderung vom guten Menschen mit einem Maler, der den schönsten Menschen malt. Der bleibe auch dann ein guter Maler, wenn er nicht zeigen könne, dass ein solcher Mensch existiert. Mit der Sprache als darstellendem Mittel (τῷ λόγῳ) könne man die Wahrheit (ἀλήθεια) – das heißt hier: den theoretisch bestmöglichen gerechten Menschen – sogar noch besser treffen als im Versuch, einen gerechten Menschen tatsächlich (τῷ ἔργῳ) hervorzubringen (R. 473 a1–b1).

....

11 Die musische Erziehung ist das „Bollwerk" (φυλακτήριον) des Staates (R. 424 d1).

Platon lässt Sokrates eine Erzählung von idealen Menschen und einem idealen Staat vortragen mit explizitem Verzicht auf die Referentialität derselben in der Wirklichkeit. Er lässt Sokrates dabei auch auf die unterschiedliche Präzision von Erzählung einerseits und deren Durchführung in der widerständigen Wirklichkeit hinweisen. Wie im zehnten Buch der *Politeia* scheidet Platon auch hier im fünften Buch also zwischen faktualem und fiktionalem Erzählen. Dabei schlägt sich Platon sogar ganz klar auf die Seite der Fiktionalität. Gerade fiktionale Literatur kann den Ansprüchen Platons für einen guten Staat gerecht werden, sofern sie sich für ihre Inhalte nach den nur denkbaren Vorgaben dessen, was – gemäß Platon – Gerechtigkeit, Tapferkeit, Besonnenheit etc. für sich ausmacht, richtet.

Auch wenn Fiktionalität hier nur insofern gebilligt wird, als sie sich an einer das Empirische übersteigenden Wahrheit orientieren soll, so ist fiktionales Erzählen dabei zugleich allgemein als Phänomen klar beschrieben und von faktualem Erzählen abgegrenzt. Fiktion ist hier Erfundenes, das keine Referentialität zur Wirklichkeit braucht – auch wenn Platon eine ganz bestimmte Teilmenge fiktionalen Erzählens bevorzugt.[12]

1.2 Die vorgeblichen Wenden in der Geschichte der Literaturtheorie von „Literatur als Naturnachahmung" zu Literatur als „Produkt der Einbildungskraft"

Die Tatsache, dass sich die wichtigsten Elemente fiktionstheoretischer Ansätze bereits im 5. Jahrhundert vor Christus zeigen, legt bereits den Verdacht nahe, dass die Vorstellung einer einzigen großen literaturtheoretischen Wende von einer „Nachahmung der Natur" hin zu einem „autonomen schöpferischen Hervorbringen durch die Phantasie" und dem „fiktionalen Erzählen" zu Beginn der Neuzeit möglicherweise selbst eine Fiktion ist.

a) Blickt man in die für diese Wende angegebene Zeit, die Renaissance, so fällt auf, dass beide Konzepte hier nebeneinander herlaufen, anstatt sich abzulösen. Besonders wichtig waren dabei die Renaissance-Kommentare zur aristo-

---

12 Auch bei der traditionellen Literatur geht Platon davon aus, dass sie ohne Fiktion nicht auskommen kann, und benennt fiktionales Erzählen dabei als ψεύδεσθαι („lügen", allgemeiner „Nicht-Wahres sagen") beziehungsweise πλάττειν („formen", „erfinden"; weitgehend mit dem lateinischen *fingere* identisch, das die etymologische Grundlage unseres Ausdrucks Fiktion ist), vgl. dazu Verf. 2013, bes. das Kapitel zu Platon.

telischen *Poetik* wie die von Robortello, Vettori, Castelvetro u. a.[13] Die Bestimmung von Literatur als „Nachahmung" (aller Dinge) ist auch hier noch
selbstverständlich. Gleichzeitig wird Literatur in Anlehnung an das neunte
Kapitel der *Poetik* und in Abgrenzung zur Geschichtsschreibung als „Lüge"
(*falsum*) und „erfunden" (*fictum*), also fiktional, bezeichnet; die Geschichtsschreibung sei dagegen wahr (*verum*). Die Leistung der nicht-wahren Literatur
wird dadurch gerechtfertigt, dass nur sie in der Lage sei, nicht beim einzelnen
Faktischen stehenzubleiben, sondern ideale Wesen zu zeichnen: Wenn man
darstellen will, wie Odysseus klug handelt, so solle man, wie etwa Robortello
sagt, nicht das Individuum Odysseus schildern, sondern den Klugen schlechthin, wie ihn die Philosophen definieren[14], oder nicht den historischen König
Kyros, sondern den idealen König schlechthin.

Das entscheidende seelische Vermögen dafür ist für Robortello die Vorstellungskraft. Sie soll die verschiedenen Merkmale aus verschiedenen Wahrnehmungen zu einem idealen Allgemeinbegriff zusammensammeln können. Bei
guter Beobachtung komme man so etwa darauf, dass ein Löwe ein vierfüßiges,
großes, gelbes Tier sei, mit Mähne, kleinen Ohren, länglichem Schwanz, gebogenen Krallen, kurzen Beinen, beweglich und schnell.[15]

Das heißt, die Leistung der Vorstellungskraft ist hier eigentlich eine von der
Empirie abstrahierende Tätigkeit, die ein eindimensionales Ideal zum Ergebnis
hat (der König, der Kluge usw.) statt einzelner Individuen. Von einer „Autonomie dichterischer Fiktion" ist diese von der Empirie abstrahierende Methode noch weit entfernt.

b) Ähnlich problematisch verhält es sich mit einer „literaturtheoretischen
Wende" *innerhalb* der Neuzeit. Denn auch für das 18. Jahrhundert wird, zumindest auf den ersten Blick, ein Wandel von der „Nachahmungspoetik" zu
einer „Poetik der Einbildungskraft" angenommen, die oft an den Antipoden
Johann Christoph Gottsched einerseits und den Schweizern Bodmer und
Breitinger andererseits festgemacht wird.[16] So ist für Gottsched (in seinem
Versuch über die Critische Dichtkunst) Dichtung noch immer wesentlich

13 Zum Folgenden siehe vor allem die aufschlussreichen Ausführungen von Kappl 2006 zur *Poetik*
    des Aristoteles in der Dichtungstheorie des Cinquecento.

14 Robortello 1548, 91, vgl. dazu Kappl 2006, 72–87.

15 Robortello 1548, 29.

16 Vor allem die Untersuchungen von Hans Peter Herrmann haben gezeigt, dass man die Entwicklung der deutschen Poetiken des späten 17. und des 18. Jahrhunderts nicht mit dem schlichten
    Gegensatz von „bloßer Naturnachahmung" und „schöpferischer Genialität" beschreiben kann.

       © Frank & Timme   Verlag für wissenschaftliche Literatur

Naturnachahmung, da die Natur selbst ein gottgeschaffenes, vollendetes Kunstwerk sei, aus dem man die Kunstregeln herleiten müsse.[17]

Breitinger betont (in seiner *Critischen Dichtkunst*) Gottsched gegenüber die Wichtigkeit der Phantasie beim Dichten. Die Phantasie (oder Einbildungskraft) sorgt seiner Ansicht nach für den größten Ruhm des Dichters, aber selbst bei ihm ist ihre vornehmste Leistung die „abstractio imaginis", die „Abstraktionsleistung des Phantasiebildes". Es handelt sich hier um das Zusammensammeln möglicher Erscheinungsweisen eines bestimmten Lasters oder einer bestimmten Tugend aus den Gegebenheiten der Natur und der Geschichte.

Ein Charakter soll so etwa nicht mehr individuell dargestellt werden, sondern „rein", das heißt, als ein einzelner Typus, als abstrakt-allgemeiner Begriff. Achill sei als Sinnbild des unversöhnlichen Zorns dargestellt, Äneas das Muster von Tapferkeit, genauso könnte man den Geizigen, den Grausamen, den Großmütigen usw. zeigen.[18] Auch bei Breitinger ist die Phantasie also gar nicht eigenständig, sondern dient, wie schon bei Robortello, der Nachahmung einer idealisierten Natur.

Diese zuletzt eintönige, weil eindimensionale Darstellung solcher abstrakter Ideale (Achill muss immer zürnen, Odysseus immer schlau sein, Medea immer rasen)[19] und deren Darstellungsregeln, die in den Rhetorikhandbüchern des 17. Jahrhunderts geraumen Platz einnahmen, waren vermutlich die Urheber des Affektes gegen die rationalistischen Poetiken, der dann, über Breitinger hinaus, im 18. Jahrhundert letztlich bei Kant wirklich die Ästhetik eines über die Regeln erhabenen und als autonom gedachten Genies provoziert hat.

....

17 Gottsched 1751, I 183, I 144: Nachahmung der wahrscheinlichen Natur. Die Phantasie braucht man bei ihm vor allem für die Darstellung von Affekten, aber auch als Hilfsmittel der höchsten Form der Nachahmung, der „Fabel". In ihr wird ein moralischer Lehrsatz sinnlich eingekleidet, bis er dem Zuhörer möglichst überzeugend klingt. Eine „Fabel", das ist die dritte, höchste Art der Nachahmung bei Gottsched, die auch erhaben genannt wird, muss auf folgende, diskursive Weise erstellt werden: 1. man nimmt einen moralischen Lehrsatz, 2. man entwirft eine Handlungsskizze, 3. man entscheidet sich für eine bestimmte Fabelart (äsopisch, komisch, tragisch, episch, I 215–219). Gottsched will dem Zuschauer den moralischen Lehrsatz „sinnlich einprägen" (II 317). Dabei dürfe man diese Absicht nicht zu offensichtlich verfolgen: „Zuviel Sittenlehre erweckt Ekel: zuviel Vernunftschlüsse fallen beschwerlich. Wir müssen also die Lehrsätze in Handlungen verwandeln, edle Gedanken in kurze Sprüche einkleiden, und mehr durch die Sitten des Helden, als durch seine Reden unterrichten" (I 157 Anm. *). Die Phantasie bleibt bei Gottsched also ganz einem rationalistischen Moralismus unterworfen.

18 Breitinger 1740, I 286–290.

19 So auch Horaz in seiner *Ars poetica* 119–127, die der Deutung Robortellos vermutlich Vorschub geleistet hat.

c) Ein noch verwirrenderes Bild zeigt sich, wenn man sich ansieht, welche Entwicklung die literaturtheoretischen Ansätze *innerhalb der Antike* durchlaufen haben sollen. Mit Blick auf das Nachahmungskonzept des zehnten Buches von Platons *Politeia*, wie man es üblicherweise zu verstehen pflegt („Kunst ist Abbild der sinnlich gegebenen Welt wie durch einen Spiegel, dreifach entfernt von der Wahrheit, von geringem Erkenntnisrang und schlechter moralischer Wirkung"), sieht Gudemann in seinem Kommentar zur aristotelischen *Poetik* in Platon einen antiken Gottsched, der Literatur allein nach Verstandesregeln und moralischen Kriterien beurteilt wissen wolle.

Aristoteles betrachte dagegen als „einzigen Zweck der Poesie den ästhetischen Genuß"[20]. Wolfgang Rösler geht sogar so weit, im neunten Kapitel der *Poetik* in der Abgrenzung der Geschichtsschreibung von der Dichtung die Entdeckung der Fiktionalität aufzuspüren, das heißt, Aristoteles setze für die Inhalte der Dichtung keine außerhalb ihrer selbst bestehenden (logischen, naturwissenschaftlichen, ethischen) Bewertungsmaßstäbe voraus; die Dichtung besitze für ihn „ihre eigene Wahrheit"[21]. Die im 18. Jahrhundert mühsam erkämpfte Autonomie der Kunst scheint somit schon von Aristoteles antizipiert worden zu sein.

Dieses Urteil pflegt nun wieder auf den Kopf gestellt zu werden, wenn man Platons Enthusiasmuskonzept betrachtet. Nach Manfred Fuhrmann billigt Platon damit dem Dichter ein „erhebliches Maß an Spontaneität" und „an schöpferischer Freiheit" zu. Der „aristotelische Rationalismus" habe dagegen „das Kunstwerk vor allem als handwerkliches Erzeugnis" verstanden, „das auf Erfahrungsregeln oder theoretischem Kalkül" beruhe.[22]

Je nach Perspektive gab es beim Übergang von Platons Dichtungstheorie zu der des Aristoteles eine Wende von: Nachahmungs- und Regelpoetik, Rationalismus und Moralismus einerseits zu: autonomem Kunstschaffen, Fiktionalität und zweckfreier Ästhetik andererseits, oder eben – genau andersherum. Die Beliebigkeit des Gebrauches dieser Wendemetapher spricht weniger dafür, dass die beteiligten (je nach Epoche ja auch immer wieder anderen) Theorien alle konfus sind, als dafür, dass diese Metapher eine konfuse Anwendung ermöglicht.

---

20 Gudemann 1934, 27.
21 Rösler 1980, 308–312. Vgl. damit die Deutung unten in Kap. II.2.
22 Fuhrmann 1992, 73.

d) Darauf weist auch das folgende Phänomen. In Hinsicht auf die bildende Kunst werden die Kunsttheorie Platons und die des Aristoteles gerne weitgehend in eins und dann kunsttheoretischen Äußerungen der Kaiserzeit entgegengesetzt. Vorher habe, so zum Beispiel Erwin Panofsky, die Kunst die Bestimmung zugesprochen bekommen, die empirische Natur nachzuahmen – das gelte auch für die Kritik an der Kunst. So richte sich der Künstler gemäß Platon nur nach der „platten (…) Erscheinungswelt". Aber schon in der Einleitung zu den *Eikones* des älteren Philostrat (ca. 165 bis ca. 245 n. Chr.) wird die Malerei mit „Wahrheit" und mit der „Weisheit der Dichter" assoziiert. Die Anerkennung der Künste sei daher stetig gewachsen und habe „Autonomie" „gegenüber der scheinhaften und unvollkommenen Wirklichkeit" gewonnen. Sie sei neben die Natur als eigenes schaffendes Prinzip getreten.[23] Die wichtigste Rolle spielt dabei die schöpferische Phantasie.[24] Nur einige Jahre nach Philostrat habe Plotin (205–270) sich in der *Enneade* 5.8.1 mit seiner Aussage, der Künstler ahme die Natur nicht nach, sondern schaffe aus denselben Quellen wie sie, bewusst gegen die platonischen Ausfälle gegen mimetische Kunst gewandt.[25]

Auch wenn Platon als Hauptärgernis herhalten muss, scheint nun mit der Kaiserzeit im Gegensatz zu den Zeiten vor ihr eine neue Epoche der Kunstbetrachtung angebrochen zu sein, in der statt auf das Mimesisprinzip auf die Autonomie der Kunst gesetzt wird. Das Hauptinstrument dieser schöpferischen Kunst ist demnach (wiederum) die Vorstellungskraft.

----

23 Panofsky 1993, 6–7.

24 Als *locus classicus* für die Abwendung von der Naturnachahmung und die Hinwendung zur schöpferischen Vorstellungskraft gilt eine Stelle aus Philostrats Biographie des Apollonios von Tyana. So lässt Philostrat seinen Apollonios auf die spöttische Frage eines Ägypters, ob denn Phidias im Himmel gewesen sei und die Götter aus nächster Nähe betrachtet habe, um seine Zeus und Athene-Statuen zu verfertigen, antworten (6,19,3): „Dies verfertigte die Phantasie, die eine bessere Künstlerin ist als die Nachahmung. Denn die Nachahmung schafft das, was sie sah, die Phantasie aber das, was sie nicht sah." Voraussetzung ist hier ein Begriff von Nachahmung, bei der das Objekt in der empirischen Welt liegt. Das hat allerdings nichts mit Platons und Aristoteles' Mimesiskonzeptionen, sofern sie die wertvollen Leistungen von Kunst beschreiben sollen, zu tun, siehe unten Kap. II.

25 Panofsky 1993, 11–12. Dieselbe Grundthese vertritt ausführlicher Schweitzer 1963, Bd. 1, 11–104. Was Panofskys Betrachtung von Plotins Enneade 8.5.1 betrifft, die *opinio communis* geworden ist, so ist dazu zu bemerken, dass Platon in R. 402 b9–c6 im Grunde dasselbe wie Plotin mit denselben Worten sagt, so dass hier keine bewusste Umkehrung, sondern vielmehr eine Konstanz von Platons Meinung bei Plotin gesehen werden muss (vgl. dazu Verf. 2000, 158–160, 327 f. und 382).

1.3 Fazit

Bei so verschiedenen Einschätzungen bald moderner Literaturtheorien als vormodern, bald vormoderner Theorien als mal modern, mal vormodern scheint es vielleicht doch berechtigt, noch einmal *ad fontes* zurückzukehren, um an einigen wichtigen Texten von Platon und Aristoteles zu überprüfen, ob ihre literaturtheoretischen Ansätze über bloß historisches Interesse hinaus nicht doch auch der aktuellen Diskussion zur Frage „Was ist Literatur?" einige Anregungen geben können, die über das (vor allem in Abgrenzung zu modernen Theorien gebrauchte) Klischee, es handele sich bei diesen Theorie um Nachahmungsmodelle, die somit *per se* obsolet seien, hinausgehen.

2 „Naturnachahmung" bei Platon und Aristoteles

Die zwei differenziertesten und einflussreichsten Literaturtheorien der griechischen Antike sind die von Platon und Aristoteles. Sie sind es auch, die allgemein gebräuchliche Bestimmungen von Dichtung als Rede mit metrischer Gestaltung (wie wir sie zum Beispiel bei Gorgias finden) einer geänderten Definition zuführten. Die Nachahmung von Charakteren und deren Handlungen ist für sie die spezifische Differenz von Dichtung (ποίησις) zu anderen Arten von Rede. Der Begriff Literatur ist als Übersetzung von ποίησις daher eigentlich besser geeignet. Vor allem Aristoteles betont die Unabhängigkeit der Literatur vom formalen Kriterium des Versmaßes. Was Nachahmung respektive Nachahmung der Natur bei beiden Philosophen im Unterschied zu einer sklavischen Nachbildung der Empirie bedeutet, soll im Folgenden erst für Platon (2.1), dann für Aristoteles (2.2) geklärt werden.

2.1 Naturnachahmung bei Platon

Die schlechte Presse der antiken Nachahmungstheorie kommt zu einem großen Teil von Platons zehntem Buch der *Politeia* her. Schon Nietzsche vermerkte, hier sei der „größte Kunstfeind" am Werk gewesen, „den Europa je hervorgebracht hat".[26] Es ist daher ratsam, von dort den Ausgang der Untersuchung zu nehmen.

....

26 Nietzsche 1968, 420.

Platon vergleicht im zehnten Buch der *Politeia* die traditionellen Dichter mit Pseudomalern, die mit einem Spiegel durch die empirische Welt laufen, um sie noch einmal abzubilden; und dies nennt er „Mimesis", also Nachahmung. Diese Art der Nachahmung beziehe sich einfach auf alles, das heißt, Menschen, Artefakte und die Natur (τὰ ἐκ τῆς γῆς φυόμενα heißt es hier, also alles, was die Natur aus der Erde heraus hervorgebracht hat und überhaupt die Lebewesen, den Himmel und die Unterwelt, R. 596 c4–c9).

Literatur und Kunst scheinen hier auf den ersten Blick also ihrem Wesen nach als sklavische Wiedergabe der sinnlich gegebenen Natur (im weitesten Sinn) bestimmt, und es ist verständlich, dass Künstler und Kunsttheoretiker empfindlich auf diese Attacke reagiert haben. Man darf allerdings dabei nicht übersehen, dass es bei dieser Formulierung im zehnten Buch der *Politeia* weder um eine allgemeine Bestimmung der Gegenstände der Malerei noch um eine Definition von Literatur und ihren Gegenständen überhaupt geht. Der Spiegelmaler ist nur ein Vergleichsbild für die Erkenntnishaltung der von Platon in den Büchern 2 und 3 kritisierten traditionellen Dichter.

Der Mimesis-Begriff im zehnten Buch der *Politeia* ist also ein eingeschränkter Mimesis-Begriff; Platon gebraucht das Wort „Mimesis" selbst in der *Politeia* in mehrfacher Bedeutung, wie die Forschung längst zeigen konnte.[27] Hier sei exemplarisch nur auf den Rahmen der Dichterkritik im zehnten Buch der *Politeia* verwiesen: Zu Beginn fasst Sokrates die bisherige Diskussion über die Dichtung in seinem Idealstaat – die durchaus bestimmte Arten von Literatur zugelassen hatte – so zusammen, dass er sagt, Dichtung sei in keinem Fall in den Staat aufzunehmen, „*sofern* sie mimetisch" sei (ὅση μιμητική, R. 595 a5). Schon der Neuplatoniker Proklos weist darauf hin, dass diese Einschränkung nur dann sinnvoll ist, wenn im Folgenden nur von einer Teilmenge aller nur möglichen Dichtung die Rede ist. Das Ergebnis der Diskussion fasst Sokrates dann am Schluss auch konsequenterweise mit dem komplementären Satz zusammen, dass im Staat nur Dichtung erlaubt sei, „*sofern* es sich dabei um das Lob der Götter und guter Menschen handelt" (ὅσον μόνον ὕμνους θεοῖς καὶ ἐγκώμια τοῖς ἀγαθοῖς ποιήσεως, R. 607 a3–a4); das ist eine

....

27 Zum Mimesis-Begriff bei Platon vgl. besonders Tate 1928, 16–23 und ders. 1932, 161–169; Koller 1954, 15–68; Sörbom 1966, 99–175; Harth 1967; Zimbrich 1984; Kardaun 1993, 43–65; Levin 2001; Halliwell 2002, bes. 37–147, sowie Verf. 2000, bes. 170–208, sowie Verf. 2004, bes. 49–60.

Kurzformel für die in den Büchern 2 und 3 für den Staat empfohlene Literatur, wo vor allem die Notwendigkeit in den Vordergrund gerückt wird, gute Charaktere und Handlungen vorzuführen.[28]

Entscheidend für unsere Betrachtung ist aber, dass man den Abschnitt bei oberflächlicher Lektüre anders auffassen konnte und dass Platon in der Rezeptionsgeschichte für sein vorgebliches Verständnis der Kunst als „Naturnachahmung" namhaft gemacht wurde in dem Sinne, dass *jedes* Kunst- und Literaturschaffen bloß ein Kopieren der sinnlich erfahrbaren Natur bedeute. Die eigentliche Aufgabe der Malerei ist für Platon allerdings ein Inneres, nämlich die Charaktere von Menschen und Göttern darzustellen.[29] Für die Dichtung gilt im zehnten Buch dasselbe wie im zweiten und dritten Buch der *Politeia* und auch sonst bei Platon: Sie stellt nach Sokrates' Worten primär gerade nicht die äußere Wirklichkeit überhaupt, also die ganze „geschaffene Natur", sondern handelnde Menschen dar, die aufgrund ihrer Handlungen in Glück oder Unglück geraten (R. 603 c4–c9). Andernorts spricht Platon analog auch vielfach vom Charakter (ἦθος, τρόποι) und dessen Leidenschaften als Gegenstand von Literatur.[30]

Der Unterschied zwischen gutem und schlechtem Dichten besteht für Platon daher weniger im jeweiligen Gegenstand der Literatur als darin, dass der schlechte Dichter sich beim „Nachahmen" aufgrund seiner Erkenntnishaltung nach einem anderen Vorbild richtet als der gute Dichter.

Exkurs: Wahrnehmung und Denken bei Platon

Um genauer zu umreißen, was mit diesen verschiedenen Vorbildern gemeint ist, komme ich nicht umhin, kurz zu erläutern, wie sich für Platon die Leistungen der Wahrnehmung und des Denkens unterscheiden.[31] Im strengen Sinne wahrnehmbar sind nach Platon nur die Qualitäten, die vom jeweiligen Sinn

---

28 Siehe zum Beispiel R. 400 c7–402 c9.

29 Vgl. dazu ausführlich die Stellen, die Halliwell 2002, v.a. 133–142, zu Platons Aussagen zur Malerei gesammelt hat.

30 R. 392–403 passim (vgl. bes. R. 399 a5–c4), hier ist als Gegenstand auch häufiger der Charakter (ἦθος) genannt. Lg. 668 a6–a7: Die gesamte Musik inkl. Dichtung ist nachahmend (μιμητική); Lg. 655 d5, 798 d7–e3: Chorgesänge und Musik sind Nachahmung von Charakteren besserer oder schlechterer Menschen (τρόπων μιμήματα βελτιόνων καὶ χειρόνων ἀνθρώπων); Lg. 812 b9–c8: Musik als Darstellung von seelischen Zuständen (πάθη).

31 Dieser Exkurs basiert auf den Forschungen von Arbogast Schmitt zur Logik und Erkenntnistheorie Platons, am besten greifbar in Schmitt 2008, bes. 207–340, und ders. 2011.

(aktiv) unterschieden werden (dieses κρίνειν stellt, als Wurzel der Erkenntnis- und Strebevermögen, die seelische Grundtätigkeit dar), also vom Auge Farben, von den Ohren Töne usw. Es wird seiner Ansicht nach schnell deutlich, dass diese Erkenntnisform nicht hinreichend ist.[32] Woran erkenne ich zum Beispiel einen Tisch, ein Auge, ein Doppeltes? „Das sehe ich doch", ist man versucht zu sagen. Doch für Platon ist dies keine spezifische Leistung der Wahrnehmung.

Denn auch wenn dieser Tisch weiß und rechteckig ist, so finde ich doch andere Tische, die dieses Eigenschaftsbündel nicht besitzen und zum Beispiel rund und durchsichtig sind. Dass ich sie dennoch als Tische erkenne, liegt daran, dass ich mich in Wahrheit nach der Funktion, der spezifischen Aufgabe richte, die ein Tisch erfüllt, zum Beispiel, dass ich mich daran setzen, ein Papier zum Schreiben darauf legen kann usw.

Spezifische Leistung (ἔργον) nennt Platon das in R. 352 d8–354 a11 oder andernorts auch prominente Idee (ἰδέα) oder Form (εἶδος), und in jedem Fall etwas, das man nur durch das Denken erkennen kann (νοητόν).[33] Bei einer Gegenstandswahrnehmung verknüpft man sinnlich wahrgenommene Merkmale schnell und in der Regel unbewusst folgernd mit Denkinhalten. Daher vermeinen wir Gegenstände und Situationen *unmittelbar* als solche erfassen zu können. Für Platon hingegen „sieht" man keinen Tisch und „hört" kein Cello.

Andersherum ist der einzelne Tisch, den wir unmittelbar als solchen zu erfassen scheinen, zwar in der Regel durchaus ein Tisch, er hat aber das prinzipielle Manko, dass er nicht immer und nur Tisch ist. So ist er weiß, eckig und aus Holz, was mit der Sache „Tisch" nicht notwendig verknüpft ist, er ist aber als derselbe Tisch, wenn ich mich darauf stelle, auch ein Podest, und setzt sich ein Kind darunter, so ist er auch ein Haus, er ist also insofern in vielerlei Weise auch ein „Nicht-Tisch". Platon unterscheidet daher zwischen der nur denkbaren Sache „Tisch" – nach der ich mich richte, wenn ich etwas als Tisch bezeichne oder einen Tisch konstruiere – und den einzelnen Instanzen von Tisch.

So ist es auch bei den anderen Sachen: Ein Auge erkenne ich nicht an der Farbe und der Form – es gibt ja ganz verschieden geformte Augen, das Napf-

....

32 Die wichtigsten Textstellen dazu sind R. 523 a1–524 d1, Tht. 184 b4–186 e11, Phlb. 33 c5–39 e7. Zur Psychologie Platons siehe auch Verf. 2000, 18–130.

33 Daran ändert sich auch nichts, wenn ich die wahrnehmbaren Eigenschaftsbündel aller empirischen Tische zusammennehme („Tisch ist alles, was weiß und eckig oder was rund und durchsichtig usw. ist"). Dann würde sich zuletzt ergeben, dass der Tisch etwas Ausgedehntes mit beliebiger Farbe ist, was aber nicht nur auf den Tisch, sondern auf so ziemlich alle empirischen Gegenstände zutrifft.

auge der Napfschnecke, das Linsenauge der Wirbeltiere, das Facettenauge der Insekten usw. –, sondern an der allen Augen zukommenden Fähigkeit, bestimmte Intensitäten und Wellenlängen des Lichts unterscheiden zu können.[34] Diese Fähigkeit ist nicht etwas Wahrnehmbares, sondern etwas nur Begreifbares. Das bedeutet für diese denkbare Sache, dass ich, um sie zu erfassen, die *gedanklichen* Elemente zusammensuchen muss, die sie als bestimmte, spezifische Einheit konstituieren. Platon macht das gern im Bereich des Mathematischen deutlich.

Um zu verstehen, was „doppelt" meint (etwa: eine Einheit, die ein Ganzes aus zwei gleichen Einheiten ist), kann eine einzelne Instanz als besonders deutliches Paradigma zwar weiterhelfen, aber selbst die Zahl „Zwei" ist zwar doppelt, aber auch „mehr" und „weniger" als das Doppelte. Mehr, weil die Zwei auch zugleich eine Zahl und unter anderem auch ein Halbes, nämlich von Vier, ist, eine Eigenschaft, die dem Doppelten als Doppeltem unmöglich zukommen kann.[35] Weniger ist sie aber, weil das Doppelte nicht nur die Zwei, sondern auch die Vier, Sechs, Acht, ja unendlich viele, aber je ganz bestimmte Möglichkeiten umfasst.

An dieser Stelle erahnt man, warum Platon auch davon spricht, dass der Bereich des Denkens reicher ist als der Bereich der Wahrnehmung. Im *Symposion* spricht er davon, dass derjenige, der die Stufenleiter des Schönen durchläuft, das Gemeinsame der schönen Körper, der schönen Seelen, aber auch der schönen, das heißt vor allem der mathematischen, Wissenschaften erkennt. Wer zu ihnen kommt, bewege sich plötzlich auf dem „weiten Meer des Schönen" (verursacht durch das Schöne selbst). Die Idee ist für Platon also kein aus der Erfahrung abgezogenes, gedankliches Abstraktum (wie bei Robortello und Breitinger), sondern ein nur denkbares Prinzip, das eine unendliche Fülle an Verwirklichungsmöglichkeiten umfasst und die Bestimmtheit und Erkennbarkeit der vorliegenden einzelnen Instanzen überhaupt erst ermöglicht.

Die Naturnachahmung des schlechten und des guten Dichters

Mit Blick auf die Literatur bedeutet das für Platon, dass guter und schlechter Dichter zwar auf denselben Gegenstand – Charaktere und deren Handlun-

---

34 „Von einem Vermögen sehe ich weder Farbe noch Form noch etwas Derartiges (…) Bei einem Vermögen achte ich ausschließlich auf das, worauf es sich richtet und was es bewirkt", so sagt Platon ausdrücklich im fünften Buch der *Politeia* (R. 477 c9–d1).

35 Vgl. dazu R. 479 a5–b10.

gen – hinauswollen, dafür aber verschiedene Erkenntniswege beschreiten. Der schlechte Dichter wendet seine Aufmerksamkeit wie die Wahrnehmung oberflächlich der Welt zu, die ihn umgibt, und stellt alles so dar, wie es dem Common Sense (οἱ πολλοί) erscheint (R. 602b1–b4). Das gilt für die Darstellung bestimmter Künste, für die Dichter keine Fachleute sind – noch heute genügt es, uns einen Mann in weißem Kittel zu zeigen, der beruhigend und mit einigen Fremdwörtern auf einen im Bett liegenden Menschen einredet, um uns in einer TV-Serie zu suggerieren, einen Krankenhausarzt vor uns zu haben. Der Regisseur hat dabei wohl nur selten darüber nachgedacht, ob der Kittel weiß sein muss, warum und welche Kittel getragen werden, oder gar, wie ein guter Arzt beschaffen sein muss; er will primär in der Szenerie des Krankenhauses Zuschauer unterhalten und nicht die spezifischen Leistungen eines Arztes aufzeigen.

Diese Darstellungsweise kommt besonders aber auch für die Frage zum Tragen, wann jemand gut oder schlecht, glücklich oder unglücklich ist. Der „Spiegeldichter" folgt dabei wieder allgemein verbreiteten Ansichten. Das beginnt für Platon bereits, wenn sich ein Herrscher und Sohn einer Göttin wie Achill ebenso aufbrausend in der Wut (gegen Agamemnon, dann aber beinahe sadistisch gegen Hektor, den er vielfach um Troja schleift) wie jämmerlich in der Trauer zeigt (er wälzt sich nach dem Tod des Patroklos auf dem schmutzigen Boden und heult laut). Unbeherrschtheit, Wechselhaftigkeit, Aggression, Selbstmitleid usw., all dies ist „leicht darstellbar".

Einen ruhigen, vernünftigen, besonnenen Charakter (wie er einem Herrscher, sofern er Herrscher ist, eigentlich zukomme) aber könne fast niemand darstellen (R. 604 e2–e3, wie oben in Kap. I.1 bereits vorgeführt). Der Terminus für dieses Darstellen ist auch hier „nachahmen" (μιμεῖσθαι), obgleich es sich gerade um fiktionales Erzählen handelt. Der gute Dichter richtet sich dabei nicht nach dem, was er an der Empirie abzulesen meint, sondern durchschaut Handlungen und ihre Motivationen bis in ihre seelischen Grundlagen. Daher kann er auch gute Charaktere und deren Handlungen erfinden, wie sie in der Wirklichkeit gar nicht vorkommen. Wie oben dargelegt, spricht Sokrates im fünften Buch der *Politeia* davon, dass er und die Gesprächspartner dabei sind, nach der Maßgabe der Gerechtigkeit selbst einen gerechten Staat und einen gerechten Menschen zu entwerfen, in einem fiktionalen (insofern der Bezug zum Faktischen dafür keinerlei Rolle spielt) und gleichzeitig zielgerichteten Erzählen. Dieses fiktionale Erzählen ist insofern nicht völlig ohne Referenzrahmen, als Platon es für eine nicht triviale Frage hält, was Gerechtigkeit ist. Im Grunde handelt die gesamte *Politeia* von diesem Thema, in der Ausfaltung von Fragen wie: „Welche körperlichen Voraussetzungen, aber vor allem welche seelischen Vermögen hat ein Mensch (im Unterschied zu anderen Lebewesen)?", „Was sollen diese Vermögen – des Erkennens, Fühlens und Wollens – leisten?", „Wie sollen sie zusammenspielen, damit der Mensch seiner spezifischen Bestimmung am besten nachkommt?"

Wenn Sokrates den Anspruch erhebt, einen gerechten Menschen nach Maßgabe der Gerechtigkeit selbst zu schildern, wie er, wenn es ihn denn gäbe, beschaffen sein dürfte (R. 472 c6), so dürfte dieser Anspruch umso mehr für Platon, der den fiktiven Sokrates überhaupt erst sprechen lässt, gelten. Platon sieht sich somit selbst an der Spitze möglicher Dichtung, eine Selbsteinschätzung, die auch in den Dialogen neben der *Politeia* vielfach bestätigt wird.[36]

Die Tätigkeit, das Bild eines gerechten Charakters durch das Mittel der Sprache zu erzeugen, kontrastiert Sokrates in R. 472–3 mit dem Hervorbringen wirklicher gerechter Charaktere durch einen wirklichen Staatslenker. Die Wirklichkeit ist widerständiger als eine mit Worten gemalte Vorstellung. Dass es sich dabei gleichwohl prinzipiell um die gleiche Ausrichtung der Erkenntnis handelt, zeigt Sokrates wenig später bei dem Vergleich der Tätigkeit eines wirklichen Staatslenkers mit einem Maler (R. 500–501). Der Staatslenker soll durch den besten – nicht den „erstbesten" – Menschen formen und dabei zunächst bei sich selbst anfangen, indem er „auf das Geordnete und sich immer gleich Bleibende (*sc.* die Ideen) blickt" und „dieses nachahmt (μιμεῖσθαί) und sich ihm, soweit nur möglich, angleicht (ἀφομοιοῦσθαι, R. 500 c5)". Die Idee, etwas nur Denkbares nachzuahmen, heißt also, sich gedanklich danach richten, sich an ihm im Denken orientieren. Im zweiten Schritt formt der Staatslenker danach auch die Menschen im Staat auf dieselbe Weise.

Wie ein Maler zunächst einmal seine Tafel reinigt, so müssen auch die Seelen der einzelnen Menschen aufnahmefähig gemacht werden. Danach erfolgt das „Einzeichnen" der guten Charakterzüge (R. 501 b1–501 c3):

Ἔπειτα οἶμαι ἀπεργαζόμενοι πυκνὰ ἂν ἑκατέρωσ' ἀποβλέποιεν, πρός τε τὸ φύσει δίκαιον καὶ καλὸν καὶ σῶφρον καὶ πάντα τὰ τοιαῦτα, καὶ πρὸς ἐκεῖν' αὖ τὸ ἐν τοῖς ἀνθρώποις ἐμποιοῖεν, συμμειγνύντες τε καὶ κεραννύντες ἐκ τῶν ἐπιτηδευμάτων τὸ ἀνδρείκελον, ἀπ' ἐκείνου τεκ-

---

36 Vgl. dazu besonders Gaiser 1984, der zahlreiche Textstellen bei Platon zusammenträgt und kommentiert, die als Äußerungen über die eigene Schriftstellerei gedeutet werden können.

μαιρόμενοι, ὃ δὴ καὶ Ὅμηρος ἐκάλεσεν ἐν τοῖς ἀνθρώποις ἐγγιγ-
νόμενον θεοειδές τε καὶ θεοείκελον.
Ὀρθῶς, ἔφη.
Καὶ τὸ μὲν ἂν οἶμαι ἐξαλείφοιεν, τὸ δὲ πάλιν ἐγγράφοιεν, ἕως ὅτι
μάλιστα ἀνθρώπεια ἤθη εἰς ὅσον ἐνδέχεται θεοφιλῆ ποιήσειαν.
Καλλίστη γοῦν ἄν, ἔφη, ἡ γραφὴ γένοιτο.

SOKRATES: „Dann, glaub' ich, dürften sie (*sc.* die Staatslenker) wohl,
wenn sie am Werk sind, oft nach beiden Seiten blicken, sowohl auf das
von Natur Gerechte, Schöne, Besonnene und alles so Beschaffene als
auch auf jenes bei den Menschen wiederum, und (*sc.* ihnen) aus den
Bestrebungen zusammenmengend und mischend das Menschliche hin-
einbilden, nach Maßgabe dessen, was auch schon Homer, wenn es bei
den Menschen vorkam, Götterähnliches und Göttergleiches nannte.“
GLAUKON: „Ganz richtig.“
SOKRATES: „Das Eine, glaub' ich, würden sie dann ausradieren, Anderes wiederum einfügen, solange, bis sie die menschlichen Charaktere
soweit wie möglich gottgeliebt gemacht hätten.“
GLAUKON: „Am allerschönsten wäre dann wohl die Zeichnung.“

Der „Seelenmaler“ richtet sich bei der Ausbildung und Erziehung der Menschen in seinem Staat ebenfalls nach dem gedanklichen Prinzip der Idee.
Sokrates bezeichnet die Idee der Gerechtigkeit, des Schönen, Besonnenen etc.
hier als das „von Natur aus Gerechte“ (τὸ φύσει δίκαιον) etc. Auch wenn der
Terminus „Nachahmung“ in diesem Absatz nicht fällt, ist die Analogie zum
selbstbildenden Nachahmen des Staatslenkers eindeutig – was er mit sich
machte, macht er nun auf selbe Weise mit den anderen. Dafür spricht auch,
dass der Staatslenker mit einem Maler verglichen wird, der bald das Vorbild,
bald das nachgeahmte Abbild betrachtet.

Platon spricht hier also von einer ganz anderen Nachahmung der Natur als
im zehnten Buch der *Politeia*, nämlich von einer Orientierung an nur denkbaren Prinzipien, die Platons Ansicht nach nicht leer-abstrakt sind, sondern eine
Fülle von Möglichkeiten der je einzelnen Verwirklichung in sich enthalten. So
kann der Staatslenker seine „Zeichnungen“ immer weiter verbessern, bis die
komplexe Mischung der Charakterzüge quasi göttergleich ist, also Ergebnisse
zeitigt, die den Menschen in seinen besten Verwirklichungsformen zeigen.

Wie der Staatsgründer gerechte Menschen entwirft, so entwirft Sokrates einen fiktiven Idealstaat und seine Bewohner. Er – und damit auch Platon – zeigt sich selbst also durch den Staatsentwurf als Charaktermaler und zugleich als einen Nachahmer der Natur; aber nicht als „Nachahmer der sinnlich gegebenen Natur" bzw. des *Common Sense*, sondern als Nachahmer der Ideen[37].

Fazit

Wenn man bei Platon überhaupt ernsthaft von „Nachahmung der Natur" als anstrebenswertem Ziel von Kunst sprechen kann, dann von der Nachahmung der Ideen, die kein sklavisches Abbilden von empirisch Gegebenem ist, sondern ein kreatives Schöpfen aus der unendlichen Fülle der intelligiblen Vorgaben vor allem seelischer Vermögen, die in Form von (vor allem guten) Charakteren und deren Handlungen den Hauptgegenstand der Literatur gemäß Platon ausmachen sollen.

2.2 Naturnachahmung bei Aristoteles

Aristoteles ist neben Platon der zweite antike Autor, der die Formel „Kunst ist Nachahmung der Natur" besonders wirkmächtig ausgesprochen hat. Sein entscheidendes Werk ist dabei die *Poetik*, auch wenn die Formel als Formel der aristotelischen *Physik* entspringt.

Ars imitatur naturam

Mit dieser Formel hat noch das Mittelalter sich auf Aristoteles' Beschreibung der Kunst und ihrer Leistungen berufen können. Der Ursprung dieser Formulierung findet sich in Phys. 199 a15–17:

ὅλως δὲ ἡ τέχνη τὰ μὲν ἐπιτελεῖ ἃ ἡ φύσις ἀδυνατεῖ ἀπεργάσασθαι, τὰ δὲ μιμεῖται.

---

37 Derselbe Gebrauch von Natur (φύσις) findet sich auch im zehnten Buch der *Politeia*. Sokrates sagt in R. 597 b6, der Handwerker blicke – im Gegensatz zu einem oberflächlich agierenden Maler – auf das „natürliche" Sein der Liege (ἡ ἐν τῇ φύσει οὖσα [sc. κλίνη]), also auf deren Idee (genauso R. 597 d5 und d7). Weitere Belegstellen für den Gebrauch von φύσις im Sinne von Idee bei Platon insgesamt finden sich bei Flasch 1965, 270 A. 18.

Teils vollbringt die Kunst das, was die Natur nicht auszuarbeiten vermag, teils ahmt sie (id. die Kunst) (*sc.* die Natur) nach.

Man sieht, dass das Zitat damit beginnt, der Kunst (im weiten Sinne von Hervorbringungen aller Art) eine kreative Kraft zuzusprechen, die sogar über die Leistungen der Natur hinausgehen kann. Im Gegensatz dazu wird der Satz oft verkürzt zitiert („Kunst ist Nachahmung der Natur") und dann noch so gedeutet, als gehe es um das Kopieren der empirisch vorfindbaren Natur. Diese Deutung ist mit Blick auf den Wortlaut in unlauterer Weise verkürzend und schlicht unseriös.

Eine etwas raffiniertere Deutung des Satzes wäre, ihn so zu verstehen, als bedeute künstlerisches Hervorbringen für Aristoteles, entweder die empirisch vorfindbare Natur zu kopieren – Ziel wäre dann ein „Nachbau" funktionaler Naturgegenstände oder zum Beispiel in der Malerei eine möglichst exakte Wiedergabe des äußeren Anscheins – oder sie zu verbessern, so wie man Weinsorten oder Pferderassen durch Zucht veredeln kann.

Der aristotelische Kunst- und Nachahmungsbegriff hat aber eine viel weitere Bedeutung. So betont Aristoteles im zweiten Kapitel der *Poetik*, in der Dichtung wie in der Malerei seien die Menschen oft nicht so dargestellt, wie sie wirklich sind, sondern meist besser oder schlechter, was er trotzdem als „Nachahmung" bezeichnet. Im neunten Kapitel der *Poetik* geht er explizit darauf ein, dass die Dichtung im Gegensatz zur Geschichtsschreibung nicht etwas wirklich Geschehenes zu schildern habe, sondern das, was mit einem ganz bestimmten Charakter in einer bestimmten Situation geschehen *könnte*. Aristoteles findet es sogar besser, etwas Unmögliches zu zeigen, wenn es nur überzeugend ist, als etwas Mögliches, das unglaubwürdig erscheint (Poet. 1461 b9–b13). Der Kunst als Nachahmung stehen also aus seiner Sicht viel mehr Gestaltungsspielräume zur Verfügung, als nur das tatsächlich Geschehende nachzuahmen oder zu modifizieren.

Das extremste Beispiel ist dabei vielleicht das Drama *Antheus* des Tragödiendichters Agathon. Obwohl, so Aristoteles, die meisten Tragödien auf einem historischen Kern basieren (wobei die Handlungen in jedem Stück aber völlig verschieden motiviert werden können), habe Agathon im *Antheus* schlechthin alles neu erfunden, sowohl die Handlungen als auch die Namen der Akteure (Poet. 1451 b19–b23). Künstlerisches Nachahmen ist bei Aristoteles also mitnichten auf die Nachahmung der gegebenen Natur eingeschränkt; wie wir noch sehen werden, ist sie für Aristoteles sogar nur sehr selten das Ziel künstlerischen Hervorbringens.

Viel ist bei der Formel „Kunst ist Nachahmung der Natur" auch davon abhängig, was genau Aristoteles meint, wenn er den Begriff Natur verwendet.[38] Aristoteles verwendet den Begriff vor allem auf drei Weisen. Zunächst zeigt sich die „Natur" (φύσις) beim „Entstehen dessen, was wächst" (ἡ τῶν φυομένων γένεσις, Metaph. 1014 b16–17). Das Werden der Naturgegenstände unterscheidet sich vom Hervorbringen von Artefakten dadurch, dass die Naturgegenstände das Prinzip (ἀρχή) der Veränderung *in sich* haben, das zum Beispiel eine Pflanze zum Wachsen bringt oder ein Tier dazu, sich zu bewegen und bestimmte Verhaltensweisen zu erlernen.[39] Kunstgegenstände dagegen haben den Anfangsgrund ihrer Entstehung oder ihrer Veränderung nicht in sich, sondern in etwas anderem. Denn eine Liege und ein Haus stellen sich nicht selbst her, und wenn sie sich verändern, dann nicht aus sich selbst heraus – eine hölzerne Liege wechselt nicht von allein den Ort und wächst nicht von sich aus, ein Haus mit einem wuchernden Moosdach ändert das Dach nicht aus sich heraus, sondern die Pflanzen auf dem Dach ändern sich und daher, gleichsam beiläufig, auch das Haus.

Zur Veränderung und zum Wachsen ist Material notwendig. Aristoteles bezeichnet auch dieses Material, zum Beispiel das Holz eines Baumes, in Übereinstimmung mit früheren Philosophen, als Natur.

Natur im eigentlichen Sinn (ἡ πρώτη φύσις καὶ κυρίως λεγομένη, Metaph. 1015 a13–14) ist aber das Ziel, auf das hin der jeweilige Naturgegenstand sich verändert (τὸ τέλος τῆς γενέσεως, Metaph. 1015 a11). Dieses Ziel ist ein immaterielles Ziel, eine bestimmte Zweckhaftigkeit in sich, gemäß der das Material in geeignete Struktur gebracht wird. So lässt zum Beispiel ein Baum zum Zweck der Photosynthese und damit des Stoffwechsels Blätter wachsen (part. anim. 640 b5–641 a32). Diese innere Zweckhaftigkeit ist für Aristoteles das bestimmte Sein (οὐσία), die immaterielle Form (εἶδος, Metaph. 1015 a10–11) einer Sache, dessen konkrete Verwirklichung angestrebt wird.[40]

....

38   Die ausführlichsten Erläuterungen dazu gibt Aristoteles im zweiten Buch der *Physik* und in seinem „Lexikon wichtiger Grundbegriffe" in der *Metaphysik* (hier: Buch 5, Kap. 4). Eine instruktive Übersicht über den Gebrauch des Naturbegriffes bei Aristoteles gemeinsam mit weiteren Literaturangaben findet sich bei Althoff 2005, 455–462.

39   Aristoteles sagt, genauer formuliert, dass die Naturgegenstände in sich das Prinzip für Bewegung und Ruhe haben, wobei sich die Bewegung in Ortsbewegung, in Wachsen und Vergehen und in qualitativer Veränderung äußern kann (Arist. Phys. 192 b13–15).

40   Vgl. auch Phys. 193 a29–31, wo die Bezeichnung Natur auf das Material und, als zweite Möglich-

         © Frank & Timme   Verlag für wissenschaftliche Literatur

In der Ausrichtung auf ein bestimmtes, immaterielles Ziel und der Konkretisierung dieser Zweckhaftigkeit an einem einzelnen Ding liegt für Aristoteles die Gemeinsamkeit von Natur (im eigentlichen Sinne) und Kunst. Besonders deutlich wird diese Analogie, wenn beide den gleichen Zweck verfolgen. Wie ein Lebewesen ein Organ auf die von der Natur bereitgestellte Möglichkeit hin entwickelt, Farben zu unterscheiden, so geht ein Techniker vor, der eine Kamera bauen will – auch er richtet sich nach bestimmten Prinzipien („Was sind elektromagnetische Wellen?", „Wie kann ich sie unterscheiden?", „Welche Materialien bieten sich dafür an?"). Insofern kann man tatsächlich sagen, dass die Kunst die Natur nachahmt – indem sie zielgerichtet vorgeht und dieselben Prinzipien beachtet wie sie. Es geht nicht darum, ein Naturprodukt exakt nachzubauen – hier etwa ein menschliches Auge –, sondern darum, etwas zu bauen, was das Gleiche kann: Farben und Bilder liefern. So kommt es auch, dass die Kunst die Natur bei vergleichbaren Zielsetzungen in manchen Details sogar zu übertreffen weiß, zum Beispiel wenn man Wärmesensoren in Nachtsichtgeräte oder eine hochauflösende Optik in Satelliten einbaut und so Dinge sichtbar macht, die kein natürliches Auge erkennen könnte. Nachahmung oder Vollendung der Natur durch die Kunst meint also nicht ein Kopieren oder Modifizieren der vorhandenen Wirklichkeit, sondern ein Schöpfen aus denselben Prinzipien wie die schaffende Natur, das letztlich eine unendliche Fülle an Möglichkeiten umfasst.

Kunst und Nachahmung in der Poetik

Der aristotelische Kunst- und Nachahmungsbegriff hat auch im Gebiet der Literatur eine solch weite und schöpferische Bedeutung, wie eben schon daran gezeigt wurde, dass der Dichter nach Aussage des Aristoteles bessere und schlechtere Menschen als die wirklichen darstellt, Handlungen komplett erfinden kann und sogar Unmögliches darstellen darf. Der *locus classicus* für diese Behauptung ist aber der Beginn des neunten Kapitels der *Poetik*, in dem Aristoteles die spezifische Aufgabe von Literatur bestimmen möchte. Dass hier die Kategorie der Möglichkeit (für den Dichter) der Wirklichkeit (für den Geschichtsschreiber) entgegengesetzt wird, hat dazu geführt, Aristoteles als den Ahnherren der Unterscheidung von fiktionalem und faktualem Erzählen an-

---

keit, auf „die (*sc.* geistige) Gestalt (μορφή) und die Form (εἶδος) gemäß ihrer maßhaften Bestimmtheit (κατὰ τὸν λόγον)" angewendet wird.

zusehen und somit als denjenigen, der zuerst dem Bereich der Kunst einen autonomen Bereich zugesprochen hat, unabhängig von historischen, physischen oder moralischen Rahmenbedingungen.

Es soll im Folgenden noch einmal geprüft werden, ob der Wortlaut des Kapitels wirklich so gedeutet werden darf. Die folgende Analyse stützt sich weitgehend auf die Interpretation des neunten Kapitels durch den neuen, monumentalen *Poetik*-Kommentar von Arbogast Schmitt, die in wichtigen Punkten, meines Erachtens gut begründet, von der *opinio communis* abweicht.[41]

Die Bestimmung des Gegenstandes der Literatur im neunten Kapitel der Poetik

Da Schmitt das neunte Kapitel sowohl aus philologischer als auch aus literaturtheoretischer Sicht sehr ausführlich bespricht, hier aber nur ein beschränkter Raum zur Verfügung steht, soll der Fokus im Folgenden auf den Anfang des Kapitels gerichtet werden, um exemplarisch auf das Neue der Deutung hinzuweisen.

Schon der erste Satz des neunten Kapitels wirft eine Reihe von Fragen auf. Dort heißt es:

> Es ist aber aufgrund des Gesagten klar, dass nicht dies die Aufgabe des Dichters (ποιητοῦ ἔργον) ist, das empirische Geschehen wiederzugeben (τὰ γενόμενα λέγειν), sondern Derartiges, wie es geschehen dürfte (οἷα ἂν γένοιτο) ...

Dass Aristoteles von der „Aufgabe des Dichters" spricht, macht klar, dass es ihm hier um die Bestimmung der Literatur als solcher geht. Wenn sich die folgenden Aussagen „aufgrund des Gesagten" ergeben, so bezieht sich Aristoteles dabei auf die direkt vorangegangenen Kapitel der *Poetik* zurück, vor allem auf die Kapitel 6–8, in denen die Tragödie definiert und die Struktur guter und schlechter Dichtung überhaupt, nicht nur der Tragödie, besprochen wurde. Dichtung wurde als „Nachahmung von Handlung" mit dem Mittel der Rede bestimmt, die Tragödie als „Handlung eines überwiegend guten Menschen", der aufgrund einer charakterbedingten Verfehlung (der Hamartia, die in Kap. 13 der *Poetik* näher erläutert wird) vom Glück ins Unglück gerät und damit beim Zuschauer Furcht und Mitleid hervorruft.

....

41 Aristoteles 2011, bes. 372–426.

Das Wort Handlung (πρᾶξις) hat dabei einen spezifischen Sinn, der in den Ethiken des Aristoteles genauer erläutert wird. Eine Handlung nimmt ihren Anfang damit, dass die handelnde Person sich in einer bestimmten Situation aus sich selbst heraus ein Handlungsziel setzt („Prinzip der Handlung ist die Wahl/die Entscheidung", πράξεως … ἀρχὴ προαίρεσις, NE 1039 a31). Dieses Ziel verfolgt sie dann mit verschiedenen Mitteln, bis sie es entweder erreicht hat oder an der Verwirklichung des Zieles endgültig scheitert. Dann ist auch die Handlung beendet.

So laufen zum Beispiel in der *Antigone* des Sophokles zwei Haupthandlungen parallel nebeneinander her. Kreon, der neue Herrscher von Theben, hat den im Kampf gefallenen Polyneikes, einen der Brüder der Antigone, als Verräter der Vaterstadt unbegraben vor die Stadtmauern werfen lassen (Ausgangssituation). Antigone, die ihren Bruder liebt, will ihm ein Begräbnis zukommen lassen (Ziel der Antigone), während Kreon für das Wohl der Stadt und um sich gleich als kompromissloser Herrscher einführen zu können, ein Exempel statuieren will (Ziel des Kreon). Es ergeben sich auf diese Weise zwei Handlungsziele, die in derselben Ausgangssituation gründen, aber gegenläufig sind.

Die beiden Kontrahenten prallen bei dem Versuch, ihre Ziele zu erreichen, heftig aufeinander, was mit dem Todesurteil für Antigone (und nachdem sie resigniert hat und ihr Ziel für unerreichbar hält, mit ihrem Selbstmord) sowie mit der zu späten Einsicht des Kreon endet. Auch Kreons Sohn Haimon (der Antigone liebt und sich nach ihrem Tod umbringt) und Kreons Frau Eurydike (die sich wiederum wegen der Liebe zu ihrem Sohn tötet, als sie von dessen Selbstmord erfährt) kommen im Laufe des Geschehens um.

Eine Tragödie ist also nicht notwendig dann zu Ende, wenn jemand stirbt – Antigone, Haimon und Eurydike sterben in dieser Reihenfolge ja schon weit vor Ende des Dramas –, sondern wenn ein Handlungsziel erreicht oder endgültig nicht erreicht ist. Kreon lebt zwar weiter, ist am Schluss des Stückes aber mit seinem Ziel, die Stadt in Ordnung zu bringen und sich als Herrscher zu profilieren, grandios gescheitert. Das Ende seiner Handlung fällt auf diese Weise auch mit dem Ende des Stückes zusammen.

Dieser Verlauf: Ausgangssituation – Zielsetzung – verschiedene Mittel zur Verwirklichung des Zieles – Scheitern oder Gelingen – sorgt dann auch für die Einheit und Ganzheit einer Handlung. Ein solcher in seinem inneren Zusammenhang vom Charakter des Handelnden, seinen für ihn typischen Entscheidungen und Einzelhandlungen bis zum Scheitern klar nachvollziehbarer Handlungsablauf ist in der empirischen Natur aber selten anzutreffen. Aristoteles wehrt sich denn auch gegen den Versuch, die Einheit einer Dichtung dadurch zu erreichen, dass man sich chronologisch am Leben einer Person orientiert.

Ein Leben besteht aus einer Vielzahl von Zielsetzungen, die daraus sich ergebenden Handlungen werden ständig von der Kontingenz der Welt und von Zufällen unterbrochen. Literatur soll sich nun auf die Darstellung *einer* Zielsetzung und *einer* Handlung beschränken.

Mit Blick auf diese Ergebnisse der vorangegangenen Kapitel 6–8 sagt Aristoteles also zu Beginn des neunten Kapitels, dass der Dichter nicht das empirische Geschehen wiedergeben soll, sondern Derartiges, wie es geschehen dürfte. Auch bei Aristoteles wird also Naturnachahmung als „Nachahmung der äußeren Welt" abgelehnt. Was ist dann aber Gegenstand der „Nachahmung"?

Die Standardinterpretation dieser Stelle ist, dass Aristoteles zwischen dem Erzählen von der erfahrbaren Welt einerseits („faktuales Erzählen") und einer davon unabhängigen Welt der Dichtung andererseits („fiktionales Erzählen") unterscheidet. Die Explikation des „wie es geschehen dürfte", die der unmittelbar folgende Satzabschnitt enthält, wird daher meist folgendermaßen ins Deutsche übertragen: („Der Dichter sagt Derartiges, wie es geschehen dürfte …"), „d. h., das nach den Regeln der Wahrscheinlichkeit oder Notwendigkeit Mögliche (καὶ τὰ δυνατὰ κατὰ τὸ εἰκὸς ἢ τὸ ἀναγκαῖον)" (Übersetzung von Fuhrmann[42]).

Gegen diese auf den ersten Blick einleuchtende Interpretation sprechen vor allem folgende Argumente:

1. Zunächst einmal macht hier stutzig, dass „das Mögliche" (dasjenige Erzählte, was nicht notwendig ist und auch anders sein kann) „der Wahrscheinlichkeit" (demjenigen, das meistens so ist) und sogar „dem Notwendigen" (also dem, das, so Aristoteles, „so sein muss und nicht anders sein darf")[43] folgen soll. Was soll etwas sein, das „so und anders" und zugleich „so und nicht anders" erzählt sein muss? Diese Optionen schließen sich modallogisch gegenseitig aus, sodass der Satz, wörtlich verstanden, sinnlos ist.

2. Das wird in der Übersetzung so überspielt, dass das „Mögliche" *de facto* gar nicht im Sinn der blanken Möglichkeit verstanden wird, sondern, unter

---

42   Dass die Übersetzung von Fuhrmann gewählt wurde, liegt darin begründet, dass seine kompakte zweisprachige Ausgabe das mit Abstand meistgenutzte Hilfsmittel für deutschsprachige Literaturwissenschaftler zum Einstieg in die *Poetik* ist und zugleich die übliche Interpretation dieser Stelle präzise zum Ausdruck bringt.

43   An. pr. 70 a4–5, Metaph. 1010 b28, 1015 a34, vgl. Schmitt 2004, 74–77.

       © Frank & Timme   Verlag für wissenschaftliche Literatur

der Hand, sinngemäß durch „das Erfundene" ausgetauscht wird. Die Explikation des „Derartiges, wie es geschehen dürfte (οἷα ἂν γένοιτο)" durch das Wort δυνατά bedeutet also in diesem Verständnis: „Der Gegenstand der Dichtung ist dasjenige Erfundene, das den Regeln der empirischen Wahrscheinlichkeit entspricht." Sprachlich ist das durch nichts gedeckt. Im Griechischen gibt es keine Belege dafür, dass δυνατά „Erfundenes" heißt.[44]

3. Das δυνατά macht in einer analogen Formulierung im neunten Kapitel noch ein weiteres Mal Probleme. So heißt es überraschenderweise kurz darauf, dass ein Dichter auch dann seine spezifische Aufgabe erfüllen kann, wenn er wirklich Geschehenes darstellt. „Denn es kann vorkommen, dass einiges dessen, was geschehen ist (τῶν γὰρ γενομένων ἔνια), von der Art ist, dass es auf wahrscheinliche Weise geschehen dürfte (τοιαῦτα εἶναι οἷα ἂν εἰκὸς γενέσθαι) und als Mögliches (καὶ δυνατὰ γενέσθαι)" (Poet. 1451 b30–32). Falls Aristoteles im ersten Satz des Kapitels faktuales und fiktionales Erzählen disjunktiv unterschieden hat, so ist diese Trennung hier ganz offensichtlich aufgehoben. Denn Faktisches kann nach Aristoteles' Aussage mit gutem Recht Gegenstand von Literatur sein, nämlich dann, wenn es auf wahrscheinliche Weise geschehen dürfte. Nun geschieht aber das meiste Geschehene auf statistisch wahrscheinliche Weise und somit wäre der Gegenstand von Literatur plötzlich erheblich erweitert worden.

Auffällig ist gleichwohl die Ähnlichkeit der Formulierung mit dem ersten Satz des neunten Kapitels. Gegenstand der Literatur ist, „was auf wahrscheinliche Weise geschehen dürfte", und dies „als Mögliches/als Erfundenes" (καὶ δυνατὰ). Es liegt also auch dieselbe Explikation dessen vor, was „geschehen dürfte", die aber nun nicht dasselbe bedeuten kann. Denn etwas Geschehenes ist keinesfalls etwas Erfundenes (was δυνατά ohnehin nicht heißen kann). Die Information, dass es ein Mögliches ist, ist redundant, denn ein Geschehenes ist notwendigerweise möglich, sonst wäre es nicht geschehen.

Diese scheinbare Verwirrung des Aristoteles hat einen so besonnenen Herausgeber wie Kassel dazu bewogen, das καὶ δυνατὰ einfach als Verschreibung aus dem Kapitelanfang zu verstehen und an dieser Stelle aus dem Text zu tilgen; Fuhrmann ist Kassel in seiner zweisprachigen Ausgabe gefolgt. So bleibt nur noch die (allerdings schwerwiegende) Inkonsistenz übrig, dass nun im Gegensatz zum Kapitelanfang der Gegenstand der Literatur gerade kein eigener autonomer Bereich mehr ist, sondern weit auf das Faktische ausgreift.

....

44 Zusätzlich bleibt ganz unklar, inwiefern sich das Erfundene auch dem Notwendigen beugen soll.

4. Aristoteles sagt im neunten Kapitel auch, dass die Komödiendichter, genau wie die Tragödiendichter, ihre Dramen durch wahrscheinliche Handlungen (διὰ τῶν εἰκότων, Poet. 1451 b13) gestalten. Die Komödie kümmert sich aber gar nicht darum, ob die Handlungen, die in ihnen geschildert werden, mit der statistischen Wahrscheinlichkeit empirischen Geschehens übereinstimmen. Das zeigt sich an den Komödien des Aristophanes, an die Aristoteles primär gedacht haben dürfte, besonders deutlich: Der Winzer Trygaios fliegt im Stück *Frieden* auf einem Mistkäfer zum Olymp empor; in den *Vögeln* wird ein Vogelreich zwischen Himmel und Erde errichtet, um die Menschen auf der Erde kontrollieren zu können; in der *Lysistrate* sind sämtliche Frauen in ganz Griechenland schlagartig enthaltsam, um das Kriegsende herbeizuzwingen; in der *Weibervolksversammlung* können Frauen sich als Männer verkleiden und so – unerkannt! – als Mehrheit in der Volksversammlung die Macht übernehmen; in den *Fröschen* wird ein toter Dichter aus der Unterwelt geholt; in den *Wolken* unterhält sich Sokrates mit den Wolken usw.

Diese Handlungen sind im Sinn der „äußeren", statistischen Wahrscheinlichkeit alles andere als wahrscheinlich, und trotzdem wird für sie von Aristoteles Einheit und Wahrscheinlichkeit der Handlung eingefordert. Das legt nahe, dass mit „Wahrscheinlichkeit der Handlung" hier etwas anderes gemeint sein muss.

5. Das erfährt auch im Bereich der Tragödie weitere Bestätigung. Der *Ödipus Rex* des Sophokles wird von Aristoteles am meisten von allen Tragödien gerühmt, er ist geradezu seine Mustertragödie. Wenn es nun die spezifische Leistung des Dichters wäre, statistisch Wahrscheinliches zu erfinden, so wäre der *Ödipus* jedoch alles andere als gut gewählt.

Überhaupt ist es schon ziemlich unwahrscheinlich, dass jemand den eigenen Vater tötet und die Mutter heiratet. Aber auch im Stück selbst ereignen sich die unwahrscheinlichsten Dinge. Denn der Diener, der den kleinen Ödipus einem Hirten von Korinth übergibt, anstatt ihn zu töten, ist zufälligerweise auch derjenige Diener des Laios, der als einziger überlebt, als Ödipus gut zwanzig Jahre später unwissentlich den eigenen Vater und alle weiteren Begleiter totschlägt. Und während der Aufklärung des Verbrechens, wieder viele Jahre später, ist dieser Diener als Zeuge in Theben anwesend, als zufälligerweise genau dann der korinthische Hirte, dem der Diener vor Jahrzehnten den kleinen Ödipus übergab, nun als Bote von Korinth wiederkehrt, um den Tod der dortigen Stiefeltern des Ödipus zu verkünden. Der Bote erkennt nach dieser langen Zeit ohne Zögern den Diener des Laios wieder und sorgt mit seinen Bemerkungen für den Umschwung im Drama, so dass Ödipus sich selbst erkennt und damit ins Unglück stürzt.

Das alles ist statistisch betrachtet äußerst unwahrscheinlich und wird von Aristoteles trotzdem wegen seines konsequenten Handlungsaufbaues gelobt.

Sollte Aristoteles auf dem kurzen Raum des neunten Kapitels modallogischen Unsinn formuliert oder das Wort δυνατά gegen allen Sprachgebrauch im Sinn von „Erfundenes" gebraucht haben und zudem weder bemerkt haben, dass so ziemlich alle Komödien des Aristophanes als auch die von ihm wegen des Handlungsaufbaues oft gelobte Tragödie *Ödipus* überhaupt nicht seinem Postulat der wahrscheinlichen Handlung entsprechen, und weiterhin seine zu Anfang des Kapitels eingeführte Teilung in faktuales und fiktionales Erzählen wenige Zeilen später wieder konterkariert und aufgehoben haben? Man käme nicht umhin, das viel beachtete Kapitel, in dem Aristoteles die Aufgabe des Dichters und den Gegenstand der Literatur bestimmt, als schlimme Stümperei anzusehen.

Schmitt bietet in seinem Kommentar nun einen Schlüssel zur Lösung dieser unerquicklichen Problematik an. Der Begriff des Möglichen (δυνατόν) wird bei Aristoteles in zweifachem Sinn verwendet.[45] Zum einen bedeutet er die bloße Möglichkeit zu etwas zu haben, wie zum Beispiel ein neugeborenes Kind die Möglichkeit hat, irgendwann einmal die altgriechische Sprache zu erlernen. Zum anderen wird er im Sinne des Besitzes einer bereits erworbenen und kontinuierlich vorliegenden Fähigkeit gebraucht, etwa der Fähigkeit, altgriechische Texte zu übersetzen. Diese Fähigkeit muss erst erworben und somit von der Möglichkeit in ein Vermögen überführt werden. Das Vermögen ist dann aber – es sei denn, es liegen unterbrechende Faktoren wie Schlaf, Krankheit, Trunkenheit etc. vor – jederzeit einsatzbereit, um auch tatsächlich tätig zu werden.

Auch der menschliche Charakter ist ein solches Vermögen, das seine mit der Zeit entwickelten Charakterprämissen in einzelnen Situationen unmittelbar zu aktualisieren versteht. Schmitt setzt die zweite Bedeutung des δυνατόν – die bei Aristoteles vielfach belegt ist[46] – in den ersten Satz des neunten Kapitels der *Poetik* ein und versteht das δυνατόν hier als etwas, das (sc. aufgrund eines bestimmten Charakters) möglich ist. Die erwähnte Wahrscheinlichkeit (und

---

45 Zum Folgenden vergleiche besonders Buch 2 Kapitel 5 von Aristoteles' Schrift *De anima*. Siehe auch Schmitt 2011, 382–384.

46 Für die Belegstellen und weitere Literatur siehe die einschlägigen Lexikonartikel zum δυνατόν von Nortmann 2005, 144–145, und zur δύναμις von Weidemann 2005, 139–144.

Notwendigkeit) ist damit keine „äußere Wahrscheinlichkeit" mehr, sondern drückt das Verhältnis von bestimmtem Charakter und der Handlung aus, die für diesen Charakter eben eine „charakteristische" ist. Schmitt übersetzt daher:

> Aufgrund des Gesagten ist auch klar, das nicht dies, die geschichtliche Wirklichkeit <einfach> wiederzugeben, die Aufgabe eines Dichters ist, sondern etwas so <darzustellen>, wie es gemäß <innerer> Wahrscheinlichkeit oder Notwendigkeit geschehen würde, d. h., was <als eine Handlung eines bestimmten Charakters> möglich ist.[47]

Die Probleme 1 und 2 sind damit behoben. Aber auch die spätere, ähnliche Textstelle (zu Problem 3) erhält nun einen konsistenten Sinn, und das unter Beibehaltung des ursprünglichen Wortlautes der Handschriften: „Denn es kann vorkommen, dass einiges dessen, was geschehen ist, von der Art ist, dass es gemäß (*sc.* innerer) Wahrscheinlichkeit geschehen dürfte und (*sc.* damit) als (*sc.* etwas einem bestimmten Charakter) Mögliches (καὶ δυνατὰ γενέσθαι)." Aristoteles grenzt also den Bereich der Literatur nicht prinzipiell vom historisch Gegebenen ab, sondern fordert für die Darstellung eine innere Wahrscheinlichkeit zwischen bestimmtem Charakter und charakteristischer Handlung ein; ist dieser Zusammenhang bei einem Geschehen klar erkennbar, eignet sich dieses historische Geschehen für die dichterische Darstellung einer Handlung.

Wenn in einem Drama eine Figur sich gemäß ihrem Charakter Handlungsziele setzt, sie auf typische Weise verfolgt und entsprechend Erfolg hat oder scheitert, so liegt eine innere Wahrscheinlichkeit der Handlung vor. Eine kluge und tatkräftige Frau wie Lysistrate verfolgt ihr Ziel, ein Ende des Krieges zwischen Sparta und Athen herbeizuführen, der Wahrscheinlichkeit gemäß mit klugen Plänen wie der Liebesverweigerung der Frauen. Und auch die Art und Weise, wie der hochbegabte, aber wegen seiner unklaren Herkunft sensible und jähzornige Ödipus handelt, geht ausgesprochen passend, mit innerer Wahrscheinlichkeit, aus seinem Charakter hervor. Damit sind auch die Einwände 5 und 6, die lediglich auf die „äußere" Unwahrscheinlichkeit der angesprochenen Dramenhandlungen abhoben, nicht mehr stichhaltig.

---

47 Im Kommentarteil, Schmitt 2011, 381.

Die Interpretation bewährt sich auch an einem anderen Schlüsselsatz des neunten Kapitels (Poet. 1451 b5–9):

διὸ καὶ φιλοσοφώτερον καὶ σπουδαιότερον ποίησις ἱστορίας ἐστίν· ἡ μὲν γὰρ ποίησις μᾶλλον τὰ καθόλου, ἡ δ' ἱστορία τὰ καθ' ἕκαστον λέγει. ἔστιν δὲ καθόλου μέν, τῷ ποίῳ τὰ ποῖα ἄττα συμβαίνει λέγειν ἢ πράττειν κατὰ τὸ εἰκὸς ἢ τὸ ἀναγκαῖον (…)

Deshalb ist die Dichtung auch philosophischer und bedeutender als die Geschichtsschreibung. Die Dichtung nämlich stellt eher etwas Allgemeines, die Geschichtsschreibung (eher etwas) Einzelnes dar. „Etwas Allgemeines", meint aber, dass es einem bestimmten Charakter mit Wahrscheinlichkeit oder Notwendigkeit zukommt, Bestimmtes zu sagen oder zu tun (…)[48]

Die zunächst verwunderlich anmutende Aussage, dass der Dichter eher etwas Allgemeines darstellt – verwunderlich deshalb, weil wir davon ausgehen, dass in der Literatur individuelle Subjekte auftreten sollen –, ist bei Aristoteles demnach keine Forderung nach abstrakten Idealen oder allgemeinen Typen, wie „der Tapfere", „der Kluge", „der Zornige" etc., so wie das von Robortello bis Breitinger verstanden worden ist. „Eher etwas Allgemeines" ist vielmehr eine passende Bezeichnung für das, was weiter oben im neunten Kapitel mit dem, „was (aufgrund eines bestimmten Charakters) möglich ist (δυνατά)", angesprochen worden war.

Der Dichter soll die bestimmten Gewohnheiten und allgemeinen Tendenzen eines komplexen Charakters, in der Regel so und nicht anders zu handeln, in dazu passende, „charakteristische" Handlungen überführen, d. h., in das Setzen und Durchführen konkreter Handlungsziele, die sich aus den allgemeinen Handlungsprämissen der geschilderten Person der Wahrscheinlichkeit oder gar Notwendigkeit nach ergeben. Demnach geht es nicht darum, mögliche Welten mit den statistischen, „äußeren Wahrscheinlichkeiten" unserer Welt auszustatten. Es geht vielmehr um die „innere Wahrscheinlichkeit", dass ein so beschaffener Charakter wahrscheinlicherweise in *dieser* Situation *so und so* handeln wird. Dadurch kommt es schließlich auch zum konsequenten Ab-

---

48 Zur Frage der möglichen grammatischen Zuordnung des Ausdrucks „mit Wahrscheinlichkeit oder Notwendigkeit" siehe Schmitt 2011, 277–381.

schluss und zur Einheit der Handlung. Dabei ist gleichgültig, ob die Handlung erfunden oder mit Sorgfalt aus der Vielfalt des historischen Geschehens ausgewählt worden ist. Fiktionalität ist für Aristoteles somit keine notwendige Bedingung von Literatur und auch nicht von guter Literatur. Eine disjunktive Trennung von faktualem und fiktionalem Erzählen wird im neunten Kapitel der *Poetik* nicht vorgenommen, sondern eine zwischen einem Erzählen, das die historischen Fakten berücksichtigen muss, und einem, das die historischen Fakten berücksichtigen kann, wenn diese Fakten die Bedingung für Literatur, die einheitliche Handlung eines Charakters zu zeigen, erfüllen.

3   Ergebnisübersicht

Die „Nachahmung der Natur" gilt als überholte Formel der Literaturtheorie, und damit gelten auch die Überbringer dieser Formel, die antiken Literaturtheorien, besonders Platon und Aristoteles, aber auch die rationalistische Poetik des 16. und 17. Jahrhunderts, als überholt.

Das liegt vor allem daran, dass man erstens meint, die Bestimmung von Kunst und Literatur als „Nachahmung der Natur" sei als sklavisches Kopieren der gegebenen Wirklichkeit zu verstehen. Das trifft für Platon und Aristoteles aber nicht zu, vielmehr werden primär an der Empirie orientierte Darstellungen gerade für ein Zeichen geringer Qualität und Durchdringung des Gegenstandes erachtet.

Seit der Renaissance wird diese Kritik an der Nachahmung der gegebenen Natur durch die – bei Aristoteles so nicht geforderte – exklusive Entgegensetzung von *verum* und *fictum*, von Faktischem (Gegenstand für die Geschichtsschreibung) und Fiktionalem (Gegenstand für die Literatur), verschärft. Literatur darf die gegebene Natur nicht mehr nachahmen, soll aber trotzdem so aussehen wie sie, indem sie den Regeln der äußeren Wahrscheinlichkeit folgt, also schildert, was in der gegebenen Natur meistens zu geschehen pflegt.

In diese Richtung wird dann auch der Begriff des Allgemeinen als eines Gegenstandes der Literatur transformiert. Gegenstand der Literatur ist nun ein abstrakter Typus oder ein Ideal, Literatur ist also zweitens, wenn man so will, „Nachahmung der abstrahierten Natur". „Der Zornige", „der Geizige", „der Kluge" usw. sollen Ziel der Darstellung sein. Die Hinwendung dieser Zeit zur Rhetorik sorgte dafür, dass es an Regeln für die passenden Mittel der Darstel-

       © Frank & Timme   Verlag für wissenschaftliche Literatur

lung dieser abstrakten Typen nicht fehlte, so dass die Poetiken teilweise zu rhetorischen Regelbüchern ausarteten.

Dass es gegen diese Überregulierung bei einem gleichzeitig schemenhaften, abstrakt-leeren Gegenstand der Literatur zu einer Gegenbewegung kam, ist nicht verwunderlich; vor allem im 18. Jahrhundert ist die Genieästhetik gleichsam ein Befreiungsschlag gegen diese spanischen Schnürstiefel der Poesie. Das Pech für Platon und Aristoteles ist, dass ihre Ansätze – die „Nachahmung von Handlungen", die sich *nicht* primär auf die Empirie stützt, sondern die aus dem Inneren eines komplexen Charakters heraus dessen Zielsetzungen und einzelne Handlungen motiviert sieht – mit den Renaissance-Poetiken, die sich auf sie als Kronzeugen berufen, leicht in eins gesetzt wurden. Eine Abwendung von der Regelpoetik des 16. und 17. Jahrhunderts und damit von einer „Nachahmung der abstrahierten oder idealisierten äußeren Natur" führte damit zugleich zu einer Verwerfung derjenigen antiken Literaturtheorien, die ihnen die Stichworte dazu, wenn auch mit anderem Sinn besetzt, geliefert hatten.

Vor allem die theoretischen Ansätze von Platon und Aristoteles scheinen so eine erneute Betrachtung verdient zu haben. Wenn wir als Literaturwissenschaftler über den Gegenstand der Literatur in Aporie sind, so ist es vielleicht nicht verkehrt, in alle Richtungen auszuschwärmen, um ihn wiederzufinden. Wenn die vorangegangenen Seiten zumindest das Interesse erregen konnten, die antiken Literaturtheorien – die hier nur sehr knapp vorgestellt werden konnten – als ernsthaften Gesprächspartner wieder mit in die Diskussion über den Gegenstand der Literatur einzubeziehen, so ist das Ziel meiner Untersuchung erreicht.

Literaturverzeichnis

ALTHOFF, JOCHEN: Art. „physis/Natur, Wesen", in: OTFRIED HÖFFE (Hrsg.), *Aristoteles-Lexikon*, Stuttgart 2005, 455–462.

ARISTOTELES: *Περὶ ποιητικῆς*, mit Einleitung, Text und adnotatio critica, exegetischem Kommentar, kritischem Anhang und indices nominum, rerum, locorum von A. Gudemann, Berlin/Leipzig 1934.

ARISTOTELES: *Poetik*. Griechisch/deutsch. Übersetzt und herausgegeben von Manfred Fuhrmann, Stuttgart 1994.

ARISTOTELES: *Aristotelis de arte poetica liber rec.* R. Kassel, Oxford 1965.

ARISTOTELES: *Poetik*. Übersetzt und erläutert von Arbogast Schmitt, Berlin 2008, 2., durchges. u. erg. Auflage 2011.

BLUMENBERG, HANS: „Nachahmung der Natur. Zur Vorgeschichte der Idee des schöpferischen Menschen". In: DERS.: *Wirklichkeiten, in denen wir leben*, Stuttgart 1981, 55–103 (= Studium Generale 10, 1957, 260–283).

BREITINGER, JOHANN JACOB: *Critische Dichtkunst*, und: *Fortsetzung der Critischen Dichtkunst*, mit einer Vorrede von Johann Jacob Bodmer, Zürich/Leipzig 1740, Nachdruck Stuttgart 1966.

BÜTTNER, STEFAN: *Die Fiktionalität in der Antike*, in: Sammelband des DFG-Projektes „Netzwerk Fiktion" (im Erscheinen).

DERS.: *Die Literaturtheorie bei Platon und ihre anthropologische Begründung*, Tübingen/Basel 2000.

DERS.: "Inspiration and Inspired Poets in Plato's Dialogues". In: *Plato and the Poets*, hrsg. von Pierre Destrée und Fritz-Gregor Herrmann, Mnemosyne Supplements 328, Leiden/Boston 2011, 111–129.

DERS.: „Literatur und Mimesis bei Platon". In: *Mimesis – Repräsentation – Imagination. Literaturtheoretische Positionen von Aristoteles bis zum Ende des 18. Jahrhunderts*, hrsg. von J. Schonert und U. Zeuch, Berlin/New York 2004, 31–64.

DIELS, HERMANN/KRANZ, WALTER: *Die Fragmente der Vorsokratiker*, Berlin 1903, 5. Aufl. von W. Kranz, Berlin 1934–1938, 6. Auflage von W. Kranz. Berlin 1951–1952 u. weitere.

FLASCH, KURT: „Ars imitatur naturam. Platonischer Naturbegriff und mittelalterliche Philosophie der Kunst". In: *Parusia*, hrsg. v. K. Flasch, Frankfurt/M. 1965, 265–306.

FRANZ, MICHAEL: „Fiktionalität und Wahrheit in der Sicht des Gorgias und des Aristoteles". In: *Philologus* 1991, 135, 240–248.

DERS.: *Von Gorgias bis Lukrez. Antike Ästhetik und Poetik als vergleichende Zeichentheorie*, Berlin 1999.

FUHRMANN, MANFRED: *Dichtungstheorie der Antike*, Darmstadt, 2., überarb. und veränd. Auflage 1992 ([1]1973).

GABRIEL, GOTTFRIED: *Fiktion und Wahrheit. Eine semantische Theorie der Literatur*, Stuttgart-Bad Cannstatt 1975.

GAISER, KONRAD: *Platone come scrittore filosofico. Saggi sull'ermeneutica dei dialoghi platonici.* Neapel 1984.

GILL, CHRISTOPHER: "Plato's Atlantis story and the birth of fiction". In: *Philosophy and Literature* 3, 1979, 64–78.

DERS.: "The Genre of the Atlantis Story". In: *Classical Philology* 72, 1977, 287–304.

GÖRGEMANNS, HERWIG: „Wahrheit und Fiktion in Platons Atlantis-Erzählung". In: *Hermes* 128, 2000, 405–419.

GOTTSCHED, JOHANN CHRISTOPH: *Versuch einer Critischen Dichtkunst* (unveränd. Photomechan. Abdruck der 4. verm. Aufl. Leipzig 1751), Darmstadt 1962.

HALLIWELL, STEPHEN: *The Aesthetics of Mimesis. Ancient Texts and Modern Problems,* Princeton/Oxford 2002.

HARTH, DIETRICH/VOM HOFE, GERHARD: „Unmaßgebliche Vorstellung einiger literaturtheoretischer Grundbegriffe". In: DIETRICH HARTH u.a. (Hg.): *Erkenntnis der Literatur. Theorien, Konzepte, Methoden der Literaturwissenschaft,* Stuttgart 1982, 8–32.

HARTH, HELENE: *Dichtung und Arete. Untersuchungen zur Bedeutung der musischen Erziehung bei Platon,* Frankfurt/M. 1967.

HERRMANN, HANS PETER: *Naturnachahmung und Einbildungskraft. Zur Entwicklung der deutschen Poetik von 1670 bis 1740,* Bad Homburg/Berlin/Zürich 1970 (= Ars Poetica, Studien 8).

KAPPL, BRIGITTE: *Die Poetik des Aristoteles in der Dichtungstheorie des Cinquecento. Untersuchungen zur antiken Literatur und Geschichte,* Bd. 83, Berlin/New York 2006.

KARDAUN, MARIA: „Der Mimesisbegriff in der griechischen Antike". In: *Verhandelingen der Koninklijke Nederlandse Akademie van Wetenschapen, Afd. Letterkunde,* N.R. 153, Amsterdam u. a. 1993.

KOLLER, HERMANN: *Die Mimesis in der Antike,* Bern 1954.

LEVIN, SUSAN B.: *The Ancient Quarrel Between Philosophy and Poetry revisited – Plato and the Greek Literary Tradition,* Oxford 2001.

LIEBRAND, CLAUDIA: „The Longing for Reference and Literary Theory". In diesem Band.

NIETZSCHE, FRIEDRICH: „Zur Genealogie der Moral". In: DERS.: *Werke,* Kritische Gesamtausgabe hrsg. von G. Colli und M. Montinari, VI.2, Berlin 1968.

NORTMANN, ULRICH: Art. „dynaton/vermögend, möglich", in: OTFRIED HÖFFE (Hg.), *Aristoteles-Lexikon,* Stuttgart 2005, 144–145.

PANOFSKY, ERWIN: *Idea. Ein Beitrag zur Begriffsgeschichte der älteren Kunsttheorie,* Berlin, 7. unveränd. Aufl. 1993 (1. Aufl. Leipzig 1924).

ROBORTELLO, FRANCESCO: *Explicationes in librum Aristotelis, qui inscribitur De Poetica* (1548), München 1968 (= Poetiken des Cinquecento, 22).

RÖSLER, WOLFGANG: „Die Entdeckung der Fiktionalität in der Antike". In: *Poetica* 12, Amsterdam 1980, 283–319.

SCHMITT, ARBOGAST: *Denken und Sein bei Platon und Descartes. Kritische Anmerkungen zur „Überwindung" der antiken Seinsphilosophie durch die moderne Philosophie des Subjekts,* Heidelberg 2011.

DERS.: „Die Literatur und ihr Gegenstand in der Poetik des Aristoteles“. In: THOMAS BUCHHEIM (Hg.): *Kann man heute noch etwas anfangen mit Aristoteles?*, Darmstadt 2003, 184–219.

DERS.: *Die Moderne und Platon*, Stuttgart, 2., überarb. Aufl. 2008 (1. Aufl. 2003).

DERS.: „Was macht Dichtung zur Dichtung? Zur Interpretation des neunten Kapitels der Aristotelischen Poetik (1451a36–b11)“. In: JÖRG SCHÖNERT, ULRIKE ZEUCH (Hg.): *Mimesis – Repräsentation – Imagination. Literaturtheoretische Positionen von Aristoteles bis zum Ende des 18. Jahrhunderts*, Berlin 2004, 65–95.

SCHWEITZER, BERNHARD: „Der Bildende Künstler und der Begriff des Künstlerischen in der Antike“. In: DERS.: *Zur Kunst der Antike. Ausgewählte Schriften*, Tübingen 1963, Bd.1, 11–104 (urspr. Neue Heidelberger Jahrbücher 1925, 28–132).

SIER, KURT: „Gorgias über die Fiktionalität der Tragödie“. In: E. STÄRK/G. VOGT-SPIRA (Hg.): *Dramatische Wäldchen* (Festschr. E. Lefèvre), Hildesheim 2000, 575–618.

SÖRBOM, GÖRAN: *Mimesis and Art – Studies in the Origin and Early Development of an Aesthetic Vocabulary*, Uppsala 1966.

TATE, JONATHAN: “‘Imitation’ in Plato’s Republic”. In: *Classical Quarterly* 22 (1928), 16–23.

DERS.: “Plato and ‘Imitation’”. In: *Classical Quarterly* 26, 1932, 161–169.

TOMASI, JOHN: “Plato’s Statesman Story: The birth of fiction reconceived”. In: *Philosophy and Literature* 14, 1990, 348–358.

WEIDEMANN, HERMANN: Art. „dynamis/Vermögen, Möglichkeit“. In: OTFRIED HÖFFE (Hg.), *Aristoteles-Lexikon*, Stuttgart 2005, 139–144.

ZEUCH, ULRIKE: „Zur Einleitung: Der literaturtheoretische Diskurs der Gegenwart und die historischen Bestimmungen des Gegenstandes der Literatur.“ In: J. SCHONERT/ U. ZEUCH (Hg.): *Mimesis – Repräsentation – Imagination. Literaturtheoretische Positionen von Aristoteles bis zum Ende des 18. Jahrhunderts*, Berlin/New York 2004, 9–29.

ZIMBRICH, ULRIKE: *Mimesis bei Platon – Untersuchungen zu Wortgebrauch, Theorie der dichterischen Darstellung und zur dialogischen Gestaltung bis zur Politeia*, Frankfurt/M. 1984.

Hartmut Günther

Literatur und Schriftlichkeit

> *Schriftlichkeit bedeutet nicht nur die bloße Vorausset-*
> *zung der Literatur, sondern zugleich auch ihr eigentli-*
> *ches Medium und der privilegierte Raum der Schreibtä-*
> *tigkeit. Literatur ist, als wichtiger Ausarbeitungsprozess*
> *der Sprache und der Kultur, die Kunst der geschriebe-*
> *nen Sprache, die Quintessenz der Schrift.*
>
> Viollet 1994: 658

1   Fragestellung

Wenn in Examensprüfungen das Thema *literarische Sozialisation* anstand, gab es meist irgendwann die Frage, was der Unterschied zu *Lesesozialisation* sei, und erwartet haben meine Mitprüfer/innen von den Prüflingen eine Antwort dergestalt, dass Lesesozialisation insofern der weitere Begriff sei, als er auch Sachtexte, literarische Sozialisation aber insofern, als er neben den Print- auch andere Medien betreffe. Ich habe dann immer fein säuberlich den Mund gehalten, weil ich die erwartete Antwort für den zweiten Begriff für problematisch, wenn nicht gar für falsch hielt: Wenn man ihn paraphrasiert als *Sozialisation zur (Verarbeitung und zum Verstehen von) Literatur,*[1] dann sind Film und andere Medien im Sinne des Sozialisationsziels irgendwie fehl am Platze. Die Titelfrage dieses Bandes gibt mir Gelegenheit, dazu etwas zu meinen.

Im vorliegenden Text soll ausgeführt werden, dass Schriftlichkeit in einem sehr grundsätzlichen Sinne für jeden Literaturbegriff konstitutiv ist. Schrift-

....

[1] Natürlich könnte das Adjektiv *literarisch* einen weiteren Bedeutungsumfang haben als das Substantiv *Literatur,* von dem es abgeleitet ist. Auch mag es sein, dass gemeint ist, man könne den Zugang zur Literatur auch durch andere Medien bahnen – was freilich eine recht triviale Sache ist. Ich nehme aber einmal an, durch die Prüfungsverläufe gestützt, dass eben doch gemeint ist, dass Literatur mehr ist als geschriebene/gedruckte Literatur.

lichkeit, so die These, ist eine notwendige Bedingung für Literatur; Schriftlichkeit grenzt den Begriff Literatur selbst systematisch ein und macht Literatur überhaupt erst möglich: Ohne Schrift keine Literatur. Dass es sich dabei um keine hinreichende Bedingung handelt, liegt auf der Hand: Nicht alles, was geschrieben wird und wurde, ist Literatur. Aber, so soll argumentiert werden, die Konsequenzen aus der postulierten Unabdingbarkeit von Schriftlichkeit für Literatur sind mindestens ebenso bedeutsam wie manch anderes Konzept, wie z. B. Selbstreferentialität oder Fiktionalität, die im Verlaufe des Kolloquiums als primär konstitutiv für Literatur vorgebracht wurden.

Die Behauptung, dass Schriftlichkeit konstitutiv für Literatur in dem Sinne ist, dass jedwede Antwort auf die Frage, was Literatur denn sei, Bezug auf ihre Schriftgebundenheit nehmen muss, stößt, kaum geäußert, auf drei Probleme:

1. Sie ist trivial.
2. Sie ist unzureichend.
3. Sie scheint *prima facie* schlechterdings falsch.

Im Wort *Literatur* steckt als Stamm lat. *litera*, Buchstabe. Die Alltagssprache verbindet den Begriff Literatur grundsätzlich mit Schriftlichkeit. Poeten nennt der Deutsche *Schriftsteller*, der Franzose *ecrivain*, der Engländer *writer* usw. Man fragt danach, wer dieses Gedicht, jenes Drama *geschrieben* hat und ob jemand den neuen Grass schon *gelesen* habe. Dass freilich der Zusammenhang von Schriftlichkeit, Mündlichkeit und Literatur keineswegs ganz so trivial ist, wie er in diesen Beispielen daherkommt, soll im ersten Abschnitt gezeigt werden, wo es um Schriftlichkeit im Gegensatz zu Mündlichkeit geht.

Der zweite Punkt ist gewichtiger: Nicht alles Geschriebene ist Literatur und nicht alle, die schreiben, sind Literat(urproduzent)en – was soll dann der Hinweis auf die Schrift zur Begriffsbestimmung nützen? Im zweiten Abschnitt soll gezeigt werden, dass Schrift durch ihren Bezug auf die sprachliche Form und damit den Wortlaut eines Textes literarisches Potential auf breiter Basis erst ermöglicht.

Kaum zu verneinen und damit für das Argument tödlich schließlich scheint der dritte Punkt. Man redet seit langem von „mündlicher Literatur", dramatische Literatur wird erst durch ihre Aufführung lebendig. Das Hörbuch erzielt ungeahnte Erfolge, und bei einem (rein mündlichen) *poetry slam* wird Literatur produziert, und zwar vorgeblich ohne Schrift. Im dritten Abschnitt wird versucht zu zeigen, dass solche Beispiele keine Argumente gegen meine zentrale These sind, dass Schriftlichkeit konstitutiv für Literatur ist.

Zusammenfassend wird abschließend argumentiert, dass der Versuch, die Frage *Was ist Literatur?* zu beantworten, einer Berücksichtigung ihrer grundsätzlichen Schriftgebundenheit kaum entraten kann, dass damit aber die interessanten Fragen eigentlich erst anfangen.

2   Mündlichkeit und Schriftlichkeit

Im alltäglichen Sprachgebrauch, aber auch in vielen Wissenschaftsdiskursen wird in der Gegenüberstellung von *Sprache* und *Schrift* der Gegensatz zwischen der Lautsprache einerseits und ihrer schriftlichen Fixierung andererseits betont.[2] Apodiktisch sagte Augustinus, in Nachfolge von Aristoteles, *omne verum sonat*, jedes Wort tönt, und diese Doktrin hielt sich zwei Jahrtausende lang: Schrift sei lediglich ein mehr oder weniger gelungenes Abbild der Lautsprache. „Writing is not language", schreibt der große amerikanische Linguist Leonard Bloomfield 1933 in seinem epochalen Buch *Language*, „but merely a way of representing language by means of visible marks" – Sinn der Schrift sei es, die Lautsprache zu repräsentieren, und nichts anderes. In dieser Sicht stimm(t)en die meisten Wissenschaftler mit den Laien überein: Das „Eigentliche" sei die Sprache, die Schrift bilde sie „nur" ab, und je genauer sie das tue, desto leistungsfähiger sei sie, dieser überkommenen Auffassung zufolge. Gemäß dieser Auffassung ist die Idee, Literatur bedinge vorgängige Schriftlichkeit, eine leere Aussage: Wenn Schriftliches nur Mündliches abbildet, *ist* auch Literatur basal mündlich, erscheint nur zufällig im schriftlichen Gewand. Dass das freilich etwa bei *Zettels Traum*, *Ulysses* oder *Fisches Nachtgesang*, aber schon bei Otfried von Weissenburgs *Evangelienbuch* schwer nachvollziehbar ist, sollte stutzig machen.

In vielen Publikationen der neueren Schriftlichkeitsforschung (z. B. Olson 1994, Raible 1994, Günther 1995) ist deshalb vorgeschlagen worden, die Modellierung des Zusammenhangs zwischen Schrift und Lautsprache in gewisser Weise umzukehren. Danach besteht die historische Entwicklung nicht darin, dass Lehrer, Philosophen, Sprachwissenschaftler und andere immer tiefer in

---

2   In diesem Abschnitt werden teilweise mehr oder weniger wörtlich Überlegungen aus früheren Aufsätzen übernommen, ohne dass dies eigens gekennzeichnet wird.

die Geheimnisse der (gesprochenen) Sprache eingedrungen sind und ihre Erkenntnisse dann für die Modellierung der Schrift (z. B. eine Orthographiereform) nutzbar gemacht haben. Vielmehr waren es ihre Erkenntnisse über Eigenheiten der Schrift, die zu einer neuen Einsicht in die Natur der Lautsprache führten: Die Schrift fungiert als Modell für die (Analyse der) Lautsprache. Zentral dabei ist, dass die schriftliche Fixierung eine Analyse erlaubt, die bei der Produktion und Wahrnehmung gesprochener Sprache nicht möglich ist: Durch Schrift wird Sprache zum Gegenstand – ein Sachverhalt, der vor allem für den Schriftspracherwerb von zentraler Bedeutung ist (so schon Wygotski 1934), aber auch für unseren Zusammenhang.

Denn gegenüber der Lautsprache gibt es in der Schrift andere physischpsychische Gegebenheiten. Beim Sprechen erzeugen Menschen mit ihren Sprechorganen Schall, damit andere Menschen diesen mit ihren Hörorganen wahrnehmen. Mündliche Äußerungen haben eine kontinuierliche zeitliche Ausdehnung und sind flüchtig. Der lautsprachliche Kommunikationsprozess ist gekennzeichnet durch den Umstand, dass das die Botschaft transportierende Signal mit seiner Erzeugung auch schon wieder verschwindet. Zentraler Wahrnehmungsgegenstand beim Hören (und Verstehen) von Sprache sind deshalb die Veränderungen des Signals in der Zeit, nicht seine Konstanten; es muss in Sekundenbruchteilen das Gesagte verarbeitet werden (Levelt 1989). Dies geschieht, modernen phonetischen Theorien zufolge, ganz wesentlich durch eine Art Rekonstruktion der artikulatorischen Vorgänge (sog. *motor theory of speech perception*). Beim Schreiben dagegen erzeugt ein Mensch mit Hilfe von Werkzeugen visuelle Muster, die ein anderer (in der Regel zu einem anderen Zeitpunkt) beim Lesen mit seinen Sehorganen wahrnimmt. Schriftliche Äußerungen haben eine räumliche Ausdehnung, sie sind diskret und konstant. Bei ihrer Wahrnehmung gibt es keine zeitlichen Beschränkungen, die in der Natur der Sache lägen. Zentraler Wahrnehmungsgegenstand beim Lesen ist das zeitlich konstante Signal, nicht seine Veränderung; das Gelesene ist nicht mit dem Lesevorgang verschwunden. Insofern sind auch Lesetheorien in dem Sinne, dass der Leser den physischen-psychischen Schreibprozess rekonstruiert, obsolet (vgl. zusammenfassend Günther & Pompino-Marschall 1996).

Für die Fragestellung, was Literatur ist, ergibt sich aus diesen Überlegungen zunächst wenig. Es wäre zu zeigen, welche Eigenschaften des verwendeten Mediums welche Konsequenzen für den Begriff haben.

Die zentrale Neuerung der Schrift und ihre Konsequenzen für sprachliches Handeln hat Konrad Ehlich in verschiedenen Arbeiten hervorgehoben (z. B. Ehlich 1994). Er spricht dabei von einer zerdehnten Sprechsituation: Schrift ermöglicht es, sprachlich über Raum und Zeit hinweg zu handeln, weil das sprachliche Signal nicht bei seiner Erzeugung auch schon wieder verschwindet. Dabei ist die Konstanz des schriftlichen Sprachsignals der zentrale Punkt – was man schwarz und weiß besitzt, kann man getrost nach Hause tragen. In der „zerdehnten Sprechsituation" ist der Text systematisch vom Produzenten und dadurch auch vom Rezipienten getrennt. Das gilt für lange wie kurze Texte: Der Text selbst, als solcher, verrät nichts mehr über den Produzenten, die Textwelt muss vom Rezipienten neu erschaffen werden – wunderbar ausgedrückt in diesem Gedicht von Christian Morgenstern:

Der Meilenstein
Tief im dunklen Walde steht er
und auf ihm mit schwarzer Farbe,
dass des Wandrers Geist nicht darbe:
Fünfundzwanzig Kilometer.

Seltsam ist und schier zum Lachen,
dass es diesen Text nicht gibt,
wenn es keinem Blick beliebt,
ihn durch sich zu Text zu machen.

Und noch weiter vorgestellt:
Was wohl ist er – ungesehen?
Ein uns völlig fremd Geschehen.
Erst das Auge schafft die Welt.

Wer hat den Text geschrieben, warum, ist nicht zum Lachen, stimmt das überhaupt, ist doch viel kürzer … all das steht nicht im Text, aber irgendwie doch. Denn jeder Text reduziert die Sprechsituation auf ihren sprachlichen Teil, und zwar auf den ausdrucksseitigen. In diesem Sinne kann man davon sprechen, dass die Schrift Sprache auf den Punkt bringt, das rein Sprachliche der Sprechsituation ausgliedert. Mithin schafft der geschriebene Text durch seine Dauerhaftigkeit auch eine besonders gute Möglichkeit, Sprache als solche zum Gegenstand der Betrachtung zu machen. Wie schon erwähnt, ist es im Schriftspracherwerb von zentraler Bedeutung, dieses Potential von Schrift überhaupt zu erfassen. Umso mehr von Bedeutung ist es für den literarischen Schreiber, denn sein Werkstoff ist die Sprache, die erst in der Schrift handgreiflich vor ihm liegt.

Was bei der schriftlichen Sprachproduktion konstant bleibt, ist der Text, der nach der Produktion für sich selbst seht; eine Bestimmung des Begriffs *Text* macht nur dann Sinn, wenn Schrift als Möglichkeit mitgedacht ist.[3] Textdefinitionen gibt es freilich wohl ebenso viele wie Literaturdefinitionen. Nun soll hier nicht der Versuch unternommen werden, eine unklare Definition durch eine andere, ebenfalls umstrittene Definition zu klären. Neuere sprachwissenschaftliche Begriffsbestimmungen betonen bei der Definition von *Text* die inhaltliche Seite – Texte haben, um solche zu sein, Bedingungen von Kohärenz und Kohäsion zu genügen. Dass manchem literarischen Text diese Merkmale zu fehlen scheinen, mache gerade den Witz von Literatur aus, dass die geplanten Leerstellen vom Leser zu füllen sind. In Seminaren ist es interessant zu beobachten, dass gerade die literaturinteressierten Studentinnen sofort mit einschlägigen Verweisen zu Recht gegen diese Definition opponieren – Kohärenz und Kohäsion müssen durch den Leser hergestellt werden.

Was aber an einem Text unabdingbar zu sein scheint, ist seine Identität, die im sprachlichen Ausdruck liegt. Wir identifizieren einen Text durch den bestimmten Artikel (die Bibel, der Faust, der Brief an meine Mutter, der verlorene Einkaufszettel). Wir können über zwei vorliegende schriftliche Texte sagen, ob sie identisch sind oder nicht. Dabei betrifft die Identität allein die sprachliche Form – ob der Faust oder Fisches Nachtgesang in Fraktur, Antiqua oder handschriftlich vor uns liegen: Es ist dieser Text oder aber er ist es nicht. Wenn die vor uns liegende Version fehlerhaft ist, wird das bemerkt. Wir sagen dann z. B.: „Das ist der Faust, aber es heißt ‚Habe nun, ach! Philosophie‘ … und nicht ‚Habe jetzt auch die Philosophie …‘.“

Es ist der Wortlaut, der den Text ausmacht. Schauen wir dazu in drei Wörterbücher. Im Rechtschreibduden (Duden 2009) wird knapp formuliert:

Text, der; -[e]s, -e <lat.> (Wortlaut, Beschriftung; [Buch]stelle)

---

3   Will sagen: Nur durch die Existenz schriftlicher Texte ist die Idee mündlicher Texte überhaupt denkbar.

Im ausführlicheren Duden Universalwörterbuch 2003 werden für den Begriff
Text folgende Bedeutungen angegeben (ich lasse die Beispiele aus, sie beziehen
sich ausschließlich auf Schriftliches):

1. a. [schriftlich fixierte] im Wortlaut festgelegte, inhaltlich zusam-
       menhängende Folge von Aussagen
1. b. Stück Text, Auszug aus einem Buch o. Ä.
2.   zu einem Musikstück gehörende Worte
3.   (als Grundlage zu einer Predigt dienende) Bibelstelle
4.   Unterschrift zu einer Illustration, Abbildung

Das Deutsche Wörterbuch der Grimms (DWb) schließlich bringt eine überraschende Reihenfolge der Lesarten:

1. der text oder die wort eines gesangs, so unter die noten geschriben
   und gleichsam gewebet ist.
2. die zusammenhängenden worte einer schrift, einer rede
3. die hauptworte einer schrift im gegensatz zu den erklärungen und
   anmerkungen, im engeren sinne der grundspruch (bibeltext) einer
   predigt oder rede
4. verallgemeinert, grund und veranlassung wozu, gegenstand, sache
   einer rede, unterhaltung usw.

Das Gemeinsame in diesen Bestimmungen (und andere Wörterbücher bestätigen dies) ist der Bezug auf den Wortlaut. Wenn aber Textualität grundsätzlich
den genauen Wortlaut bedingt, so stoßen wir wieder auf die Schrift. Denn es
ist die Schrift, die die universale Möglichkeit schafft, den Wortlaut eines Textes
zu bewahren, weil er der zeitlich konstante Teilausschnitt aus der zerdehnten
Sprechsituation im Sinne Ehlichs ist. Die Anfänge der Literatur- und Sprach-
wissenschaft bei den Philologen aus Alexandria gelten genau diesem Ziel: Den
echten Text, d. h. den Wortlaut des Homer und anderer früher Dichtung zu
bewahren, und diese Bemühungen gelten primär der Literatur. Platons Beden-
ken im Phaidros zum Trotz[4] wird die Schrift zur Be-wahr-erin der alten Texte.
Was es zu bewahren gilt, ist der Wortlaut, weil nur er die Echtheit garantiert –

....

4   Platons Kritik beruht darauf, dass er eine reine Abbildtheorie der Schrift im obigen Sinne vertritt.

selbst wenn, hunderte von Jahren später, manches Wort und mancher Satz nur vom Philologen gelesen und verstanden werden kann.

Die einschlägige Literatur zur Geschichte der Schrift stimmt mit diesen Beobachtungen überein: Als Schrift gilt nur ein visuelles Aufzeichnungssystem, dass sich auf die Ausdrucksseite der Sprache bezieht – sei die Bezugsebene das Wort oder Morphem (logographische Schriften), die Silbe (Silbenschriften) oder der Laut/das Phonem (Alphabetschriften). Visuelle Merkhilfen oder Darstellungen wie die Quippus der Inka, Höhlenmalereien usw. gelten genau deshalb nicht als Schrift, weil sie nicht auf eine (Einzel-)Sprache bezogen sind. Definition von Schrift ist, dass sie sich nur auf Sprachliches bezieht, d.h., dass sie einem schriftlichen Zeichen(komplex) ein lautsprachliches (Teil-)Äquivalent zuweist (vgl. Günther 1988 Kap. 2).

Bei der Beobachtung, welche Faktoren ausschlaggebend sind für die Entwicklung einer Schrift,[5] lassen sich drei Gruppen unterscheiden: Rechnungswesen (mutmaßlich der Ursprung der sumerischen Schrift), Aufzeichnung von Geschichte (mutmaßlich in China), Aufzeichnung religiöser Inhalte (Maya). In allen drei Fällen ist der Beweggrund einleuchtend: Die zu speichernde Information muss genau, „wörtlich“ überliefert werden. Warum möchte man den Wortlaut bewahren? Es geht genau da um Genauigkeit, wo der Wissensbestand zentral ist für den Erhalt der Gruppe.

4   Orale Literatur?

Dafür sind schon vor Erfindung der Schrift verschiedene Verfahren entwickelt worden, insbesondere die Formung der Sprache durch Metrik, lautliche Merkmale wie Assonanzen usw. – merkwürdigerweise offenbar erst in schriftlicher Zeit der Reim. Literatur, so meine These, entsteht nun genau da, wo sich diese Verfahren verselbständigen, zum Gegenstand sprachlicher Produktionen jenseits der ursprünglichen Überlieferungsfunktion werden. Und wieder stoßen wir auf die Schrift. Schrift ermöglicht es in völlig neuer Weise, Sprache selbst zum Gegenstand zu machen. Und genau das macht Literatur aus: Sprache qua Sprache, nicht für andere Zwecke. Es ist die Schrift, die durch die Konzentration auf die Sprache als solche Texte hervorbringen lässt, deren Sinn und Zweck der Text selbst, seine Sprache, und nichts anderes ist. Metrum, Rhythmus, Lautgestalt

---

5   Schrift ist in verschiedenen Kulturkreisen unabhängig erfunden worden.

   © Frank & Timme   Verlag für wissenschaftliche Literatur

werden nicht mehr geformt als Mittel zum Zweck der Überlieferung, sondern als Selbstzweck. In der Schriftgeschichte spricht man von Vorläufern der Schrift – ganz ähnlich, wie man in der Geschichtswissenschaft die Geschichte (durch schriftliche Zeugnisse belegt) von der Vorgeschichte unterscheidet. Orale „Literatur", wenn man denn davon spricht, zählt in diesem Sinne zu den Vorläufern – womit absolut keine Abwertung intendiert ist.

Denn wenn der Text, seine Identität, die (notwendige, nicht hinreichende) Bedingung für Literatur ist, so muss konstatiert werden, dass diese Identität in primärer Oralität nicht oder nur unter besonderen Umständen herstellbar ist.[6] In diesem Zusammenhang sei auf Scheerer (1993) verwiesen, der sich in einem eigenen Abschnitt mit Literatur in der Oralität auseinandersetzt. Scheerers Grundidee betrifft die kognitionspsychologische Diskussion zwischen Konnektionismus und Symbolverarbeitung; und er deutet an, dass sprachliche Symbolverarbeitung schriftinduziert ist.[7] Insbesondere stellt er fest, dass primär orale Sprache nicht-propositionale Sprache ist. Kriterien dafür sind:

(1) Die Äußerung bringt als Ganze *einen* unanalysierbaren Gedanken zum Ausdruck.
(2) Vom Standpunkt der Propositionalität zulässige semantische, lexikalische und syntaktische Modifikationen ändern nicht die Bedeutung der Äußerung, sondern annullieren den in ihr ausgedrückten Gedanken. Prototypen solcher nicht-propositionaler Äußerungen sind die nicht umsonst so genannten Sprichwörter. (Scheerer 1993: 153 f.)

Im Folgenden geht Scheerer auf die Formelhaftigkeit oraler Epik ein und fragt dann:

Welche Funktionen hat die formelhafte Sprache oraler Poesie für ihre Sprecher (genauer: Sänger) und für ihr Publikum? Wir treffen hier auf einen bedeutsamen Unterschied zwischen primär-oral und literal ver-

....

6   Primäre Oralität bezeichnet den Zustand der Sprache in nicht verschrifteten Sprachen.

7   In der Tat hat er vor seinem viel zu frühen Tod mehrfach in der Studiengruppe Geschriebene Sprache den Gedanken geäußert, dass es sich hier um eine radikale Umstrukturierung des menschlichen kognitiven Systems handelt, und selbst die Möglichkeit genetischer Veränderung nicht ausgeschlossen. Dass in reiner Oralität nur konnektionistische Verarbeitung, aber keine Symbolverarbeitung (im Sinne psycholinguistischer Theoriebildung) stattfindet, wird nur in diesem Aufsatz angedeutet; leider hat er seine Überlegungen dazu nicht mehr ausführlicher zu Papier bringen können.

mittelter Gedächtnistätigkeit … Es handelt sich darum, daß umfangreiches *wörtliches* Memorieren (*extended verbatim recall* nach Hunter [1985], der die Grenze bei maximal 50 Verszeilen setzt) in präliteralen Gesellschaften nicht üblich und im übrigen auch nicht möglich ist. Wie sollte auch die Richtigkeit überprüft werden? Der präliterale Sänger oder Geschichtenerzähler ist zwar von seiner Fähigkeit zur exakten mehrmaligen Produktion ein und derselben Geschichte überzeugt, Tonbandaufnahmen beweisen aber das Vorkommen oft erheblicher Abweichungen. Der Sänger hat ein festes, tradiertes Repertoire von thematischen Einheiten und formelhaften Wendungen und baut aus diesen sein Lied auf, während er es vorträgt. [...] bestimmte Formen der Gedächtnistätigkeit [wurden] überhaupt erst durch die Schriftkultur ermöglicht [...]. Die Meinung aber, die Mythen präliteraler Gesellschaften seien durch Generationen von Barden wortgetreu tradiert worden, ist selbst ein schriftbedingter Mythos (Hunter 1985). (Scheerer 1993: 155).

Das bedeutet nichts anderes, als dass es in einer primär-oralen Gesellschaft keine Texte im oben beschriebenen Sinne gibt. „Orale Literatur" wird erst durch die Verschriftung zu einer solchen.

5 Medialität und Konzeption

Peter Koch und Wulf Oesterreicher haben 1985 den Versuch unternommen, die Unterschiede zwischen gesprochener und geschriebener Sprache – einem seit langem[8] diskutierten Problem an der Schnittstelle von Sprachtheorie, Texttheorie, Stilistik und Sprachdidaktik – auf eine neuartige Weise zu bestimmen. Die Autoren unterscheiden zwischen Medium und Konzeption:

Beim Medium sind die Begriffe ‚mündlich/schriftlich' dichotomisch zu verstehen [...] Bei der Konzeption bezeichnen die Begriffe ‚mündlich/schriftlich' demgegenüber die Eckpunkte eines Kontinuums. Man

---

8   Vgl. schon den noch heute lesenswerten Aufsatz *Gesprochenes Deutsch und Geschriebenes Deutsch* von Otto Behaghel (1899).

vergleiche in dieser Hinsicht die Abstufungen zwischen Äußerungsformen wie ‚familiäres Gespräch', ‚Privatbrief', ‚Gesetzestext' etc. (Koch & Oesterreicher 1994: 587)

Das folgende Schema kennzeichnet den Ansatz (Koch & Oesterreicher 2007: 348)

		KONZEPTION	
		gesprochen	geschrieben
MEDIUM	graphisch	dt. *das is ne wichtige Angelegenheit* fr. *faut pas le dire* e. *I've got a car*	dt. *das ist eine wichtige Angelegenheit* fr. *il ne faut pas le dire* e. *I have a car*
	phonisch	dt. [ˈdasnəˈvɪçtjə ʔaŋgəˌleŋhaɪt] fr. [fopalˈdiːʀ] e. [aɪvˌgʊtəˈkaː]	dt. [ˈdas ʔɪst ʔaɪnə ˈvɪçtɪgə ʔangəˌleːgŋhaɪt] fr. [ilnəfopaləˈdiːʀ] e. [aɪˌhævəˈkaː]

Figur 1: Medium und Konzeption (mit deutschem, französischem und englischem Beispiel)

Medial ist eine Äußerung immer mündlich oder schriftlich: dagegen ist konzeptionelle Mündlichkeit/Schriftlichkeit auf einem Kontinuum zu verorten. Der grundsätzliche Sinn der Unterscheidung besteht darin, dass die Beziehung zwischen Medium und Konzeption nicht zwingend ist; beispielsweise ist ein wissenschaftlicher Vortrag „trotz seiner Realisierung im phonischen Medium konzeptionell ‚schriftlich', während der Privatbrief trotz seiner Realisierung im graphischen Medium konzeptioneller ‚Mündlichkeit' nähersteht" (Koch & Oesterreicher 1994: 587). Der Ansatz ist trotz einiger Kritik insbesondere für die Sprachdidaktik von großer Bedeutung (vgl. Günther 2010).

Die Unterscheidung erlaubt es, auf nicht-triviale Weise dem Problem beizukommen, was denn typisch schriftliche bzw. typisch mündliche Sprache ist. Denn in einer verschrifteten Sprache ist der Übergang vom einen ins andere Medium systematisch immer möglich: Jeder gesprochene Satz kann aufgeschrieben, jeder Text laut vorgelesen werden. Weil das so ist, gibt es im heutigen Deutsch keine sprachlichen Strukturen, die nur in medial schriftlichen oder nur in medial mündlichen Äußerungen verwendet werden können (Steger 1987). Dennoch bleibt auch die medial transferierte Äußerung in ihrem Bereich konzeptioneller Mündlichkeit oder Schriftlichkeit, wie Abbildung (1) exemplifiziert; das vorgelesene Gedicht oder Gesetz, die Novelle im Hörbuch, der Faust auf dem Theater, aber auch die freie Vorlesung oder Predigt: sie bleiben in ihrem „Duktus" (Behaghel 1899) konzeptionell schriftlich.

Koch & Oesterreicher haben schon 1986, aber auch wieder 1994 und 2007 angenommen, dass dem Kontinuum konzeptioneller Mündlichkeit/Schriftlichkeit eine tiefere, anthropologische Konstante zugrunde liege, die sie als Nähe vs. Distanz bezeichnen: Sprache der Nähe sei dann typischerweise eher konzeptionell mündlich, Sprache der Distanz eher konzeptionell schriftlich. Ich habe dies immer für eine systematische Entwertung der so sinnvollen Unterscheidung von medialer und konzeptioneller Mündlichkeit/Schriftlichkeit gehalten (vgl. z.B. Günther 2010), denn was soll der Begriff „konzeptionelle Schriftlichkeit" *avant la lettre* bedeuten?

Dass neben der gesprochenen Sprache Schrift in unserer Gesellschaft ebenso ubiquitär ist wie mündliche Sprache in einer primär-oralen Gesellschaft, scheint mir nun verantwortlich für diesen Fehlschluss und einen anderen, durchaus verhängnisvollen, der die Linguistik lange Zeit beherrschte: *Weil* mündliche Äußerungen und schriftliche Texte medial grundsätzlich medial transferierbar sind – man kann das Gesagte aufschreiben[9], den Text vorlesen –, wurde (und wird vielfach) angenommen, dass sie also medienunabhängig seien. Genau das ist nicht der Fall. Die oben beschriebene sprachliche Konstanz des schriftlichen Textes hat Auswirkungen auch auf die Mündlichkeit. Denn wenn Sprache selbst (via Schrift) zum Gegenstand der Betrachtung wird,[10] wird das auch die gesprochene Sprache: Die geschriebene Sprachform wird zur Leitform auch für die mündliche. Die Deutschen lernen im 19. Jahrhundert ihre gesprochene Standardsprache aus den Schriften der Klassiker, nicht aus dem Munde der Grammatiker.

Kommen wir auf die Literatur zurück. Die schriftliche Fixierung erlaubt es, Sprache selbst zum Gegenstand der Betrachtung zu machen. Literatur ist Versprachlichung auf hohem Niveau; sie lebt von der sprachlichen Meisterschaft. Arbeit an der Sprache, am Text erfordert Schriftlichkeit (vgl. die *critique génétique*, Viollet 1996). Dabei wird auch die äußere graphische Form poetisiert, und zwar nicht erst in der konkreten Poesie, sondern schon in Mittelalter und Barock (vgl. Achten 2008). Aber in dem Maße, in dem Sprachmeister

---

9 Dass das so trivial nicht ist, weiß man erst, wenn man einmal einen Transkriptionskurs besucht hat. Und im Bereich der Literatur weiß man seit langem, was mit den mündlich erzählten Kinder- und Hausmärchen der Grimms durch die Verschriftung geschehen ist, vgl. Rölleke 2004.

10 Zum Beispiel als Grammatik (mit dem Stamm *gramm[a]*, Buchstabe).

(Poeten) ihre Produkte unters Volk bringen, verändern sie auch die gesprochene Sprache. Jedes Mitglied der Gesellschaft soll lesen und schreiben können, und mit dem Erlernen dieser Kulturtechnik auch die damit verbundenen Sprachformen, d.h. konzeptionelle Schriftlichkeit und literarische Formen.

In einer modernen Gesellschaft mit ubiquitärer Schriftlichkeit existieren Mündlichkeit und Schriftlichkeit nicht nebeneinander, sondern, wie ich das 1993 ausgedrückt habe, „durcheinander". Dies ist in einem doppelten Sinne zu verstehen: Zum einen, dass wir jederzeit die Möglichkeit haben, sowohl das Medium als auch die Konzeption zu wechseln, und das auch tun, in der Tat so etwas wie Code-Switching, sodass bisweilen gar nicht auszumachen ist, auf welchem Punkt der Skala sich ein Diskurs gerade befindet. Zum anderen aber, dass es die Schrift durch ihre bloße Existenz ist, die bestimmte sprachliche Möglichkeiten überhaupt erst schafft, nota bene die Literatur.[11]

6   Post scriptum

Schrift bringt Sprache auf den Punkt. Der schriftliche Text existiert losgelöst von Produzent und Rezipient als sprachliche Form. Die Verfügbarkeit über Texte ermöglicht neue gesellschaftliche Verfahrensweisen – man muss nicht mehr anwesend sein, wenn ein „Geschäft" getätigt wird, und es geschieht trotzdem, man muss den Dichter nicht persönlich treffen, um seine Werke zu erfahren. Diesem durch die allgegenwärtige Schriftlichkeit erzielten „Gewinn" im Bereich des Wissens und für die dadurch eigentlich erst entstehende „Bildung" steht, wie bei allen technologischen Entwicklungen, aber auch ein Verlust gegenüber. Gedruckte Texte, unser hauptsächlicher Lesestoff, verraten über den sprachlichen Produktionsprozess nichts mehr, und sie werden in der heute zum Bildungsstandard gehörenden Technik des leisen Lesens auch rezeptiv nicht mehr körperlich fassbar. Mit einem wunderbar sprechenden Titel beschreibt Schön (1993) den „Verlust der Sinnlichkeit": In der Schrift wird Sprache rein kognitiv-geistig, verliert ihre Körperlichkeit. Durch die Usualisierung der Technik des leisen Lesens verlieren die Texte die Stimme. Die „voces paginarum", von denen Balogh (1925) spricht bei seiner Belegsammlung dafür, dass in der Antike nur laut gelesen wurde, werden stumm. Texte verständlich

----

11 Vgl. den Zusammenhang zwischen Medialität und sprachlichem Ausbau, den Koch & Oesterreicher (1994, 2007) diskutieren.

laut vorlesen zu können, namentlich Gedichte vorzutragen wird zu einer An-
gelegenheit von Spezialisten – die gesucht werden, man denke an den völlig
unerwarteten Erfolg des sog. Hörbuchs.[12] Die Notwendigkeit einer Wiederge-
winnung der Körperlichkeit im sprachlichen Handeln, auch beim Lesen, hat
Alexandra Zepter (2013) in ihrem großartigen Buch *Sprache und Körper. Vom
Gewinn der Sinnlichkeit für Sprachdidaktik und Sprachtheorie* systematisch
dargelegt.

Kommen wir zur Eingangsbeobachtung zurück. Literatur ist, so wurde dargelegt, als Text notwendig schriftlich. Zentrale Leistung des Schriftstellers ist
der sprachliche Ausdruck. Aber der lässt sich selbstverständlich verlebendigen,
und das gehört zur literarischen Sozialisation, wie das im handlungs- und
produktionsorientierten Literaturunterricht didaktisiert wird (vgl. z. B. Haas,
Menzel & Spinner 1994). Ziel literarischer Sozialisation aber ist der Erwerb der
Fähigkeit zum Umgang mit literarischen Texten, und die sind schriftlich. Gerade in einer multimedialen kulturellen Umgebung kommt es darauf an, das
zu verstehen und den Kern von Literatur verstehen zu lernen: Sprache, durch
die Schrift auf den Punkt gebracht.

---

12 Nicht zuletzt deshalb, weil sich das Theater dem (wörtlichen) Text seit einiger Zeit geradezu
    grundsätzlich versagt.

   © Frank & Timme   Verlag für wissenschaftliche Literatur

Literaturverzeichnis

ACHTEN-RIESKE, HILKE (2008): *Buchstabe und Schrift zwischen Materialität und Magie. Mittelalterliche Initialen, Barocke Figurenlyrik und Visuell-konkrete Poesie: Magoide Merkmale in Schrift-Bild-Phänomenen.* Saarbrücken: Müller (Diss. Köln 2007).

BALOGH, JOSEF (1927): *Voces paginarum. Beiträge zur Geschichte des lauten Lesens und Schreibens.* Philologus 82, 84–127, 202–240.

BEHAGHEL, OTTO (1899): *Geschriebenes Deutsch und Gesprochenes Deutsch.* Wissenschaftliche Beihefte zur Zeitschrift des Allgemeinen Deutschen Sprachvereins 17/18, 213–233.

BLOOMFIELD, LEONARD (1933): *Language.* New York: Rinehart & Winston.

Deutsches Wörterbuch der Brüder Grimm. *dwb.bbaw.de/dwb/dwbstart.html.*

Duden (2003): *Deutsches Universalwörterbuch,* 5. Aufl. Mannheim: Dudenverlag.

Duden (2009): *Die deutsche Rechtschreibung.* 25. Aufl. Mannheim: Dudenverlag.

EHLICH, KONRAD (1994): *Funktion und Struktur schriftlicher Kommunikation.* In: H. Günther, O. Ludwig et al. (eds.): Schrift und Schriftlichkeit. Ein interdisziplinäres Handbuch internationaler Forschung. Berlin: de Gruyter, Band 1, 18–41.

GÜNTHER, HARTMUT (1988): *Schriftliche Sprache. Strukturen geschriebener Wörter und ihre Verarbeitung beim Lesen.* Tübingen: Niemeyer.

GÜNTHER, HARTMUT (1993): *Erziehung zur Schriftlichkeit.* In: P. Klotz & P. Eisenberg (eds.): Sprache gebrauchen – Sprachwissen erwerben. Stuttgart: Klett.

GÜNTHER, HARTMUT (1995): *Die Schrift als Modell der Lautsprache.* Osnabrücker Beiträge zur Sprachtheorie 51, 15–32.

GÜNTHER, HARTMUT (2010): *Konzeptionelle Schriftlichkeit – eine Verteidigung.* Kölner Beiträge zur Sprachdidaktik 6, 125–136.

GÜNTHER, HARTMUT & POMPINO-MARSCHALL, BERND (1996): *Basale Aspekte der Produktion und Perzeption mündlicher und schriftlicher Äußerungen.* In: H. Günther, O. Ludwig et. al. (eds.): Schrift und Schriftlichkeit. Ein interdisziplinäres Handbuch internationaler Forschung. Berlin: de Gruyter, Band 2, 903–917.

HAAS, GERHARD; MENZEL, WOLFGANG & SPINNER, KASPAR H. (1994): *Handlungs- und produktionsorientierter Literaturunterricht.* Praxis Deutsch 123, 17–25.

KOCH, PETER & OESTERREICHER, WULF (1985): *Sprache der Nähe – Sprache der Distanz. Mündlichkeit und Schriftlichkeit im Spannungsfeld von Sprachtheorie und Sprachgeschichte.* Romanistisches Jahrbuch 36, 15–43.

KOCH, PETER & OESTERREICHER, WULF (1994): *Schriftlichkeit und Sprache.* In: H. Günther, O. Ludwig et al. (eds.): Schrift und Schriftlichkeit. Ein interdisziplinäres Handbuch internationaler Forschung. Berlin: de Gruyter, Band 1, 587–604.

KOCH, PETER & OESTERREICHER, WULF (2007): *Schriftlichkeit und kommunikative Distanz.* Zeitschrift für germanistische Linguistik 35, 346–375.

LEVELT, WILLEM J. M. (1989): *Hochleistung in Millisekunden – Sprechen und Sprache verstehen.* Universitas 44, 56–68.

OLSON, DAVID R. (1994): *The world on paper.* Oxford: Blackwell.

RAIBLE, WOLFGANG (1994): *Orality and Literacy.* In: H. Günther, O. Ludwig et al. (eds.): Schrift und Schriftlichkeit. Ein interdisziplinäres Handbuch internationaler Forschung. Berlin: de Gruyter, Band 1, 1–17.

RÖLLEKE, HEINZ (2004): *Die Märchen der Brüder Grimm. Eine Einführung.* München: Reclam.

SCHEERER, ECKART (1993): *Mündlichkeit und Schriftlichkeit – Implikationen für die Modellierung kognitiver Prozesse.* In: J. Baurmann, H. Günther & U. Knoop (eds.): homo scribens. Perspektiven der Schriftlichkeitsforschung. Tübingen: Niemeyer, 141–176.

SCHÖN, ERICH (1993): *Der Verlust der Sinnlichkeit oder: Die Verwandlungen des Lesers. Mentalitätswandel um 1800.* Stuttgart: Klett-Cotta.

STEGER, HUGO (1987): *Bilden „gesprochene Sprache" und „geschriebene Sprache" eigene Sprachvarietäten?* In: H. Aust (ed.): Wörter: Schätze, Fugen und Fächer des Wissens. Festschrift für Theodor Lewandowski. Tübingen: Narr, 35–58.

VIOLLET, CATHERINE (1994): *Schriftlichkeit und Literatur.* In: H. Günther, O. Ludwig et al. (eds.): Schrift und Schriftlichkeit. Ein interdisziplinäres Handbuch internationaler Forschung. Berlin: de Gruyter, Band 1, 658–672.

WYGOTSKI, LEW S. (1934/1977): *Denken und Sprechen.* Dt. Übersetzung des russischen Originals von 1934. Frankfurt: Fischer.

ZEPTER, ALEXANDRA L. (2013): *Sprache und Körper. Vom Gewinn der Sinnlichkeit für Sprachdidaktik und Sprachtheorie.* Frankfurt: Lang.

HARTMUT GÜNTHER

Literature and Literality

> *Schriftlichkeit bedeutet nicht nur die bloße Voraussetzung der Literatur, sondern zugleich auch ihr eigentliches Medium und der privilegierte Raum der Schreibtätigkeit. Literatur ist, als wichtiger Ausarbeitungsprozess der Sprache und der Kultur, die Kunst der geschriebenen Sprache, die Quintessenz der Schrift.*
>
> Viollet 1994, 658

1   The Issue

When in an exam setting the topic of *literary socialization* is in the queue, at some point there is usually the question as to how it is different from *socialization through reading in general*, and my co-examiners expected from the examinee an answer along the lines that socialization through reading is the broader concept in so far as it comprises also non-fictional texts; literary socialization, on the other hand, would be the broader concept to the extent that it includes other media apart from print media. At that point I always politely held my tongue, because I considered the predictable answer for the second concept as problematic, if not just downright false. If one paraphrases it as socialization to (the processing and understanding of) literature,[1] then film and other media in the sense of the goals of socialization are somehow out of place. The title of this volume offers me the opportunity to express an opinion about this.

---

[1]   Naturally the adjective *literary* could have a broader connotation than the substantive literature from which it is derived. It may also be that it means that one could find an access to literature through other media—which surely is a quite trivial matter. But I first assume, supported by the testing process, that what is actually meant is that literature is more than written/printed literature.

In what I am presenting here the goal is to explain that literality in a very basic sense is constitutive for every concept of literature. Literality, so the thesis, is a necessary condition for literature; literality delimits systematically the concept of literature itself, and is what actually makes literature possible in the first place: without writing, no literature. That this is not a sufficient condition is clear. Not everything that is or has been written is literature. But, so the argument will go, the consequences for the postulated indispensability of literality for literature are at least just as important as many other concepts, such as, self-referentiality or fictionality, which during the course of the colloquium have been presented as primarily constitutive for literature.

The claim, scarcely uttered, that literality is constitutive for literature in this sense, or (expressed differently) that any answer to the question as to what literature is must make reference to its being bound to written form, encounters three problems:

1. It is trivial
2. It is insufficient
3. It seems *prima facie* simply false.

Within the word *literature* itself, one finds the Latin root *litera*, letter. Everyday language connects the idea of literature fundamentally with literality. The German refers to poets as *Schriftsteller*, the French: *ecrivain*, the English: *writer*, etc. One asks about who *wrote* this poem, that drama, and whether anyone has *read* the new publication from Grass. That of course the connection of literality, orality, and literature is in no way so totally trivial (as conveyed in these examples), is something I will show in the first section which will be about literality as distinct from orality.

The second point is more important: Not everything that is written is literature and not everyone who writes is producing literature as a person of letters—so what then does the reference to written form serve in explicating the definition of literature? The second section intends to show that writing, through its reference to the spoken form and (through that) the wording of a text is what first makes possible a literary potential on a broader foundation.

The third point can hardly be denied and would seem in the end to be fatal for the argument. One has long spoken about "oral literature", dramatic literature only comes alive though its performance. Audio books are achieving unforeseen success, and at a (purely oral) *poetry slam*, literature is being produced, and purportedly without writing. The third section will seek to show that such examples are not really arguments against my central thesis that literality is constitutive for literature.

The concluding argument will be that the attempt to answer the question *What is literature?* can hardly dispense with a consideration of its fundamental fixedness in writing, yet with that the interesting questions actually first begin.

2   Orality and Literality

In everyday language usage, but also in many scholarly discourses, when *speech* and *writing* are counterposed, the emphasis is placed on the contrast between the spoken language on one hand and its written fixation on the other.[2] Augustine (following Aristotle) said apodictically: *omne verbum sonat*, every word makes a sound, and this doctrine maintained itself over two millennia. Writing is simply a more or less successful imaging of spoken language. "Writing is not language" is what the great American linguist Leonard Bloomfield wrote in 1933 in his epochal book *Language*, "but merely a way of representing language by means of visible marks." The meaning of writing is, accordingly, to represent the spoken word and nothing more. In this view, most scholars agree with lay people: the "essential" part is the spoken word; writing "only" models it, and the more exactly it does that, the more effective it is, according to this traditional opinion. According to this view, the idea that literature is conditional upon an antecedent literality is in fact an empty assertion: If the written form only models what is spoken, then literature is also at base oral, but appears only contingently in written vesture. But, that this claim is difficult to reconstruct and understand, for instance with *Zettels Traum*, *Ulysses*, or *Fisches Nachtgesang*, or even with Otfried von Weissenburg's *Evangelienbuch*, should cause one to be suspicious.

This is why in many publications of recent research into literality (for example, Olson 1994, Raible 1994, Günther 1995) it is proposed that in a way one should invert the modeling of the connection between written and spoken language. In this view, the historical development is not in the fact that teachers, philosophers, linguists, and others delved deeper in the mysteries of the

....

2   In this section, a few more or less word-for-word reflections from earlier articles are being used
     without their being individually marked as such.

(spoken) language and then harnessed their insights for the modeling of the writing (for example, a reform of orthography). Much more so, it was their insights into the singularity of writing which then led to new realizations about the nature of spoken language: Writing functions as a model for the (analysis of) spoken language. What is central in this is that the written fixation permits an analysis of something that is not possible during the production and perception of spoken language. By being written, language becomes an object—a given state of affairs, which is of central importance primarily for the acquisition of written language (see Wygotski 1934), but also in our context as well.

For, in contrast to spoken language, there are in written language other physical-psychical realities. In speaking, humans produce an acoustic noise with their speech organs, so that other humans can perceive these with their auditory organs. Oral utterances have a steady temporal extension and are transitory. The communication process with spoken language is characterized by the condition that the signal transmitting the message through its production then also disappears. The central object of perception in the hearing (and understanding) of speech is for that reason the variations of the signal through time, not its constancy; within fractions of seconds, what has been said must be processed. (Levelt 1989) According to modern phonetic theories, this happens most basically through a kind of reconstruction of the articulatory processes (what is called the *motor theory of speech perception*). With writing, on the other hand, a person creates visual patterns using a tool, which another person then (as a rule at a different point in time) perceives with his organs of sight when reading. Written expressions have a spatial extension, they are discrete and constant. When they are being perceived, there are no temporal restraints residing in the nature of the matter. The central object of perception when reading is that temporally constant signal, and not its variation; what is being read does not disappear with the process of reading. To this extent, the reading theories that say that the reader is reconstructing the physical-psychical writing process are in this sense actually obsolete (see for a summary Günther & Pompino-Marschall 1996).

As to the question, what literature is, what results from these reflections is at first very little. What would need to be shown is what characteristics of the medium being used have what consequences for the concept.

3   Text

The central innovation of writing and its consequences for linguistic activity is something that Konrad Ehlich has emphasized in various works. (e.g., Ehlich 1994) He speaks there of an "extended speech setting": writing makes it possible to act linguistically while extended over space and time, because the linguistic signal does not disappear once it has been generated. Thus the constancy of the written linguistic signal is the central point—what you have black on white, you can confidently take back home with you. In the "extended speech setting", the text is systematically separated from the producer and thus also from the recipient. That is true for both long as well as short texts: the text itself, as such, does not reveal anything more about the producer; the text-world must be re-created by the recipient, which is marvelously expressed in this poem by Christian Morgenstern:

The Milestone
Deep in the dark forest it stands
and on it in black paint,
that the wanderer's spirit not famish: twenty-five kilometers.

It is strange and simply laughable
That this text does not exist
when it suits no gaze
to make it into a text.

And imagining further still:
what is it, in fact,—when unseen?
A happening for us completely strange.
It is first the eye that creates the world.

Who wrote the text, why, is nothing to be laughed at, is it even true, it's even much shorter, … all that is not directly in the text, but yet somehow it is. For every text reduces the speech situation to its linguistic part, and in fact its expressive aspect. In this sense one can say that writing brings speech straight to the point, separating off the purely spoken of the speech situation. Consequently, the written text, through its longevity, creates a particularly good possibility for making language as such an object of reflection. As already mentioned, this is of central importance in the acquisition of written language, to even appreciate this potential of writing. It is of even more importance for the literary writer, because his/her work material is language, which not until it is in writing lies there in concrete form in front of her/him.

What remains constant in the written production of language is the text, which stands on its own after it is produced; a determination of the concept *text* only then makes sense when writing is thought of as a possibility.[3] Of course, there are just as many definitions of 'text' as there are definitions of 'literature'. There is no need to engage here in an attempt to clarify an unclear definition using another equally contentious definition. More recent linguistic definitions stress the content-side when one is defining *text*. Texts, in order to be texts, have to satisfy requirements of coherence and cohesion. That some literary texts seem to lack these characteristics is what indeed accounts for the quip about literature which contends that the planned empty spaces are to be filled in by the reader. In seminars it is interesting to observe that it is precisely the students interested in literature who immediately oppose (and rightly so) this definition with pertinent rebuttals—coherence and cohesion are things which the reader must confect.

But what seems to be irreducible in a text is its identity, which resides in the linguistic expression. We identify a text using the definite article (the Bible, Goethe's "Faust" (in German der Faust), the letter to my mother, the lost receipt). We are able to determine whether two written texts lying before us are identical or not. The identity is related solely to the linguistic form, regardless of whether Goethe's "Faust" or "Fisches Nachtgesang" are lying before us in Gothic type, Roman typeface, or handwritten: it either is this text or it is not. When the version in front of us is flawed, that will be noticed. We would say in that case, for example, "that is Faust, but it should read 'Habe nun, ach! Philosophie, …' and not 'Habe jetzt auch die Philosophie …'."

It is the wording that constitutes the text. Let us consider in this regard three dictionaries. In the Duden Spelling Dictionary (Duden 2009) the succinct formulation is:

Text, der; -[e]s, -e <lat.> (wording, inscription; accounts)

---

3   I want to say: it is only through the existence of written texts that the idea of oral texts is even conceivable.

    © Frank & Timme   Verlag für wissenschaftliche Literatur

In the more detailed Duden Universal Dictionary 2003, the term *text* is given the following meaning (I will not include the examples; they relate solely to what is written)

1. a. (recorded in writing) fixed in its wording, a contextually connected sequence of assertions.
   b. passage: excerpt from a book, or the like.
2. Words that belong with a piece of music
3. (serving as the basis for a sermon) a bible passage
4. Caption for an illustration or image.

Lastly, the German Dictionary (of the Grimms) offers a surprising sequence of interpretive variants:

1. the text or the word of a song, written under the notes and at the same time woven in.
2. the cohering words of something written, of an oration.
3. the main words of a piece of writing as opposed to the explanations and annotations, in a narrower sense the quotation (bible text) of a sermon or an oration.
4. generally, the basis and occasion for which, the object, the matter of an address, discussion, etc.

What is common in these definitions (and other dictionaries confirm this) is the reference to "wording". If however literality basically determines the exact wording, then we once again run up against the written form. For it is the writing that creates the universal possibility of safeguarding the wording of a text, because it is the temporally constant segment in the extended speech setting in Ehrlich's sense. The beginnings of literary studies and linguistics among the philologists in Alexandria served this intention exactly: conserving the true text, that is, the wording of Homer and other early poets, and these efforts pertained primarily to literature. Despite Plato's objections in the *Phaedrus*,[4] the written form becomes the protector of the old texts. What needs to be protected is the wording, because it alone guarantees authenticity—even

---

4 Plato's criticism rests on the view that he espouses a pure copy-theory of writing in the sense given above.

when, hundreds of years later, some words and some sentences can only be read and understood by philologists.

The relevant literature about the history of writing agrees with these observations: Only a visual recording system can be taken as a piece of writing, which relates to the expressive side of the language—whether the plane of reference be the word or morpheme (logographic writings), syllables (syllable writing), or the sound/phoneme (alphabetical texts). Visual memory aids or representations such as the *quippu*s of the Inca, cave paintings, and the like, are exactly for this reason not to be taken as texts, because they are not related to one (single) language. The definition of writing is that it relates only to a language, that means that it assigns to a written sign (complex) a verbalized (partial) equivalence. (Cf. Günther 1988, Ch. 2.)

As to the observation of which factors are determinative in developing a written piece,[5] three groups can be differentiated: accounting systems (presumably the source of the Sumerian form of writing), recording history (presumably in China), recording religious content (Maya). In all three cases, the motive is evident: The information to be saved must be passed on exactly word for word. Why did one want to preserve the wording? It was specifically about accuracy, when the store of knowledge was central to the survival of the group.

4 Oral Literature?

Considering that even before the invention of writing, humans developed various techniques, in particular forming language into metre, sound characteristics such as assonances, etc.—(oddly, it would seem, rhyme was not developed until the time of writing). Literature, so my thesis, emerges then exactly where these processes took on a life of their own, becoming objects of linguistic production beyond their original function of transmitting tradition. And once again we encounter writing. Writing made it possible in a completely new way to make language itself into a subject matter. It is exactly that which constitutes literature: language as language alone, not for other purposes. It is writing which through the concentration on language as such that allows texts to be produced, whose meaning and purpose is the text itself, its language, and nothing more than that. Metre, rhythm, sound forms were no longer being

---

5 Writing was developed independently in different cultural milieus.

   © Frank & Timme Verlag für wissenschaftliche Literatur

formed as a means to the end of passing on a tradition, but instead as an end in
itself. In the history of writing, one speaks of precursors of writing—in much
the same way in historical studies, history (as documented through written
evidence) is distinguished from prehistory. Oral 'literature', when one then
speaks about it, is taken in this sense as a precursor, without intending that in
anyway as a diminution.

For when the text, its identity, is a (necessary, but not sufficient) condition
for literature, then it must be stated that this identity in a primary orality is not
producible or only under special circumstances.[6] In this context, one may refer
to Scheerer (1993) who grapples in his own chapter with literature in orality.
Scheerer's basic idea relates to the cognitive psychology discussion between
connectionism and symbol fashioning; and he implies that writing induces the
linguistic fashioning of symbols.[7] In particular he determines that primarily
oral language is non-propositional language. The criteria for that are:

(1) The utterance expresses as a whole a thought that cannot be ana-
    lyzed.
(2) From the point of view of propositionality, permissible semantic,
    lexical, and syntactical modifications do not change the meaning of
    the utterance, but instead abrogate the thought expressed in it. Pro-
    totypes of such non-propositional utterances are not without rea-
    son called proverbs. (P. 154)

In the following, Scheerer deals with the formalized wording of oral epics, and
then asks:

What functions does the formalized language of oral poetry have for its
speaker (specifically: its singer) and for its audience? We encounter here
a significant difference between primarily oral and literarily mediated
memory activity. ... The issue is that extensive verbal memorization

....

6   Primary orality refers to the status of language in non-written languages.

7   In point of fact, prior to his much too early death, in the study group Written Language he
    repeatedly expressed the idea that this was about a radical re-structuring of the human cognitive
    system and even the possibility of genetic change was not excluded. What is merely suggested in
    this essay is that in pure orality, what is taking place is only connectionistic processing, and no
    symbol processing (in the sense of psycho-linguistic theory development). Unfortunately he was
    not able to commit his thoughts to paper.

[*extended verbatim recall* according to Hunter (1985), who sets the limit at 50 lines of verse at the most] is not common in pre-alphabetic societies and is otherwise also not possible. How would the correctness be verified? While the pre-alphabetic singer or storyteller is indeed sure of his ability to present exact multiple productions of the same story, tape recordings nevertheless show the occurrence of what are frequently significant deviations. The singer has a fixed, handed-down repertoire of thematic units and formalized expressions and builds his song from out of these, while he is performing it. … [C]ertain forms of memory production [were] first made possible through a written culture […]. The opinion, however, that the myths in pre-alphabetic societies were passed down word for word through generations of bards, is itself a myth conditioned by writing. (Hunter 1985)

This means nothing other than that in primarily oral society there are no texts in the sense described above. "Oral literature" is first turned into such through being put into writing.

5　　　Mediality and Conception

Peter Koch and Wulf Oesterreicher sought in 1986 to find a new way to set out the differences between spoken and written language—a long discussed[8] problem at the interface of linguistic theory, textual theory, stylistics, and language education. The authors draw a distinction between medium and conception:

With medium, the terms "oral/written" are to be understood dichotomously. … With conception, the terms "oral/written" signify the two end points of a continuum. One may compare in this sense the shadings among forms of expressions such as "informal conversation", "private letter", "statutory text", etc. (Koch & Oesterreicher 2007: 348)

The following schema shows the approach:

....

8　See the article which is today still worth reading: *Gesprochenes Deutsch und Geschriebenes Deutsch* by Otto Behaghel (1899).

　　　　　© Frank & Timme　Verlag für wissenschaftliche Literatur

KONZEPTION

		gesprochen	geschrieben
MEDIUM	graphisch	dt. *das is ne wichtige Angelegenheit* fr. *faut pas le dire* e. *I've got a car*	dt. *das ist eine wichtige Angelegenheit* fr. *il ne faut pas le dire* e. *I have a car*
	phonisch	dt. [ˈdasnəˈvɪçtjə ˈʔangəˌlenhaɪt] fr. [fopalˈdiːʀ] e. [aɪvˌgɒtəˈkɑː]	dt. [ˈdas ˈɪst ˈaɪnə ˈvɪçtɪgə ˈʔangəˌleːgŋhaɪt] fr. [ilnəfopaləˈdiːʀ] e. [aɪˌhævəˈkɑː]

Figur 1: Medium und Konzeption (mit deutschem, französischem und englischem Beispiel)

Medial is an expression that is always either oral or written; on the other hand conceptual orality or literality can be located on a continuum. The fundamental meaning of the distinction consists in the fact that the relation between medium and conception is not stringent. As an example, a scholarly lecture "despite being brought into existence in a phonic medium [is] conceptually 'in writing', while a private letter, in spite of being given form in a graphic medium actually stands closer to conceptual 'orality'"(Koch & Oesterreicher 1994: 587). This approach, in spite of a bit of criticism, is of significant importance especially for language instruction (see Günther 2010).

The distinction allows one, in a not trivial way, to come to grips with the problem as to what then is typically written or typically oral language. For in a written language, crossing over from one into another medium is systematically always possible. Every spoken sentence can be written down, every text can be read aloud. Because that is so, in today's German there are no linguistic structures which can only be used in medially written or only in medially oral expressions. (Steger 1987). Nevertheless, the medially transferred expression stays in its area of conceptual orality or written form, as shown in image (1); the poem or the law being read aloud, the novel in the medium of an audiobook, Goethe's Faust in the theatre, but also the lecture or sermon delivered just from notes: they remain in their characteristic style (Behaghel 1899) conceptually written.

Koch & Oesterreicher back in 1986, then again in 1994 and 2007 assumed that a deeper anthropological constant underlay the continuum of conceptual orality/literality. They designated this as nearness versus distance: language when proximate is then typically more conceptually oral, language when distant is more so conceptually written. I have always taken this as a systematic diminution of the very useful distinction between medial and conceptual orality/written form (vgl. z.B. Günther 2010), for what then should the designation "conceptual literality" mean *avant la lettre*?

It seems to me that what is responsible for this erroneous conclusion is that alongside spoken language, writing in our society is likewise as ubiquitous as spoken language in a primary oral society. And there is another reason that is quite disastrous and which dominated linguistics for a long time: *because* oral expression and written texts are basically medially transferable—one can write down what was said,[9] read the text aloud—it was (and is still frequently) assumed that the expression is therefore independent of the medium. That is what is precisely not the case. The linguistic constancy of the written text described above also has its effects on orality. For if language itself (by means of writing) becomes an object of reflection,[10] that also happens to the spoken language: The written linguistic form becomes the design mould for the oral as well. The Germans in the 19th century learned their spoken codified language from the writings of the classical authors, not from the mouths of grammarians.

We turn now back to literature. Being given fixed written form makes it possible to take language itself as an object of examination. Literature is verbalization at a high level; it lives from linguistic mastery. To work on a language, on a text, requires written form (see the *critique génétique*, Viollet 1996). With that, the external graphic form is also poeticized, but in fact not firstly in concrete poetry, but rather in the Middle Ages and Baroque period (see Achten 2008). But to the extent that the language masters (the poets) brought their products in among the people, the spoken language also then changed. Every member of the society was to be able to read and write, and along with learning this technique of culture also came the language form that accompanied it, that is, conceptual literality and literary forms.

In a modern society with ubiquitous literality, orality and literality do not exist along side one another, but instead (as I expressed it in 1993) "through one another". This should be taken in a double sense: on the one hand, that at

....

9   One first knows that that is not actually so trivial when one has attended a transcription course. And in the area of literature one has known for quite a while what happened to the orally recounted Children's and Household Tales of the Grimms when put into written form. see Rölleke 2004.

10   For example, as grammar (with the root gramm[a], letter).

every point we have the possibility to change both the medium as well as the conception, and then do it. In point of fact it is something like code-switching, such that occasionally it is not at all possible to recognize at what point on the scale a discourse should be located. On the other hand, however, that it is the writing through its mere existence that first creates the specific linguistic possibilities overall, *nota bene*, literature.[11]

6   Post Script

Writing brings language to the point. The written text exists detached from its producer and recipient as a linguistic form. The availability of texts permits new social practices—one does not have to be present when a piece of "business" is being conducted, and it happens in spite of that; one does not have to meet the poet personally in order to experience his/her works. Yet standing over against this "gain" achieved by omnipresent literality (in the area of knowledge and through "education" which actually comes into being for the first time through it, as with all technological developments), there is something also being sacrificed. Printed texts, our main reading material, no longer disclose anything about the linguistic process of production, and the texts are receptively no longer physically in hand in today's technique of silent reading as part of the educational standard. With a wonderfully expressive title, Schön (1993) described the "loss of sensuality": in written form, language becomes purely cognitive-intellectual, losing its physicality. By making common the technique of quiet reading, the texts lose their voice. The "voces paginorum", to which Balogh (1925) referred in his collection of specimens for it, become mute, for back in antiquity one had only read them aloud. The ability in an understandable way to read a text aloud, in particular to recite poems, becomes a matter for specialists—who are in demand—one thinks of the totally unexpected success of what are called audio books.[12] The need to regain physicality in linguistic activity, even with reading, is something Alexandra Zepter (2013) systematically propounds in her magnificent book *Sprache und Körper. Vom Gewinn der Sinnlichkeit für Sprachdidaktik und Sprachtheorie.*

....

11   See the connection between mediality and linguistic expansion, which Koch & Oesterreicher discuss (1994, 2007).

12   Not least because the theater basically has been failing the (verbal) text for a while now.

We come back now to the observation made at the beginning. Literature is, so it was proposed, necessarily a written text. The central achievement of the author is the linguistic expression. However it seeks of course to come to life, and that is something that belongs to literary socialization as is didactically taught in literature courses oriented toward plot and process (see for example, Haas, Menzel & Spinner 1994). The goal of literary socialization, however, is the acquisition of the ability to be conversant with literary texts, and those are written. Most especially in a multi-media cultural context, it is essential to understand that and learning to understand the essence of literature: language, brought to its point by writing.

References

ACHTEN, HILKE (2008) *Buchstabe und Schrift zwischen Materialität und Magie. Mittelal-terliche Initialen, Barocke Figurenlyrik und Visuell-konkrete Poesie: Magoide Merk-male in Schrift-Bild-Phänomenen.* Saarbrücken: Müller (Diss. Köln 2007).

BALOGH, J. (1927): *Voces paginorum. Beiträge zur Geschichte des lauten Lesens und Schreibens.* Philologus 82, 84–127, 202–240.

BEHAGHEL, OTTO (1899): *Geschriebenes Deutsch und Gesprochenes Deutsch.* Wissen-schaftliche Beihefte zur Zeitschrift des Allgemeinen Deutschen Sprachvereins 17/18, 213–233.

BLOOMFIELD, LEONARD (1933): *Language.* New York: Rinehart & Winston.

Deutsches Wörterbuch der Brüder Grimm. *dwb.bbaw.de/dwb/dwbstart.html.*

Duden (2003): *Deutsches Universalwörterbuch,* 5. Aufl. Mannheim: Dudenverlag.

Duden (2009): *Die deutsche Rechtschreibung.* 25. Aufl. Mannheim: Dudenverlag.

EHLICH, KONRAD (1994): *Funktion und Struktur schriftlicher Kommunikation.* In: H. Günther, O. Ludwig et al. (eds.): Schrift und Schriftlichkeit. Ein interdisziplinä-res Handbuch internationaler Forschung. Berlin: de Gruyter Band 1, 18–41.

GÜNTHER, HARTMUT (1988): *Schriftliche Sprache. Strukturen geschriebener Wörter und ihre Verarbeitung beim Lesen.* Tübingen: Niemeyer.

GÜNTHER, HARTMUT (1993): *Erziehung zur Schriftlichkeit.* In: P. Klotz & P. Eisenberg (eds.): Sprache gebrauchen – Sprachwissen erwerben. Stuttgart: Klett.

GÜNTHER, HARTMUT (1995): *Die Schrift als Modell der Lautsprache.* Osnabrücker Beiträge zur Sprachtheorie 51, 15–32.

GÜNTHER, HARTMUT & POMPINO-MARSCHALL, BERND (1996): *Basale Aspekte der Produktion und Perzeption mündlicher und schriftlicher Äußerungen.* In: Günther, Ludwig et al. (Bd. 2), 903–917.

GÜNTHER, HARTMUT (2010): *Konzeptionelle Schriftlichkeit – eine Verteidigung.* Kölner Beiträge zur Sprachdidaktik 6, 125–136.

HAAS, GERHARD; MENZEL, WOLFGANG & SPINNER, KASPAR H. (1994): *Handlungs- und produktionsorientierter Literaturunterricht.* Praxis Deutsch 123, 17–25.

KOCH, PETER & OESTERREICHER, WULF (1986): *Sprache der Nähe – Sprache der Dis-tanz. Mündlichkeit und Schriftlichkeit im Spannungsfeld von Sprachtheorie und Sprachgeschichte.* Romanistisches Jahrbuch 1986, 15–43.

KOCH, PETER & OESTERREICHER, WULF (1994): *Schriftlichkeit und Sprache.* In: H. Günther, O. Ludwig et al. (eds.): Schrift und Schriftlichkeit. Ein interdisziplinäres Handbuch internationaler Forschung. Berlin: de Gruyter Band 1, 587–604.

KOCH, PETER & OESTERREICHER, WULF (2007): *Schriftlichkeit und kommunikative Distanz.* Zeitschrift für germanistische Linguistik 35, 346–375.

LEVELT, WILLEM J. M. (1989): *Hochleistung in Millisekunden – Sprechen und Sprache verstehen.* Universitas 44, 56–68.

OLSON, DAVID R. (1994): *The world on paper.* Oxford: Blackwell.

RAIBLE, WOLFGANG (1994): *Orality and Literacy*. In: In: H. Günther, O. Ludwig et al. (eds.): Schrift und Schriftlichkeit. Ein interdisziplinäres Handbuch internationaler Forschung. Berlin: de Gruyter Band 1, 1–17.

RÖLLEKE, HEINZ (2004): *Die Märchen der Brüder Grimm. Eine Einführung.* München: Reclam.

SCHEERER, ECKART (1993): *Mündlichkeit und Schriftlichkeit – Implikationen für die Modellierung kognitiver Prozesse.* In: J. Baurmann, H. Günther & U. Knoop (eds.): homo scribens. Perspektiven der Schriftlichkeitsforschung. Tübingen: Niemeyer, 141–176.

SCHÖN, ERICH (1993): *Der Verlust der Sinnlichkeit oder: Die Verwandlungen des Lesers. Mentalitätswandel um 1800.* Stuttgart: Klett-Cotta.

STEGER, HUGO (1987): *Bilden „gesprochene Sprache" und „geschriebene Sprache" eigene Sprachvarietäten?* In: H. Aust (ed.): Wörter: Schätze, Fugen und Fächer des Wissens. Festschrift für Theodor Lewandowski. Tübingen: Narr, 35–58.

VIOLLET, CATHERINE (1994): *Schriftlichkeit und Literatur.* In: H. Günther, O. Ludwig et al. (eds.): Schrift und Schriftlichkeit. Ein interdisziplinäres Handbuch internationaler Forschung. Berlin: de Gruyter Band 1, 658–672.

WYGOTSKI, LEW S. (1934/1977): *Denken und Sprechen.* Dt. Übersetzung des russischen Originals von 1934. Frankfurt: Fischer.

ZEPTER. ALEXANDRA L. (2013): *Sprache und Körper. Vom Gewinn der Sinnlichkeit für Sprachdidaktik und Sprachtheorie.* Frankfurt: Lang.

The Ways of the Sign: Literary Theory in Two Steps

> *Everything should be made as simple as possible,*
> *but not any simpler.*
>
> Albert Einstein

Any act of interpretation is a way of permuting life with story. We create stories about ourselves when we imitate others, when we identify ourselves in other people's stories, and when we visualize ourselves in other contexts. By permuting the various structural elements that go into a story, we are able to experience different facets of the story simultaneously. This means that, in principle, we should be able to get a more nuanced sense of this simple and linear existential narrative: we get born, we live, and then we die. While each of these three elements and life stages can be interpreted individually, and in this interpretation each element can acquire individual meanings, the three elements can also form the backbone of a synthesis, as in the situation when we might conclude the following: life sucks, it is useless to be born, and everything passes. The way in which we arrive, either at one of these concluding points to life, or to all of them at once, is through permuting the elements in the story according to two essential moves: one of recognition and one of response.

1   What is this Text about and how do I respond to it?

Any narrative is anchored in (1) a structural line, inviting us to consider the question of what is happening, and (2) a responsive line, inviting us to consider the question of how we feel about it. Picture this:

What is happening?
We get born, we live, and we die.

How do we feel about it?
We feel kind of sad.

Here, we can get more sophisticated and begin to argue, evaluate, and offer solutions. We can say the following:

> Yes, we get born, we live, and die, but we also experience things, like getting an education, or getting married, or growing old and having grandkids to tell our stories to. Therefore we can rejoice in life, and forget about death.

Or:

> No, there's no way we can get excited about this life narrative. For no matter what we do, how much we achieve, we're still going to end up there, dead and buried.

Or:

> It is very certain that we're going to die, but probably there's more between heaven and earth, so we can concentrate on connections, cosmic or otherwise.

Or:

> It is very certain that we're going to die, and probably there's no life after death, but while we're at it we can enjoy having it both ways: thinking about our existence and pondering about our absence. In other words, enjoy the *memento mori* moment.

The point of this exercise is to stress that no matter how high or low the question about the significance of a text may aim, or how many theories we may formulate about texts, the method of going about it remains the same. Here, it is my contention that any analytical approach to texts follows these two essential steps: identifying the elements in the text in terms of structure and trajectory and then assessing how we respond to what we see. Depending on context, this latter step usually calls for some action, such as the action that we find associated with culturally oriented theories. For instance, if the story of the feminist movement begins with the question of oppression, the fact that a lot of women didn't feel so good about it ended in raising collective consciousness against oppression. When more women got together and started saying *no* to injustices against them, this had consequences on a larger scale, resulting in laws being passed against discrimination based on gender differences.

2 Text and Theory

In thinking about how to approach textual and visual theories from a principle of simplicity, I want to propose that there are two essential questions that we can all pose to texts, and with which most of us are familiar already: what do we 'see' in a text, and how do we relate to what we see? There is a point to the implication of seeing here. As all texts are made up of signs, whether alphabetical or symbolic—as in math or the plastic arts—we come to texts through seeing. If we also experience an instant recognition, then it is because we have seen it all before. The visual aspect of the text thus goes hand in hand with the experience of memory. Furthermore, this experience is also linked to not only what we have seen before, in some representational way or other, but also to what we have heard before. All successful narratives exploit these dimensions. However, there are also texts that exploit equally successfully an ambiguous dimension, or else they operate with the illusion of something new and original. Here, it is the task of the analyst, or the interpreter, to assess to what extent what we are dealing with is poetry (which has a high level of ambiguity) or ideology (which will hide its mechanism of domination by default). 'Asking' a text to give its best in the simplest way, means compelling ourselves to see what is at stake in the text which has the power to communicate directly, not only its message but also how we might respond to it. It is my contention that when we are looking for the message of a text, rather than its meaning, we are able to transform whatever is revelatory in the text into some kind of theory. In general, we say that theory appeals to the receptive mind, not the active one, thus generating pleasure at a meta-level of conceptualizing 'practising' life. For learning 'how to' live, one looks at others, one imitates others, one studies anthropology, one goes to a shrink, a Tarot reader, or reads self-help books.

Many introductions to theories about the conflation of the idea of a text with the idea of a sign will not tell the story of how both, text and sign, used to be thought of as one unifying communicative element whose whole purpose was to disclose what the meaning of life is, how we get to know it, and by what means. Here, we are talking about going all the way back to the creation of cultures. When the first societal structures were constructed, those in power used to legitimate their ruling over the powerless by making recourse to some divine revelation. Prophets, dream interpreters, and diviners would be called in to interpret the signs, and life would go on according to these interpretations. Interpreting a text is thus a cultural practice that entangles the production of the text with various representational models. In other words, a sign as a text and a text as a sign can be thought of in terms of its power to produce a *vision* (what do we see, how are the signs arranged in a structure?) and a *force* (how hard does it hit us?)

3   What does it mean?

What is important to remind ourselves of about texts and signs is the fact that they are subject to a mode of interpretation which itself also relies on other texts and signs. While the act of interpretation is never an objective activity, the method of going about figuring out what the fuss is all about in a text can take various forms. We have systems of thought, each with more or less elaborate forms and strategies for reading protocols. It is also for this reason that, given a specific context, we can talk about when an interpretation seems, or is, right or wrong. In other words, we activate our subjective sense about a text in the appropriate context.

Thus while texts and signs have arbitrary meanings—they all mean what we all agree that they should mean—these meanings follow a context of appropriateness. For example, while in some parts of the world the V sign can mean victory, in some other context it can mean peace. In a third context V can mean both, and much more, and in a fourth context it can mean nothing at all. Thus if we assign meaning to the sign V as Victory, it is simply because we recognize that that is an appropriate thing to do in our own cultural context and from our own specific and perspectival dimension.

Theorists talk about the referentiality of the sign, which means that a sign only has value as long as it refers to some concept or thing. We assign meaning to signs according to cognition—again, based on our ability to recognize what is happening in a situation—and affect—in terms of how it makes us feel. If we recognize the V sign as standing for victory, it makes us kind of happy. For instance, Walter Benn Michael's book, *The Shape of the Signifier* (2006) tackles the function of the materiality of the sign for reference, precisely as it relates to the distinction between affect and cognition. In other words, as he says: "to understand a text is one thing, to feel its force is another" (Michaels, 2006: 9). Often, it helps little to know how language works formally when the cultural meaning ascribed to objects signifies different things for different people. The philosopher Richard Rorty formulates a similar, yet simplified version of the implication of agency for the production of texts. Texts have the power to turn us on (when we get their message) or turn us off (when we don't get the point): "The world does not speak. Only we do" (Rorty, 1989: 6). By the same token, language does not speak itself, only we do.

For instance, we can pronounce the following, allowing ourselves to permute a few signs that make up our worlds: The sign V for Victory will henceforth be replaced by the sign A for Arbitrary. And if we want to make it even more interesting and perhaps even convincing, especially if we seek the approval of a community for changing the meaning of a word at random, then, we could argue that the sign A, being made up of an inverted V and crossed by the first letter following V, namely the small i, we can create the idea of Victory as Actory, thus emphasizing the playful nature of the sign. Extrapolating from this we could then theorize that all signs act out what *we* make of them. This exercise illustrates what we can do with signs, both locally, that is, in a textual environment in which we use as tools nothing other than two oblique black lines on white paper, and contextually. By literally placing the V sign on its head, we reverse its meaning thus rendering it more unstable. Victory turned into Actory can thus mean several things: that there is no such thing as victory, it's all matter of attitude, or that meanings are all an act, so there is no truth to anything whatsoever, or that Victory is always Actory and thus never to be trusted, or that Victory is really nothing. What we believe about V comes down to how V makes us feel about it.

If we return to Michaels, what is at stake in following the consequences of replacing ideological difference (based on belief in different things) with identitarian difference (based on our speaking different languages) is a process of ontologizing the argument (as I have done here). As it is a common given that, to begin with, professors and students speak different languages—and that in spite of their beliefs, referentiality works performatively only as a means of indulging, or as Rorty has it, as "redescription." In other words, diving into what we see happening in a text, and then into searching our own emotions about it, is another way of saying that, while we may think of ourselves as interpreters with poor interpretative skills, no one is really above us, and who can tell us better than ourselves what we see and what we don't.

4 Hall of Mirrors

It is thus crucial that we actually try to seek more to take into account how to better see what we already sense is there. Here, I often make recourse to our ability to pair our readings of literary texts with visual texts. Looking at how some gestures in a picture might enhance the truth in fiction opens for a tridimensional way of reading, in which all our cognitive capacities are activated on a multi-level plan. If texts are mirrors of our experiences, and images are mirrors of what the eye captures, then we can talk about hermeneutic processes that take care of themselves.

As texts are made up signs, and as signs act as reflecting tools of representation, then we might as well infer that signs also have the capacity to reflect perfect mirror images of what they create already. Signs have a playful quality, they are never fixed, they can be permuted, and they can be made to change the meanings of many a world. As Shakespeare put it, the purpose of playing is "to hold the mirror up to nature." This means that by juxtaposing text and sign in a mirror image we can also train ourselves to become more aware of relations that appear reversed. Literary texts are made up of the images that an author is able to conjure in our minds. To these images we add our own images, and to these images again we may add images that come from an unrelated context.

Reading is always entering a hall of mirrors. An added image to a verbal text can invert the text's message. In other words, images enhance what we might make of the reversed worldview that a literary text presents us with in its 'upright position.' One can think of theory being this image. Theory is the mirror image of the world-text. More concretely, if we also apply this tridimensional reading to the basic four levels of interpretation that ancient Jewish scholars have developed, and which go through the movement from *pshat* (the simple or literal meaning of the text) to *remez* (the allusive meaning) through

    © Frank & Timme Verlag für wissenschaftliche Literatur

drash (the solicited or exegetical meaning) and finally to *sod* (the hidden or secret meaning), we might arrive at some interesting conclusions where meaning is concerned. We might see it not only situated in a graspable context, but perhaps, also in a form of transcendence.

Thinking of the way of the sign is basically a way of thinking of how to perceive theory when we hold a mirror up to it. How to perceive the theoretical element in every text that creates and exploits images on all levels: iconic (when the sign has a semblance to that which is signified), indexical (when the sign points to something), symbolic (when the sign represents a concept but does not necessarily look like the concept), and contextual (when the sign maps the territory—for instance, a graveyard sign indicates that here lie the dead). Interpreting a text through its own theory is an act of interpretation that can bring about a synthetic message that operates with the playful duality between holistic (the total) and atomistic (the fragmentary) elements in the text under scrutiny. A pluralistic approach to interpretation can highlight the dynamics between what we make of a text and what the text makes of us. And this includes the silences between. Here I particularly like what Jacques Derrida said, almost in response to Beckett's anguish about the sinful desecration of the sacredness of silence that words commit: "What cannot be said above all must not be silenced but written."

Many theories about the power of signs to create meaningful narratives revolve around our capacity to go from banality to the sublime and then back again. Depending on who one asks, the question about the meaning of life is answered differently. In terms of what we, however, can all agree on, the answer is simple. The meaning of life is to live and die. Terrestrially speaking, and from a cynical perspective, most of our lives revolve around either sex or money. Cosmically speaking, and from a poet's perspective, the fact that we can understand abstract concepts—imagine sex as eternal love, and money coming from a wheel of fortune—enables us to instantly turn the trivial in our lives into something worth talking about. Consequently, in order to escape the boring inevitability of death, what most of us do in our lives is look for signs that enable us to think: sex, yes, but through love I can know myself, I can learn to be generous, I can learn to be another by being with another, I can give, I can sing, I can fly. Money, yes, but through economic stability, I can turn my thoughts into cultural capital, I can buy myself an education, go study art and literature in Florence, and then tell others about it. What we do with signs is create nuances around something that is otherwise concrete: sex, either we have some or we don't; money ditto. But imagine if we can imagine otherwise…

What literary, visual, and cultural studies do is account for the ways in which the narratives we tell ourselves contribute to how we understand ourselves in context, and what we do with ourselves in relation to others. Texts and signs are the product of conventions and stem from the ideological apparatus in which they operate. They also have the potential to challenge the establishment by drawing attention to their constructedness. We analyze texts because we want to know something about the underlying signs and structures that make them up. We interpret texts because we want to uncover the finer nuances about the signs that make them up. We read clues because they give us a sense of direction and they make us feel something. We contextualize texts because we want to know whether what we feel comes from an authentic inner core or is the product of something outside our control. We evaluate our responses to texts because we want to make sure that we have something to give back. Then we theorize on how commonsensical it all is, how poetic it can get, and how enlightening. Understanding texts and signs helps us dispute our own sense of self and our worldviews.

As Jonathan Culler also remarks in his *Literary Theory: A Very Short Introduction* (2000), engaging with texts on a theoretical basis enhances our analytical and speculative faculties. We become better equipped to work out what is at stake in loaded terms such as sex, or language, or writing, or meaning. Theory also expands our interdisciplinary horizon. It makes us see when something presents itself as commonsensical but in reality may not be so. It makes us reflect on what we take for granted, what we internalize as being 'natural', and what is involved in processes of categorization. When we categorize, we make selections, and when we make selections, we make exclusions. If it is people we are dealing with, while such exclusions may help us, they may not help them. If it is texts, then we may also admit that the reason why we go for some and not others, or read some signs into a text rather than others, is because we have a personal agenda, or a stake in it. Theory has a reputation for being difficult and useless, but any work that aspires to be considered a work of art—literature, painting—is also already a theory.

When reading signs, we may bear in mind that there is an agency behind them. They are there for a reason, written by someone for a reason. We may thus go about asking questions pertaining to the constitution of the text, its literariness, or its overall message in the larger scheme of things. What kind of a text is it? What do its elements indicate? Is it a text about class struggle, psychological drama, or multicultural problems? Whatever the question, there is something to remember. We read texts and signs because they give us pleasure. Decoding their meaning gives us pleasure, and unveiling the secrets that they hold gives us pleasure.

The celebrated author, Vladimir Nabokov, wrote aptly about what makes a good reader in a lecture on literature delivered in 1948:

> In reading, one should notice and fondle details. There is nothing wrong about the moonshine of generalization when it comes after the sunny trifles of the book have been lovingly collected. If one begins with a readymade generalization, one begins at the wrong end and travels away from the book before one has started to understand it. Nothing is more boring or more unfair to the author than starting to read, say, *Madame Bovary*, with the preconceived notion that it is a denunciation of the bourgeoisie. We should always remember that the work of art is invariably the creation of a new world, so that the first thing we should do is to study that new world as closely as possible, approaching it as something brand new, having no obvious connection with the worlds we already know. When this new world has been closely studied, then and only then let us examine its links with other worlds, other branches of knowledge. (Nabokov, 1980: 1)

In approaching any text one of the first things that we attend to is precisely what Nabokov also calls for: attention to detail. We observe that something sounds odd or depicts a strange world, and we want to know what that is and why it is so. In other words, we begin to identify what in the text resists us. What is contradictory and full of surprises? We begin to pay attention to language and what it foregrounds, what patterns it establishes between rhymes and rhythms, grammatical constructions, and sounds. Then we may think about the message. Is there an ideology behind? How it is expressed through metaphors? Are there ambiguous words, words that have several meanings? How is this mystery presented?

A good text, whether verbal or visual, has elements in it that appeal to what we know and what we don't know. There is thus a tension between the familiar and the new. When the familiar must give way to the new element in the text, something happens to it. The familiar loses some of its aura, and we begin to question its basis. Conversely, we approach the new element in the text with a sense of wonder or apprehension. In the game of receiving a text and responding to it, we make recourse to conventions—we answer the question, 'what is happening?' precisely by identifying what we know according to what we have learned is appropriate. The question, 'how does it make us feel?' appeals to the ways in which we relate to the text according to our own imagination and individual affect.

For instance, structuralist theories began with questions about the status of literature around the turn of the 20th century. Is literature an aesthetic object? An ideological message? Or an oracle, inviting us to consider what we know about the present and where we are going in the future? One of the major critiques of structuralism that deconstruction proposes is related to the notion of presence. Presence that is privileged over absence is bad news. But for the average Western mind fixed on Cartesian principles, the idea of presence in and of itself and independent of other relations is hard to comprehend. The idea of presence as a concept emphasizing a dimension above ambivalence and duality is more akin to Buddhist philosophy. Seen from the perspective of the Western subject, what a Zen master understands about the implication of being conscious of nothing is considered nonsense. It is also for this reason that we think of presence as a moment of complexity.

More and more scholars are beginning to pay attention to what has otherwise been around for a long time, yet unobserved properly, namely, the logic of the senses. Here's a familiar phrase, which also inverts my two-step program: 'I don't know what's happening, but I see it coming.' Insofar as 'it' is not always identified, the possibility to account for what is before our eyes is also trickier. As we are at a loss for words, we go with the gut feeling. And the art is to say what you sense.

5   Presence

While some logicians warn against the usefulness of producing arguments based on what we feel, the fact of the matter is that truth is not what is useful and real but what is random and chaotic. More recent studies within post-structuralism focus now on the damaging aspect of always going exegetical, dissecting and decoding texts 'logically' at the expense of devaluing the mean-

       © Frank & Timme   Verlag für wissenschaftliche Literatur

ing of the physical and sensate impressions of the 'presence' of the aesthetic moment in the experience of a work of art. Hans Ulrich Gumbrecht envisions in his book, *Production of Presence: What Meaning cannot Convey* (2003), a rehabilitation of the material of the signifier. He makes the important point that the magic of all texts is bound with our appreciation of their material expression over and above their supposedly hidden meaning. In other words, the beauty of texts is that they simply *are*, they are present, before they mean anything at all. There is not only beauty in sensing the quietude of presence, but also redemption. When found in the proximity of really sensing presence, one is free of having to make assumptions, of having to interpret according to rules and conventions and the like. On this, Gumbrecht almost makes the same move towards the value of reorienting his question away from the hermeneutic pressure, as I am trying to do here with my simple two-questions approach. Thus he says:

> Every attempt to describe "what I get out of presence" seems to lure me into this slightly embarrasing staccato of juxtaposing concepts that do not easily go together. So let me change the thrust of my question and ask "How could one get there?" rather than ask "What is presence?" As soon as I ask, "How can I get there?—to the intense quietness of presence—the word "redemption" comes to mind. (Gumbrecht, 2003: 137)

He then goes on to account for how allowing ourselves to single out a strong feeling of joy or sadness by concentrating on it with all our minds and bodies, we experience not only an ecstatic moment in which everything is possible, but also a redemptive one. We are saved from being-in-the-world without understanding it. Through presence another kind of consciousness arises, which is about the convergence of our experiences of the world towards the objects that give us a concrete sense of what we grasp. The distance between 'us' and 'it' thus turns into what Gumbrecht calls an "umediated state of being-in-the-world." While presence is beyond control and occurs at random, it can be integrated precisely in the gap between our ambivalences.

There is thus a possibility that the duality between depth and surface, here and there, above and below, and now or never, occurs more randomly and therefore more interestingly than the rational Western mind can or is willing to comprehend. What Gumbrecht is talking about is, of course, a Zen state of mind, yet one—in the sense of 'at unison'—with the markers of signifying distinctions in the world. In other words, while there may not be a difference between the way in which a literature professor talks about redemption and the way in which a theologian does, where reception is concerned, we all think our thoughts. Thus, looking at the way in which the sign mediates all relations, it can be argued that if there's any real comprehension of what is going on, it is due to our ability to sense things rather than merely rationalize them.

If we thus consider the presence of a text, let us see what we can make of our two questions:

What is happening?
A text is here.

How do I feel about it?
I can feel it.

While the fact that a text can be here goes beyond argument, as it's a matter of observing some visual and straightforward evidence about it—either the text is here or it isn't—being unable to account for what the text's presence, or power, might feel like throws us right into the core of complexity. As a general rule, things that can only be sensed are complex by definition. And yet, if we draw on Gumbrecht's ideas, we realize that there are a few questions we can pose and which we can try to answer without feeling the daunting pressure of having to explain everything.

What kind of a relation is the relation of a text's materiality to interpretation? In traditional text-exegesis and hermeneutics we often go straight for the meaning of the text without considering much the way in which the text is laid out on a page, or what cutting means to the making of a movie. This puts us on a track where we might consider ways in which we can appreciate a text's materiality and how this might add to our aesthetic appreciation of it. Note here that I insist on the word appreciation rather than comprehension. This is because in theories about presence what we understand and on what ground is less important. What is more significant is how we engage with the subjective appreciation of aesthetic materiality in a communicative context which requires objective analysis.

Hence, it makes sense to pose this question: Is the situation of 'I can feel it' based on a learned experience of what is appropriate to feel about an aesthetic object, or is it a sign that transcendence is back in cultural text studies? (Transcendence is here used to allude to the metaphysical state of being inspired.)

Visual theories have long tried to come to terms with this question, and it is interesting here to compare briefly the relevance of discourses in art history for textual analysis. Often about abstract paintings and complex visual material we find ourselves in the midst of saying the following: 'I don't know what this is but I like it.' The reason for this response has to do with our sensing that as most art is the result of struggle, it presents us with a potentially high level of ambiguity. In fact, the more ambiguous a work is, the more poetic it gets. In other words it will appeal to our sense and capability to experience either something beautiful or something sublime. The difference between these two generally consists of a distinction between that which we can manage (beauty) and that which we cannot (the sublime). For which reason the sublime can also embody the grotesque or the horrific. And while the sublime can leave us crushed, destroyed, and naked in our souls, as it is vast and ungraspable, beauty can manifest itself as something more manageable in scope; things can be stable and symmetrical, and pleasing in their shape. Here, what art and theory have in common is the proposition that it is the pleasure of reduction—that both theory and art (especially visual art and poetry) share—which ultimately defines beauty by relegating it to the space of where nothing is ever finished. Nothing is ever final.

Thus what lies at the core of presence in deconstructive literary theory is the idea that the truth of beauty lies not in the eye of the beholder, as was previously assumed by such authors of the Romantic age as Keats and Shelley, but in form. The unfinished form. The form that surprises. The form that does not stand still to be accounted for in terms of neat structures and binary oppositions. This is the form of 'I've no idea; I may predict where it's going but I sure as hell can provide no proof for it now.'

References

CULLER, JONATHAN (2000): *Literary Theory: A Very Short Introduction.* London: Oxford University Press.

DERRIDA, JACQUES (1996): The Gift of Death. Trans. David Willis. Chicago: Chicago University Press.

ELIAS, CAMELIA (2011): *The Way of the Sign: Cultural Text Theory in Two Steps.* London: EyeCorner Press.

GUMBRECHT, HANS ULRICH (2003): *Production of Presence: What Meaning Cannot Convey.* Stanford: Stanford University Press.

MICHAELS, WALTER BENN (2006) *The Shape of the Signifier: 1967 to the end of history.* Princeton University Press.

NABOKOV, VLADIMIR (1980) *Lectures on Literature.* Ed. Fredson Bowers. Introduction by John Updike. New York: Harvest Books.

RORTY, RICHARD (1989) *Contingency, Irony, and Solidarity.* Cambridge: Cambridge University Press.

SARAH WINTER

Literary Genre and Scientific Metaphor
in Sigmund Freud's Writings

In 1930, the city of Frankfurt-am-Main awarded Sigmund Freud its prestigious Goethe Prize, first established in 1927. Asserting the appropriateness of the award for an author whose writings, like Goethe's, ranged across art and science, the prize organizers explained their choice as a recognition of the influence of Freud's ideas on multiple disciplines: "With the strict method of natural science, at the same time boldly interpreting the similes coined by imaginative writers, Sigmund Freud has opened access to the driving forces of the soul and thus created the possibility of recognizing the emergence and construction of cultural forms and of curing some of its illnesses. Psychoanalysis has not merely stirred up and enriched medical science, but the mental world of the artist and the pastor, the historian and the educator, as well."[1] Though it was not the Nobel Prize that Freud had hoped for, the Goethe Prize recognized psychoanalysis as a kind of *Bildung*, a powerful hermeneutic for elucidating the psychological origins of cultural forms, from religion to education and the arts.[2] This recognition was welcome to Freud, though insufficient. As he wrote in a letter to the English psychoanalyst Ernest Jones in 1931, "The conduct of my contemporaries has changed since the Goethe Prize to an admittedly reluctant recognition, only to show how little all this means. Somewhat like a bearable prosthesis which should not be the whole or main purpose of existence. This surprising episode will have no consequences either as far as the Nobel Prize or the general attitude toward analysis in Germany is concerned."[3] At this late point in Freud's life, his desire for personal fame seems to have diminished in relation to larger questions about the meaning of human existence or the advancement of science. A prosthesis, however, is also a necessary re-

....

1   In Peter Gay, Freud: *A Life for Our Time* (New York: Norton, 1988), 571.

2   In Gay, Freud: *A Life for Our Time*, 572.

3   Freud to Jones, June 2, 1931. Dictated to Anna Freud; in Peter Gay, Freud: *A Life for Our Time*, 572.

© Frank & Timme   Verlag für wissenschaftliche Literatur

placement for a missing body part, as Freud knew all too well: due to cancer of the mouth, Freud was forced to rely on a painful oral prosthesis of his palate and jaw that impaired his ability to speak. It was this circumstance, in addition to ill health, that prevented Freud from attending the Goethe Prize award ceremony held on the anniversary of Goethe's birth, August 28th; instead he sent his daughter, the psychoanalyst Anna Freud, to deliver his acceptance speech.

This speech provides further evidence that the public recognition stemming from his authorship counted for Freud as a gratifying but less than satisfactory substitute—perhaps somewhat better than a prosthesis—for the acceptance of psychoanalysis by the medical and scientific communities. The Goethe Prize organizers had asked Freud to make clear his "inner relations as a man and a scientist to Goethe."[4] In his address, Freud does so by mentioning Goethe's ability to "harmonize" his two personalities as "both artist and scientific investigator." Freud also implies that he himself, as a follower of Goethe, had also attempted to achieve a similar balance, so that "at different times each [personality, whether artistic or scientific] allowed the other to predominate." Freud further indicates his sharing with Goethe of this duality in his own "Lebensarbeit" which has been "directed to a single aim": "I have observed the more subtle disturbances of mental function in healthy and sick people and have sought to infer—or, if you prefer it, to guess—from signs of this kind how the apparatus which serves these functions is constructed and what concurrent and mutually opposing forces are at work within it." ["Ich beobachtete die feineren Störungen der seelischen Leistung bei Gesunden und Kranken und wollte aus solchen Anzeichen erschließen, – oder, wenn Sie es lieber hören: erraten, – wie der Apparat gebaut ist, der diesen Leistungen dient, und welche Kräfte in ihm zusammen- und gegeneinanderwirken"].[5] Here Freud describes himself as an interpreter of signs in the field of mental life, aligning the hermeneutic and speech-based aspects of psychoanalytic therapy with its scientific and medical concerns.

....

4   Sigmund Freud, "The Goethe Prize (1930)", in Sigmund Freud, *The Standard Edition of the Complete Works of Sigmund Freud*, ed. James Strachey, trans. James Strachey in collaboration with Anna Freud, Vol. XXI (London: The Hogarth Press and the Institute of Psycho-analysis, 1961), 206.

5   Sigmund Freud, "The Goethe Prize (1930)", 208; "Goethe-Preis 1930," *Gesammelte Werke*, Bd. XIV, unter Mitwirkung von Marie Bonaparte und Anna Freud (London: Imago Publishing Co., 1948), 547.

Seen in historical perspective, the Goethe Prize provided a just assessment, even a vindication, of Freud's contributions to the interpretation of literature and culture. One could also speculate that one reason Freud did not win a Nobel Prize was precisely because it would have been impossible to decide whether it should be awarded in literature or in medicine. Scholarly commentary on psychoanalysis up to the present has developed the idea, recognized by the Goethe Prize, that the psychological, interpretive or literary, and therapeutic forms of knowledge in Freud's writings are inextricable. We might be hard pressed even today, however, to determine definitively where his writings belong in the university curriculum: with Goethe's works as a part of German literature, or in anthropology, psychiatry, philosophy, or psychology? I have argued elsewhere that Freud's ambitions to establish psychoanalysis as an academic discipline form a central aspect of his larger institutionalizing and professionalizing project.[6] Freud's writings entered into the cultural tradition represented by Goethe and later nineteenth-century writers who did not recognize strict divisions between the human and natural sciences that would later come to characterize the modern disciplines. In attempting to modernize this Goethian tradition, psychoanalysis also claims recognition as an independent discipline with a distinctive psychological and hermeneutic method that bridges the natural sciences and humanities. In this essay, I examine specifically how the interaction between literary genres and scientific metaphors in Freud's writings exemplifies this method of a comprehensive project in the human sciences, for which Freud won the Goethe Prize.

In his writings, Freud adapted multiple literary genres to elaborate psychoanalytic theory and technique in persuasive and striking ways that were also productive for his psychological theorizing and for later applications of psychoanalytic ideas in literary and aesthetic interpretation. Many of Freud's scientific metaphors also share the theory-building agenda evident in his reworking of literary genres. I examine several famous examples of scientific metaphors in Freud's writings which function both to illustrate abstract psychoanalytic concepts and to revise prior psychological and medical theories. In this way, Freud's uses of metaphor also extend a long tradition, dating back to Aristotle's *Poetics* and *Rhetoric*, of the philosophical understanding of metaphor as a means of elucidation and persuasion. In the Book 3, chapter 10 of the

....

6   Sarah Winter, *Freud and the Institution of Psychoanalytic Knowledge* (Stanford, CA: Stanford University Press, 1999).

Rhetoric, Aristotle states that "To learn easily is naturally pleasant to all people, and words signify something, so whatever words create knowledge in us are the pleasantest." In this context, Aristotle asserts that "Metaphor most brings about learning" by inducing visualization and juxtaposing familiar and unfamiliar images.[7] In an influential paper, philosopher of language Max Black defines metaphor in similar terms as a way of conveying something new through familiar connotations: "A successful metaphor is *realized* in discourse, is embodied in the given 'text,' and need not be treated as a riddle. So the writer or speaker is employing conventional means to produce a nonstandard effect, while using only the standard syntactic and semantic resources of his speech community. Yet the meaning of an interesting metaphor is typically new or 'creative,' not inferable from the standard lexicon."[8] In Freud's texts, however, metaphors do not simply appear in service of scientific explanation or theory-building; they also become the object of psychological study. In this way, Freud's metaphors also lead to a reflection on the more general reliability of metaphor in producing and elucidating new meanings.

Freud turns to scientific metaphors in his writings in order to illustrate psychoanalytic ideas via extended figures and analogies, but he also discovers that certain symptoms of particularly recalcitrant neuroses, such as hysteria and obsessional neurosis, take the form of metaphors manifested on the body and as behaviors. I focus on Freud's 1926 work, *Hemmung, Symptom, und Angst*, translated into English as *Inhibition, Symptom, and Anxiety*, to explore a counter-tendency of metaphor in Freud's writing that seems to undermine both his uses of scientific metaphor for theory-building and the kind of cognitive elucidation or discovery normally associated with metaphors in philosophical, scientific, and literary texts. A tension emerges in Freud's writings between the theory-building scientific metaphor and the theory-obstructing embodied metaphor, or symptom. Hysterical symptoms in particular resist scientific elucidation because they present themselves as already constituted metaphors for memories that cannot be recovered by the analyst. In attempting to describe symptoms that are recalcitrant both to meaning and to treatment, Freud provides a kind of case study of the possible failure of metaphor itself to provide scientific, cognitive, or poetic insight. The symptom understood as an

---

7   Aristotle, *On Rhetoric*, Book 3, chapter 10, trans. George A. Kennedy (New York: Oxford University Press, 1991), 244–45.

8   Max Black, "More about Metaphor," in *Metaphor and Thought*, 2nd Edn., ed. Andrew Ortony (Cambridge: Cambridge University Press, 1993), 23.

            © Frank & Timme   Verlag für wissenschaftliche Literatur

embodied metaphor for a psychological cause shifts metaphor more generally from its role in anticipating or extending scientific discoveries into uncharted domains and concepts; symptom metaphors become a kind of prosthesis within Freud's theory, providing an only partially adequate form of expression for unconscious ideas and feelings that seem to defy both treatment and psychological elucidation. By grappling with the possible breakdown of the metaphorical relation between hysterical symptoms and the unconscious, however, Freud's text also foregrounds the provisional and open-ended qualities of both science and literature.

1 Literary Genre, Scientific Metaphor, and Theory-Building

Many of Freud's writings could be categorized according to the literary genres that they either address directly, or engage through adaptation. For example, Freud not only attempts to explain but also makes use of farce and comedy in such works as *Zur Psychopathologie des Alltagsleben* (*The Psychopathology of Everyday Life* [1901]) and *Der Witz und Seine Beziehung zum Unbewussten* (*Jokes and Their Relation to the Unconscious* [1905]). His psychoanalytic case studies of the "Wolf Man" ("Bemerkungen über einen Fall von Zwangsneurose"; "Notes upon a Case of Obsessional Neurosis" [1909]), the "Rat Man" ("Aus der Geschichte einer infantilen Neurose"; "From the History of an Infantile Neurosis" [1918]) and Dr. Schreber ("Psychoanalytische Bemerkung über einen autobiographisch beschriebenen Fall von Paranoia (Dementia Paranoides"; "Psycho-Analytic Notes on an Autobiographical Account of a Case of Paranoia" [1911]) deploy recognizable features of the Gothic novel and the fairy tale. The famous "Dora" case study (*Bruchstück einer Hysterie-Analyse*; *Fragment of an Analysis of a Case of Hysteria* [1905]) draws on the popular literary genres of romance and detective fiction. Freud also wrote many essays that qualify as literary or art criticism, such as his analysis of the "theme of the three caskets" and its association of maternity with death in Shakespeare's *The Merchant of Venice* ("Das Motiv der Kästchenwahl" [1913]), or his longer psychoanalytic character studies of Dostoevsky ("Dostojewski und die Vatertötung"; "Dostoevsky and Parricide" [1928]); Michelangelo ("Der Moses des Michelangelo"; "The Moses of Michelangelo" [1914]); and Leonardo De Vinci (*Eine Kindheitserinnerung des Leonardo da Vinci; Leonardo da Vinci and a Memory of his Childhood* [1916]). Freud's 1919 essay on "Das

Unheimliche," or "The Uncanny" is a tour de force of modernist literary analysis. Furthermore, Freud's adaptations of conventions of literary genres in his writings constituted a "working through," or "Durcharbeiten" of literary genre that consistently produced theoretical breakthroughs or at the very least elucidated important theories, which in turn were incorporated into psychoanalytic practice. For example, I have argued in my study of Freud's strategies for institutionalizing psychoanalysis among the modern disciplines that in elaborating the Oedipus complex, Freud stakes the claim that only psychoanalysis is in a position to elucidate the psychological meaning of the tragic drama. By extending the Oedipus complex into a method of cultural analysis in such works of cultural theory as *Totem und Taboo* (*Totem and Taboo*) (1913) or *Das Unbehagen in Der Kultur* (*Civilization and its Discontents*) (1930), Freud assimilates psychoanalysis itself to the genre of tragedy by forcing the reader's cathartic recognition of the Oedipus complex as the foundational social dynamic through which the rivalry between fathers and sons has advanced civilization, at the cost of libidinal repressions. Such recognition forms an institutionalizing strategy which in turn should produce an effect of epistemological and disciplinary legitimacy for psychoanalysis itself.[9] Freud's discovery of the transference through his attempt to decipher the peculiar family romance in the "Dora" case also provided psychoanalysis with a technique that, according to historian Hannah Decker, has "turned out to be of immense importance to the development of psychoanalysis, and indeed to all psychotherapy."[10]

Freud's bold and creative transformations of literary genres into theory, thereapeutic practice, and signs of cultural authority imply that whatever constitutes the literary itself also receives thereby a kind of branding by becoming associated with specifically psychoanalytic interpretive techniques. If literature is a manifestation of the artist's unconscious motives displaced into imaginative forms, as Freud argues in "Der Dichter und das Phantasieren" ("The Relation of the Poet to Day-Dreaming") (1908), then only a psychoanalytic criticism can decipher its meanings. For Freud, literary and artistic works both elucidate normal mental functioning or psychopathology, and provide further evidence for his central thesis that all aspects of culture are expressions in various disguised forms of the deepest and most abiding features of human

---

9   See Winter, *Freud and the Institution of Psychoanalytic Knowledge*, chapter 1.

10   Hannah S. Decker, "Freud's 'Dora' Case: The Crucible of the Psychoanalytic Concept of Transference," in *Freud: Confict and Culture, Essays on his life, work, and legacy,* edited by Michael S. Roth (New York: Alfred A. Knopf, 1998), 109.

psychology. As Freud writes in *Die Zukunft einer Illusion* (1927), translated into English as *The Future of an Illusion* (1928), "art offers substitutive satisfactions for the oldest and still most deeply felt cultural renunciations," while widely appreciated works of art "heighten [the individual's] feelings of identification, of which every cultural unit stands so much in need, by providing an occasion for sharing highly valued emotional experiences" ["Die Kunst bietet, wie wir längst gelernt haben, Ersatzbefriedingungen für die ältesten, immer noch am tiefsten empfundenen Kulturverzichte und wirkt darum wie nichts anderes aussöhnend mit den für sie gebrachten Opfern. Anderseits heben ihre Schöpfungen die Indentifizierungsgefühle, deren jeder Kulturekreis so sehr bedarf, durch den Anlaß zu gemeinsm erlebten, hocheingeschäzten Empfindungen ..."].[11]

Freud's uses of metaphor and analogy contribute to this larger project of the psychoanalytic reduction of art to its purported psychological origins by fusing the literary and scientific qualities of Freud's own writing. In conveying abstract ideas through scientific metaphor and analogy, Freud's texts also resemble the writings of other ground-breaking theorists, particularly those who seek to convey new scientific concepts or methods. In his study of metaphors of memory from ancient philosophy to modern neuroscience, intellectual historian Douwe Draaisma points out that "many metaphors, particularly in science, owe their existence precisely to the fact that they express what cannot be said literally—either not yet or in principle."[12] A scientific metaphor by this definition, then, serves to advance research and scientific explanation by describing a process or phenomenon figuratively that cannot yet be fully elucidated in quantitative terms or through experimentation. For example, in her influential literary analysis of Charles Darwin's writings, literary scholar Gillian Beer characterizes Darwin's uses of metaphor and analogy as "uncontrolled," and leading to "profusion and extension that surpass their status in [Darwin's] text and generate further ideas and ideologies."[13] For Beer, this generative role of metaphor is exemplified in Darwin's adoption of the "tree of life" image: "Darwin needed a metaphor in which degree gives way to change

---

11 Sigmund Freud, *The Future of an Illusion*, edited and translated by James Strachey (New York: Norton, 1961), 17; *Die Zukunft einer Illusion, Gesammelte Werke*, Bd. XIV, 335.

12 Douwe Draaisma, *Metaphors of Memory: A History of Ideas about the Mind*, trans. Paul Vincent (Cambridge: Cambridge University Press, 1995, 2000), 11.

13 Gillian Beer, *Darwin's Plots: Evolutionary Narrative in Darwin, George Eliot and Nineteenth-Century Fiction*, 2nd Edn. (Cambridge: Cambridge University Press, 2000), 7. All emphases in quotations are in original unless otherwise noted.

and potential, and in which form changes through time. He did not simply adopt the image of a tree as a similitude or as a polemical counter to other organizations. He *came upon it* as he cast his argument in the form of diagram." Thus Darwin's tree metaphor "materializes" a previously conceived abstraction in more concretely visual terms, while also capturing his own cognitive process of scientific discovery.[14]

Like his uses of literary genre, many of Freud's scientific metaphors exemplify these theory-building and heuristic functions. Certain metaphors illustrate abstract psychological concepts, such as Freud's comparison of the memory to a "Wunderblock" or Mystic Writing Pad in a 1925 essay. For Freud, this image provides a satisfactory analogy; he concludes that "If we imagine one hand writing upon the surface of the Mystic Writing-Pad while another periodically raises its covering sheet from the wax slab, we shall have a concrete representation [eine Versinnlichung] of the way in which I tried to picture the functioning of the perceptual apparatus of the mind."[15] This image counts as metaphorical because it stretches the imagination toward a new understanding of human psychology by requiring that we envision the mental processes represented by the "two hands" operating simultaneously to preserve memories in the unconscious while erasing them from consciousness. It also captures the simultaneously physical and mental qualities of memory—both as situated in the brain and as aspects of consciousness or mental causality as experienced by the subject.

Like Darwin's uses of the "tree" metaphor, Freud's "Wunderblock" metaphor also exhibits the kind of "inductive openness" that philosopher of science, Richard Boyd attributes to what he calls "an important class of metaphors which play a role in the development and articulation of theories in relatively mature sciences. Their function is a sort of *catachresis*—that is, they are used to introduce theoretical terminology where none previously existed." "Such metaphors," Boyd adds, "are *constitutive* of the theories they express, rather than merely exegetical ... [They are] one of many devices available to the scientific community to accomplish the task of *accommodation of language to the causal structure of the world*."[16] In poetic language, catachresis can be

....

14   Ibid., 33.

15   Sigmund Freud, "A Note upon the 'Mystic Writing-Pad,'" in Freud, *General Psychological Theory*, ed. Philip Rieff (New York: Collier, 1963), 212; "Notiz über den 'Wunderblock'" Gesammelte Werke, Bd. XIV, 8.

16   Richard Boyd, "Metaphor and theory change: What is a 'metaphor' a metaphor for?" in *Metaphor*

defined as "the misapplication of a word, especially to produce a strained or mixed metaphor" or "a deliberate wresting of a term from its proper signification for effect."[17] A scientific metaphor, according to Boyd, functions as a catachresis by constituting the range of meanings, in the form of a research project, within which the seemingly strained but actually theoretically groundbreaking terminology would be applicable.

Freud's uses of scientific metaphors are consistent with this theory-constitutive model exemplified in Darwin's writings and elucidated by Boyd. In *Das Unbehagen in Der Kultur* (*Civilization and its Discontents*), Freud reuses an analogy between archaeology and psychoanalysis that dates to his earliest writings on dreams and hysteria. In this influential 1930 work of cultural criticism, Freud illustrates "the general problem of preservation in the sphere of the mind" ["das allgemeinere Problem der Erhaltung im Psychischen"] with an analogy to the historical phases coexisting in the contemporary city of Rome, where "all these remains of ancient Rome are found dovetailed into a jumble of a great metropolis which has grown up in the last few centuries since the Renaissance" [alle diese Überreste des alten Roms als Einsprengungen in das Gewirre einer Großstadt aus den letzten Jahrhunderten seit der Renaissance erscheinen"]. The historical strata that we see layered in an archaeological dig, one level superseding the other, however, do not provide a firm analogy for the preservation of past mental states, as Freud explains: "There is clearly no point in spinning our phantasy any further, for it leads to things that are unimaginable and even absurd. If we want to represent historical sequence in spatial terms we can only do it by juxtaposition in space: the same space cannot have two different contents. Our attempt [at analogy] … has only one justification. It shows us how far we are from mastering the characteristics of mental life by representing them in pictorial terms" ["Es hat offenbar keinen Sinn, diese Phantasie weiter auszupinnen, sie führt zu Unvorstellbarem, ja zu Absurdem. Wenn wir das historische Nacheinander räumlich darstellen wollen, kann es nur durch ein Nebeneinander im Raum geschehen; derselbe Raum verträgt nicht zweierlei Ausfüllung. Unser Versuch scheint eine müßige Spielerei zu sein; er hat nur eine Rechtfertigung; er zeigt uns, wie weit wir davon entfernt sind, die Eigentümlichkeiten des seelischen Lebens durch anschauliche Dar-

---

and Thought, 2nd Edn., ed. Andrew Ortony (Cambridge: Cambridge University Press, 1993), 482; 486; 483.

17 "Catachresis," *The New Princeton Encyclopedia of Poetry and Poetics*, ed. Alex Preminger and T.V.F. Brogan (Princeton, New Jersey: Princeton University Press, 1993), 172.

stellung zu bewältigen"].[18] By contrast, in his late 1937 essay "Konstruktionen in der Analyse" (1937) ("Constructions in Analysis"), Freud recurs to the metaphor of the archaeological dig with greater confidence in its capacity to elucidate psychoanalysis: "The two processes [of archaeology and analysis] are in fact identical, except that the analyst works under better conditions and has more material at his command to assist him, since what he is dealing with is not something destroyed but something that is still alive ..." ["Sie ist eigentlich damit identisch, nur daß der Analytiker unter besseren Bedingungen arbeitet, über mehr Hilfsmateriel verfügt, weil er sich um etwas noch Lebendes bemüht, nicht um ein zerstörtes Objekt, ..."].[19] By making the two processes of archaeology and psychoanalysis "identical," Freud transforms his earlier analogy into a theory-building scientific metaphor.

According to classical studies scholar Richard H. Armstrong, for Freud the "metaphors of entombment and accidental burial cannot convey adequately the essential paradox that gives the psychoanalyst the upper hand in finding historical truth: the *truth-avoiding* powers of repression and resistance are what underwrite the untold riches of the psychoanalytic dig. Repression guarantees the conservation of the contents, and resistance clues the analyst in as to where the spade must bite into the endless heap of mental detritus."[20] Like his full-length works of cultural criticism more generally, Freud's metaphor of psychoanalysis as an archaeology of the mind not only places the psychological truth elucidated by psychoanalysis at the foundation of any understanding of history, but as a scientific metaphor it also extends the psychoanalytic research project by providing a catachresis for the still unexplored psychological and brain functions that support the spatialization of time in the memory, allowing past and present to coexist. As Freud explains further, "There are only two other facts that weigh against the extraordinary advantage which is thus enjoyed by the work of analysis: namely, that psychical objects are incomparably more complicated than the excavator's material ones and that we have insufficient knowledge of what we may expect to find, since their finer structure contains so much that is still mysterious" ["Dieser außerordentlichen

....

18   Sigmund Freud, *Civilization and Its Discontents*, trans. and ed. James Strachey (New York: Norton, 1961), 16–18; *Das Unbehagen in der Kultur, Gesammelte Werke*, Bd. XIV, 426–28 .

19   Sigmund Freud, "Constructions in Analysis," trans. James Strachey, in *Therapy and Technique*, ed. Philip Rieff (New York: Collier, 1963), 276; "Konstruktionen in der Analyse" (1937), *Gesammelte Werke* Bd. XVI, (London: Imago, 1950), 45.

20   Richard H. Armstrong, *A Compulsion for Antiquity: Freud and the Ancient World* (Ithaca, NY: Cornell University Press, 199.

Bevorzugung der analytischen Arbeit stehen nur zwei andere Tatsachen entgegen, nämlich daß das pychische Objekt unvergleichlich komplizierter ist als das materielle des Ausgräbers und daß unsere Kenntnis nicht genügend vorbereitet ist auf das, was wir finden sollen, da dessen intime Struktur noch so viel Geheimnisvolles birgt"].[21] While challenging, the theory-building process accomplished through the archaeology metaphor as catachresis projects psychoanalysis into the future as an ongoing research project, once again indicating Freud's ambitions for psychoanalysis as a foundational and comprehensive scientific discipline.

1   Scientific Metaphor and the Hysterical Symptom

I have argued so far that Freud's extensive recasting of literary genres and his uses of scientific metaphors in his writings exhibit both his Goethe-like combination of literature and science and the consistency of Freud's psychoanalytic project with inductive and exploratory theory-building through metaphor in scientific writing. A further question emerges regarding how far Freud's scientific metaphors may also count as literary ones. Philosopher Richard Boyd seeks to distinguish between literary and scientific metaphors in terms of the kind of thinking they elicit and their ability to sustain inquiry within a research community over time:

> Literary interaction metaphors, it would seem, display what might be termed *conceptual open-endedness*: they work by inviting the reader (or hearer) to consider the principal subject of the metaphor in the light of associated implications—typically—of the commonplace conception of the secondary subject ... The function of literary metaphor is not typically to send the informed reader out on a research project.
>
> Exactly the opposite is the case with *theory-constitutive metaphors* ... Although the intelligibility of theory-constitutive metaphors rests on the reader's being able to apply to her current understanding of the primary subject some of the associated implications appropriate to her current conception of the secondary subject, the function of the meta-

....

21   Freud, "Constructions in Analysis," 276–77; "Konstruktionen in der Analyse," 46–47.

phor is much broader ... [T]he use of theory-constitutive metaphors encourages the discovery of new features of the primary and secondary subjects, and new understanding of theoretically relevant respects of similarity, or analogy, between them ... Precisely because theory-constitutive metaphors are invitations to future research, and because that research is aimed at uncovering the theoretically important similarities between the primary and secondary subjects of the metaphors, the explication of these similarities and analogies is the routine business of scientific researchers, rather than of some specialized body of commentators [i.e. literary critics].[22]

What differentiates scientific metaphors from their literary counterparts, according to Boyd, is their requirement that they be deciphered in the context of a research program. Boyd's distinction between literary and scientific metaphors is reminiscent of the Platonic critique of mimesis; literary metaphors seem to provoke a form of recognition that may afford insight about how language works, but does not lead to substantive knowledge. However, Boyd seems to overlook the way that literary metaphors incorporate both the history of a language and imply intertextuality; older meanings of words or literary allusions not immediately familiar to readers may be revivified in the metaphorical sense, in turn provoking a new relationship between the primary and secondary subject of a metaphor that requires further inquiry on the part of the reader in order for the metaphor to work. In other words, Boyd neglects the process of interpretation that literary metaphors evoke, and that may not simply call up a pre-existing repertoire of meanings or associations in the reader, but may instead move the reader toward an unfamiliar set of concepts and connotations conveyed by the context of the metaphor or of the literary work within a larger culture or tradition. Nevertheless, Boyd's account is useful in leading us to ask how far Freud's scientific metaphors exhibit the *conceptual* open-endedness attributed to literary metaphors by calling up associations common to everyday life or recognizable as literary conventions, or by appealing to a medically educated reader's standard knowledge.

We have already examined the ways that Freud's extended analogies imply metaphors: for example, that psychoanalysis is an excavation of the mind, or

....

22 Boyd, "Metaphor and theory change: What is a 'metaphor' a metaphor for?," 488–89.

that memory is an activity of inscription on a layered surface that simultaneously retains old impressions and creates new ones. Both of these metaphors
require that the reader engage in some sort of psychoanalytic theory-building,
and not merely conceptual transfer of prior knowledge into new contexts, in
order to grasp the psychoanalytic catachresis of the unconscious as the mental
function that preserves memories indefinitely. There is, however, another set
of metaphors that appears strictly as such, that is without an extended illustration or analogy, in Freud's writings: hysterical and obsessive symptoms. Perhaps these may be defined as literary. In the remainder of this essay, I want to
analyze the way that these symptom metaphors fail to qualify as scientific ones,
both because they frustrate interpretation and theory-building, and because
they call into question fundamental notions about the functioning of memory
and the unconscious that underpin the scientific metaphors that we have analyzed so far in Freud's texts.

Freud's discussion of conversion hysteria in *Hemmung, Symptom, und
Angst* raises the problem of what it means to interpret a symptom psychologi-
cally as a metaphor for a repressed memory. In the history of medicine, as
semiotician Thomas Sebeok explains, the symptom is "a compulsive, auto-
matic, non-arbitrary sign, such that the signifier [is] coupled with the signified
in the manner of a natural link."[23] In the case of a hysterical symptom, as we
will see in greater detail, the signifier is the body, which potentially forms a
"natural link" with what Freud identifies as its psychological meaning. In his
study of semiotics, Roland Barthes points to the difference in signification for
the patient and for the physician (or analyst), arguing that a "symptom turns
into a sign only when it enters the context of a clinical discourse."[24] Thus medical conventions of knowledge are required for a symptom to appear as such.
This distinction can be further elaborated, according to Sebeok, into a division
between private and public meanings: what counts for the patient as a private
experience of an autonomous symptom becomes the public sign of illness in
the clinic or analyst's office.[25] Cultural historian Georges Didi-Huberman
describes the photographic iconography of the hysterical symptom elaborated
at Parisian doctor Jean-Martin Charcot's Salpêtrière clinic during the mid- to

----

23 Thomas A. Sebeok, *Signs: An Introduction to Semiotics*, 2nd Edn. (1994; Toronto: University of
    Toronto Press, 2001), 46.

24 Ibid., 48; Sebeok is paraphrasing Barthes.

25 Ibid., 68.

late-nineteenth-century in similar terms, as an *"image factory* with its triple project of science, therapy and pedagogy." Charcot's approach transformed the patient's private symptom not only into a case study on hysteria, disseminated in the forms of a tableau enacted in the photographer's studio, but also into pedagogical demonstrations for medical students, and photographic textbooks of psychopathology.[26]

While participating in this public codification of hysteria in the form of a medical case study, Freud's account of the hysteric's symptom complicates medically-based and visually diagnostic methods by relying on the verbal testimony of the patient, in the process emphasizing the symptom's *private* metaphorical nature as a manifestation of an individual psychological state. The elucidation of such private symptoms as therapeutically cognizable metaphors becomes the hallmark of a psychoanalytic understanding of both hysteria and obsessional neurosis. In *Hemmung, Symptom, und Angst,* Freud defines the symptom in psychopathology more generally as "a sign of, and a substitute for, an instinctual satisfaction that has remained in abeyance; it is a consequence of the process of repression" ["Das Symptom sei Anzeichen und Ersatz einer unterbliebenen Triebbefriedigung, ein Erfolg des Verdrängungsvorganges"].[27] In his attempt to categorize different kinds of symptoms, Freud also establishes their different degrees of interpretability as signs. The phobia, such as Little Hans's fear of horses, seems to function straightforwardly as a metaphor when interpreted through the Oedipus complex and castration anxiety. Symptoms in an obsessional neurosis can provide more difficult challenges within analysis, Freud observes, because they are often "travestied and distorted," but they do not ultimately elude psychoanalytic interpretation.[28] These obsessional symptoms take the form of "either prohibitions, precautions, and expiations—that is, negative in character—or they are, on the contrary, substitutive satisfactions which often appear in symbolic disguise" [Es sind entweder Verbote, Vorsichstmaßregeln, Bußen, also negativer Natur, oder im Gegenteil Ersatzbefriedigungen, sehr häufig in symbolischer Verkleidung"].[29] In obses-

<hr>

26   Georges Didi-Huberman, *Invention of Hysteria: Charcot and the Photographic Iconography of the Salpêtrière,* trans. Alisa Hartz (Cambridge, Mass.: MIT Press, 2003), 30.

27   Sigmund Freud, *Inhibitions, Symptoms and Anxiety,* trans. Alix Strachey and James Strachey, ed. James Strachey (New York: Norton, 1989), 9; *Hemmung, Symptom, und Angst, Gesammelte Werke,* Bd. XIV, 118.

28   Freud., *Inhibitions, Symptoms and Anxiety,* 42–43.

29   Freud, *Inhibitions, Symptoms and Anxiety,* 37; *Hemmung, Symptom, und Angst,* 142.

                    © Frank & Timme   Verlag für wissenschaftliche Literatur

sional neurosis, then, "Symptoms which once stood for a restriction of the ego come later on to represent satisfaction as well, thanks to the ego's inclination to synthesis, and it is quite clear that this second meaning gradually becomes the more important of the two" ["Dieselben Symptome, die ursprünglich Einschränkungen des Ichs bedeuteten, nehmen dank der Neigung des Ichs zur Synthese später auch die von Befriedigungen an, und es ist unverkennbar, daß die letztere Bedeutung allmälich die wirksamere wird"].[30] So stereotyped behaviors that originally functioned to ward off anxiety caused by regression of the libido take on a new meaning that calms the patient and makes sense to the ego. Such obsessional symptoms thus work metaphorically *even for the patient* because they become recognizable to the ego *conceptually* within a context based in past experiences. According to Boyd's distinction between conceptually-based literary metaphors and catachrestic scientific metaphors, because they function both for the patient and for the analyst within a repertoire of recognizable connotations for the specific personal experience and clinical aetiology of the disease, obsessional symptoms also qualify as versions of literary metaphors: they do not seem to pose a challenge to the psychoanalytic research community by projecting an agenda for further research. A broader definition of literary metaphors as requiring interpretation explicitly based in textual analysis of the patient's dreams, associations, and memories would also lead us to recognize the obsessional symptom's literary dimensions within the context of Freud's writings.

The hysterical symptom, however, resists psychoanalytic interpretation as a purported metaphor for repressed traumatic memories or libidinal cathexes. According to Freud, the processes of formation of the symptoms of "conversion hysteria," such as "motor paralyses, contractures, involuntary actions or discharges, or pains and hallucinations," are mysterious. Freud concedes that the "pains and hallucinations" reproduce, repeat in antithetical form, or displace elements from a repressed original experience, but "the [patient's] ego behaves towards the symptoms as if it had nothing to do with them" ["das Ich verhält sich gegen sie wie unbeteiligt"]. The hysterical symptom thus appears as a kind of faulty metaphor for a repressed memory; it is expressed through the body, but severed from its correlated psychic cause or original meaning not only by repression, but also by the ego's failure "to struggle against the symptom after it has been formed" ["Auch vom Kampf des Ichs gegen das einmal

---

30   Freud, *Inhibitions, Symptoms and Anxiety*, 44 *Hemmung, Symptom, und Angst*, 148.

gebildete Symptom ist bei der Konversionshysterie wenig zu merken"].[31] Freud breaks off his account of the hysterical symptom at this point, mid-way through his study, commenting "Why the formation of symptoms in conversion hysteria should be such a peculiarly obscure thing I cannot tell; but the fact affords us a good reason for quitting such an unproductive field of enquiry without delay" [Woher die besondere Undurchsichtigkeit der Symptombildung bei der Konversionshysterie rührt, können wir nicht erraten, aber sie gibt uns ein Motiv, das unfruchtbare Gebeit bald zu verlassen"].[32] Here, we perceive a temporary collapse of the theory-constitutive aspects of scientific metaphor as a *catachresis* that enlists and reframes words and images figuratively within an emergent research project in order to "accomplish the task of *accommodation of language to the causal structure of the world*."[33] Instead, Freud wants to abandon a line of inquiry through which his model of unconscious causality does not seem to function. When Freud confronts the hysteric's propensity to generate symptoms that cannot be placed in a clear context, and that therefore thwart a metaphorical relation to unconscious memories, the use of metaphors for theory-building and illustration of abstract mental functions within his own writings is also threatened. This threat also stems from the collapse of metaphor itself within the hysterical symptom; while the hysterical symptom's metaphorical nature in relation to the missing memory appears on the body as such, it cannot be elucidated into a clear psychological aetiology or a cure for the individual patient. In the guise of the hysterical symptom, metaphors continue to function on the body, provoking suffering, but cease to make sense.

Even the familiar medical notion of the symptom as a natural sign of some physical or mental disorder, one that relies like the literary metaphor on the recognition of conventional meanings, seems instead to become a *prosthesis* within Freud's theory of hysteria, standing in "unproductively" or inadequately for an unexplained cause of the disease. In a later footnote to his discussion of the hysterical symptom, Freud even begins to question his postulate of the indestructibility of repressed unconscious ideas or memories that he had illustrated through the scientific metaphor of the archaeological excavation. Once "our analysis turns to the vicissitudes of the repressed," Freud speculates, then the question arises, "has the portion of [the repressed impulses] in the uncon-

---

31 Freud, *Inhibitions, Symptoms and Anxiety*, 36; *Hemmung, Symptom, und Angst*, 141.

32 Freud, *Inhibitions, Symptoms and Anxiety*, 37; *Hemmung, Symptom, und Angst*, 141.

33 Boyd, "Metaphor and theory change: What is a 'metaphor' a metaphor for?," 486.

scious maintained itself and been proof against the influences of life that tend to alter and depreciate them? In other words, do the old wishes, about whose former existence analysis tells us, still exist?" ["Die ursprüngliche Triebregung ist jedenfalls durch die Verdrängung gehemmt und von ihrem Ziel abgelenkt worden. Ist aber ihr Ansatz im Unbewußten erhalten geblieben und hat er sich reistent gegen die verändernden und entwertenden Einflüsse des Lebens erwiesen? Bestehen also die alten Wünsche noch, von deren früherer Existenz uns die Analyse berichtet?"].[34] That is to say, is the hysterical symptom itself all that remains of a traumatic memory toward which the ego has become so indifferent? Is the analyst, like the archaeologist, left merely with the material signs, manifested on the body, of psychological ruins that cannot be reconstructed, that is, traced back to any prior history or experience? Freud seems to entertain the possibility that there are memories that fail to be recorded in the unconscious, and thus are permanently erased and forgotten. Freud immediately answers his disturbing question in the negative: "The answer seems ready to hand. It is that the old, repressed wishes must still be present in the unconscious since we still find their derivatives, the symptoms, in operation" ["Die Antwort scheint naheliegend und gesichert: Die verdrängten alten Wünsche müssen im Umbewußten noch fortbestehen, da wir ihre Abkömmlinge, die Symptome, noch wirksam finden"].[35]

In confronting the impenetrability of the hysterical symptom as a broken or purely physical metaphor without a psychological cause, Freud's scientific inquiry becomes self-reflexive, turning its attention toward the figural status of the unconscious itself as a catachresis, or scientific hypothesis about a psychological function that cannot (as yet) be observed directly. Freud comes up against the strain of explaining the hysterical symptom as metaphor via the metaphorical status of the unconscious. As the fundamental theoretical and therapeutic postulate that memories are preserved permanently in the unconscious falters in the face of hysteria, so does Freud's research project potentially lose its ability via theory-constitutive metaphors to engage a community of fellow psychoanalytic researchers in an inductive search for the causal structures of mental life. As happened repeatedly in his career, by investigating hysteria, Freud once again risks losing his scientific audience. Freud's further

....

34 Freud, *Inhibitions, Symptoms and Anxiety*, nt.1, 73; *Hemmung, Symptom, und Angst*, Fußnote 1, 173.

35 Ibid.

© Frank&Timme   Verlag für wissenschaftliche Literatur

repetitions of his extended analogy between analysis and archaeology in his later writings from the 1930s, including *Civilization and its Discontents* and "Constructions in Analysis," thus represent an attempt to reinforce his research project through confident statements, such as the example we have already noted, his assertion that "what [the analyst] is dealing with is not something destroyed but something that is still alive ..."[36] In theorizing the hysterical symptom, Freud comes up against the limitations of the unconscious as a catachresis for the purposes of psychoanalytic theory-building. But as a shared metaphor for an invisible psychological causality experienced between analyst and patient, the unconscious affords a necessary conceptual terrain and goal for the psychoanalytic archaeology of the mind, and in this way it combines the qualities of both literary and scientific metaphors that we have been analyzing.

I have defined three major ways that the hysterical symptom functions as a metaphor in Freud's text, *Hemmung, Symptom, und Angst*: 1) Within Freud's theory-building research project, it represents the traumatic meaning of a repressed unconscious memory expressed on and through the body. In this sense, the hysterical symptom suggests a dysfunction of metaphor in relation to the theory-building role of scientific metaphors in Freud's own project, because it calls into question the permanence of repressed memories in the unconscious; 2) It works conceptually (like a literary metaphor, according to Boyd's definition) and contextually to redefine and undermine the conventional medical understanding of a symptom; and 3) As a literary metaphor, the hysterical symptom that cannot be traced back to a psychical cause or a memory signifies the possible failure of metaphor itself as a means of creating new understanding. Taking all these aspects together, however, we can also see that Freud's text also makes the hysterical symptom a metaphor both for psychoanalysis itself as a contested science of the unconscious and for the fragility of human understanding, particularly within the self-referential domain of psychology.

Freud's combining of literary conventions with scientific metaphor in his writings exemplifies the theory-building capacities of metaphor not just in the contexts of science and psychology but also in poetic language and literature. The fact that the symptom in hysteria conceptually transforms the medical meaning of the term into a bodily manifestation that cannot be traced back to

---

36 Freud, "Constructions in Analysis," 276–77.

a cause also corresponds to philosopher Paul Ricoeur's understanding of metaphor as: "something which happens to words; the shift of meaning which requires the whole contribution of the context [as it] affects the word; it is the word that has a 'metaphorical use,' or a nonliteral meaning, or a novel, 'emergent meaning' in specific contexts."[37] In attempting to define the symptom in the context of hysteria, Freud shifts the medical meaning of the word symptom into a metaphorical register derived from its reference to the key scientific, theory-building metaphor, the unconscious. Read in Ricoeur's more inclusive, literary sense, the hysterical symptom also becomes an epistemological metaphor for the memory that no longer exists, and thus for the theoretical and therapeutic limits of the unconscious in psychoanalysis. In its dysfunction as embodied metaphor, however, the hysterical symptom also draws our attention to an underlying feature of all the forms of metaphor that I have been discussing: they all rely on a process of *recollection* to facilitate the kind of elucidation and discovery that metaphor ideally enacts, whether in order to anchor personal identity in the body or to maintain a collective research program. In all of these fields of discovery—literature, science, and psychoanalysis— the most frightening scenario stems from the threat, for individuals and cultures, of a permanent loss of memory.

Would it be correct, then, to apply to psychoanalysis Didi-Huberman's characterization of Charcot's invention of hysteria as a "figuring and directing, always at the limits of counterfeiting," and "an experimental fabrication (method) itself" that also indicates "a scientific project at the limits of literature?"[38] Assigning to Freud's writings a position on the border between science and literature would not amount to assigning them the status of fictions. Instead, it would mean highlighting in Freud's writings the emergent features of psychoanalysis as a scientific psychology—one that has not achieved recognition as a science, but remains active as a research project and therapy. In grappling with the hysterical symptom as a broken metaphor for the psychological causality of the unconscious, Freud's writing displays the interdisciplinary, Goethian qualities that not only make it difficult to assign psychoanalysis a definitive place within the modern disciplines, but also, more fundamentally, call into question the historical inevitability of our current divisions of

....

37   Paul Ricoeur, "Metaphor and the Main Problem of Hermeneutics," *New Literary History*, Vol. 6, No. 1, On Metaphor (Autumn, 1974), 96.

38   Didi-Huberman, *Invention of Hysteria*, 8.

knowledge. Perhaps Freud's texts configure, in an uncomfortable catachresis, an as yet unrecognized research project: a generative scientific poetics of the mind.[39]

---

39 By "generative" I mean simply to indicate a research project geared toward new approaches that place language at the center of psychological investigation.

Markus Engelhardt

Literatur und Musik – eine Miszelle

Musik und Literatur, man könnte meinen, sie suchten sich, ja sie brauchten einander. Die überaus populäre Fantasy-Romanreihe *Harry Potter* (insgesamt 7 Titel, 1997–2007) ist angeblich frei von musikalischen Implikationen und Musik spielt da keine Rolle. Wir müssen gestehen, es nicht zu wissen, aber dass ansonsten sich das Erzählen unserer Tage gerne musikalisch geriert, ja dass ausgebildete Musiker und Musikerinnen mit zu den erfolgreichsten Romanautoren und -autorinnen gehören, dass Musik als Referenz, als Motivspender, als Folie nach wie vor ihre Bedeutung für das literarische Schaffen hat, das steht wohl außer Frage. Dichter und Literaten aller Zeiten haben sich zudem berufen gefühlt, sich zur Musik und zu musikalischen Fragen zu äußern bzw. diese in ihrem Werk zu verarbeiten, und selbst die, die wie Rainer Maria Rilke der Meinung waren, keine wirkliche Kompetenz in musikalischen Dingen zu besitzen,[1] dürften zur Erkenntnis des Wesens von Musik vielleicht mehr und Wichtigeres beigetragen haben als mancher zumal selbst ernannte Musikexperte.

Das Verhältnis von Musik und *Wort*, Musik und *Text*, Musik und *Dichtung* ist ein Kardinalthema der Musik und ihrer Erforschung, zumindest – aber nicht nur – in allen textgebundenen Gattungen und Genres, im Gesang, auch dem liturgischen, im Lied, in der Oper, im Oratorium, in der Operette. Unser Thema ist das Verhältnis von Musik und *Literatur*, umgreift also das Materiale und soll über dieses hinausgehend weitere Bezüge etwa auch zwischen biographischen, künstlerischen und geistesgeschichtlichen Assoziationsbereichen zumindest berühren. Auf diese Weise, indem wir sie zur Musik in Beziehung setzen, wollen wir einen Beitrag zur näheren Bestimmung dessen leisten, was Literatur sei. Eine systematische und epochenübergreifende Durchdringung des Verhältnisses von Literatur und Musik ist hier nicht zu leisten und ist auch gar nicht intendiert.[2]

---

1   Vgl. Clara Mágr, Rainer Maria Rilke und die Musik, Wien 1960.

2   An grundlegenden Arbeiten mangelt es nicht, vgl. etwa Literatur und Musik: Ein Handbuch zur

Im ersten Teil unserer Ausführungen versuchen wir an Beispielen zu konkretisieren, was wir damit meinten, als wir eingangs davon sprachen, Musik und Literatur suchten einander. Ein zweiter Teil wird sich einer bestimmten Epoche, der Romantik, und der für sie typischen poetischen Wahrnehmung von Wirklichkeit widmen, die wir fast als eine „synästhetische", zugleich poetische und musikalische bezeichnen können. Warum verharren wir in einer derartigen Bezogenheit auf das Konkrete? Musik ist ein ebenso schillernder und vielfältiger Begriff wie Literatur. Über ihr Wesen zu befinden kann sich immer nur auf Ausschnitte von ihr beziehen. Deshalb kann es auch nicht *ein* Verhältnis zwischen Musik und Literatur geben, dieses ist wenn überhaupt nur punktuell zu bestimmen, die beiden Bereiche menschlicher Kultur sind immer nur orts- und zeitspezifisch in Beziehung zu setzen.

Der griechische Bauingenieur Thrasybulos Georgiades, von 1956 bis 1972 Ordinarius für Musikwissenschaft an der Bayerischen Ludwig-Maximilians-Universität in München, hat in seiner kleinen und immer noch lesenswerten Schrift von 1954 *Musik und Sprache: Das Werden der abendländischen Musik dargestellt an der Vertonung der Messe* als das entscheidende Movens für das „Werden der abendländischen Musik" das Singen liturgischer Texte bezeichnet.

Die Tendenz der Vereinigung von Sprache und Musik ist schon in der frühchristlichen Liturgie vorhanden: Die sprachliche Gestalt ist Prosa; es besteht aber die Notwendigkeit zu kultischem Sprechen, zu christlich-sakraler Gemeinschaftssprache. Das Wort muß erklingen. Denn für eine Gemeinschaft existiert das Wort nur als Erklingendes, nicht als Schrift. Als sakrales Wort kann es aber nicht auf natürliche Weise, als subjektiv gefärbtes Sprechen erklingen. Es verlangt einen musikalisch festgelegten Vortrag. Das ist die Geburtsstunde der abendländischen Musik: Der liturgische Text bildet das Einfallstor der Musik in die christlich-abendländische Geistesgeschichte.[3]

Theorie und Praxis eines komparatistischen Grenzgebietes, hrsg. von Steven P. Scher, Berlin 1984, oder auch die jüngere, ihren Gegenstand ideengeschichtlich perspektivenreich kontextualisierende Publikation J. M. Tudor, Sound and Sense. Music and Musical Metaphor in the Thought and Writing of Goethe and his Age, Bern 2011 (Britische und Irische Studien zur deutschen Sprache und Literatur, Bd. 46).

3   Thrasybulos Georgiades, Musik und Sprache. Das Werden der abendländischen Musik dargestellt an der Vertonung der Messe, Berlin 1954 (Verständliche Wissenschaft, Bd. 50), S. 7–8.

Georgiades reflektiert hier einen frühen Punkt der Musikentwicklung in unserem Kulturraum. Diese aber vollzieht sich auch im Weiteren im engen Kontakt mit der freien, gelegentlich auch strukturierten liturgischen Sprache der Kirche, mit der sie funktional und in allen ihren Strukturmerkmalen verbunden bleibt. Es ist die Sphäre des religiösen Ritus, aus dem heraus sich die Verschriftlichung der Musik, zunächst die des einstimmigen Gesangs, entwickelt. In den primitiven Chiffren der mittelalterlichen Einstimmigkeit werden örtliche Traditionen des kirchlichen Gesangs kodifiziert und deren Migration über ein bald ganz Europa umspannendes Netz ermöglicht. Auch die Ausbildung der Mehrstimmigkeit ist eng an die Messe gebunden. Sie geht von zunächst zwei parallel geführten Stimmen aus und entwickelt sich über ein rhythmisches Skandieren in verschiedenen Lagen zu einem metrisch durchrationalisierten, wegen seiner Komplexität die Textgrundlage allerdings schließlich ganz verdrängenden Satz. Ein über Jahrhunderte sich erstreckender Prozess, in dem Musik sich formt und als Kunst sich bildet in der Interaktion mit dem freien und auch gefügten liturgischen Text.

Der *Roman de Fauvel*, entstanden etwa zwischen 1310 und 1314, ist eine Allegorie auf die Pariser Verhältnisse des ersten und zweiten Jahrzehnts des 14. Jahrhunderts. Ihr Autor ist vermutlich eine Gervais du Bus, Notar am französischen Königshof zwischen 1313 und 1338, Titelfigur ein falber (*fauve*) Hengst, Fauvel ein Akrostichon aus *flaterie* (Schöntuerei), *avarice* (Knausrigkeit), *vilanie* (Nichtswürdigkeit), *varieté* (Veränderlichkeit), *envie* (Missgunst), *lascheté* (Mangel an Moral). 13 Handschriften umfasst die Überlieferung des *Roman de Fauvel*, unter ihnen ragt eine als einzigartig heraus (F–Pn, 146), denn nur sie bringt die Verserzählung in einer „textlich auf etwa das Doppelte des Originals erweiterte[n] Fassung, der 169 ein- und mehrstimmige musikalische Interpolationen sowie 77 Miniaturen beigefügt sind"[4]. Über die textlichen Einschübe der im Abstand von nur wenigen Jahren entstandenen interpolierten Fassung nimmt der Roman nun sehr konkret auf die politische Situation am französischen Königshof unter Philipp IV. (1285–1314), Ludwig X. (1314–1316) und Philipp V. (1317–1322) Bezug und dies auch über die Musikstücke und auch über die Illustrationen, besonders sinnfällig auf Folio XXX^v, auf dem wir ein Nebeneinander von der Beschreibung der Stadt Esperance, dem Äqui-

---

4   Karl Kügle, Fauvel, in: Die Musik in Geschichte und Gegenwart. Allgemeine Enzyklopädie der Musik begründet von Friedrich Blume. Zweite, neubearbeitete Ausgabe hrsg. von Ludwig Finscher, Kassel u. a. 1995, Sachteil, Bd. 3, Sp. 372–379: 372.

        253

valent von Paris, haben, von dem lateinischen Vers „Ha Parisius civitas Regis magni" in Form einer Motette und Illustrationen, links der Königspalast, rechts eine Hafenszene (Abb. 1). Die Handschrift ist für die Musikwissenschaft von herausragender Bedeutung, weil die Musikeinschübe über ein Jahrhundert mittelalterliche Musikentwicklung abbilden, lateinische und französische, liturgische und nichtliturgische Gesänge, lateinische und französische Lieder, Motetten, mehrstimmige Bearbeitungen alter Conductus und aktuelle französische weltliche Liedformen (Rondeaux, Balades, Reffrez de chancons). Im *Roman de Fauvel* haben wir aber zudem ein besonders schönes frühes, mittelalterliches Beispiel, das wenigstens ab dem Moment der beschriebenen Interpolationen schon ganz auf die Synergie von Literatur, Bild und Musik setzt und auf eine „synästhetische" Rezeption hin angelegt wird.

Ganz diesem Prinzip verpflichtet ist die Oper, die um 1600 entsteht und zu einer der langlebigsten musikalischen Gattungen der westlichen Musikkultur avanciert. Bei aller Veränderung, die diese Gattung mitmacht, bei aller Unterschiedlichkeit ihrer historischen, regionalen, sprachräumlichen Ausprägungen, im Kern ist ihre Geschichte die Geschichte des Zusammenspiels von Literatur und Musik (Abb. 2). Ihre Texte sind dazu gedichtet worden, um vertont und gesungen und szenisch dargeboten zu werden. Ohne Musik sind sie Schauspiele bzw. dramatische Texte. Schon früh heißen sie Drama bzw. Dramma per musica, ab der Mitte des 17. Jahrhunderts wird diese Bezeichnung Standard und später ist mit ihr vor allem der Name Pietro Metastasio (1698–1782) assoziiert, eine poetische Frühbegabung aus Rom, die mit zwölf Jahren die *Ilias* ins Italienische übersetzt und in Nachdichtungen von Dramen Senecas glänzt. Die Karriere des späteren Hofdichters am Kaiserhof in Wien beginnt mit *Didone abbandonata*, 1724 mit der Musik Domenico Natale Sarros (1679–1744) in Neapel aufgeführt, in schneller Folge entstehen *Catone in Utica, Ezio, Alessandro nell' Indie, Semiramide riconosciuta, Siroe* und *Artaserse*. Dramma per musica – der frühe Terminus bezeichnet unmissverständlich die Funktion der Operndichtung: Sie will nicht für sich existieren, ihre Bestimmung ist von vornherein die Musik.

Über ihr Wesen als musikalisch-poetische Gattung hinaus sind freilich bereits bei der frühen Oper kommerzielle Rahmenbedingungen nicht zu vernachlässigen. Gerade wegen dieser kommerziellen Bedingtheit und in Ermangelung einer eigenen tragfähigen Poetik des Dramma per musica scheint sich mancher Librettist herausgefordert gefühlt zu haben, seiner Dichtung die Erhabenheit und Würde der klassischen Tragödie ausdrücklich sichern zu müssen. Derartige Versuche zur Nobilitierung ihrer Operndichtungen gerade unter ausdrücklicher Berufung auf antike Poetiken, auf die Einheiten des Aristoteles usw. werden zu einem „Dauerbrenner" ihrer Vorreden und noch in den Operntextbüchern des 19. Jahrhunderts finden wir solche Rechtfertigungen. So eng wir Literatur und Musik einander wähnen, es handelt sich keinesfalls um ein konfliktfreies Verhältnis, das zeigt uns die Geschichte der Oper auf Schritt und Tritt. Die Kommerzialisierung ist, fast möchte man sagen, konstitutiv für die Gattung, sie konditioniert sie zu einem großen Teil, vor allem wenn wir auf ihre weitere Entwicklung im 19. Jahrhundert blicken.

Ein anderes Moment der Konditionierung bedeutet ihre Ausrichtung an den Gesangsinterpreten, die stetig zunimmt und die poetisch-musikalische Konzeption der Werke und ihre Verbreitung in oft grotesker Weise bestimmt. Für Komponisten des 20. Jahrhunderts wie Gian Francesco Malipiero (1882–1973) war, um der Oper eine Zukunft zu geben, zu allererst die Macht des Interpreten einzudämmen, denn dieser Macht waren über Verdi, Wagner, Puccini und so weiter alle echten künstlerischen Belange der Gattung angeblich zum Opfer gefallen. Und deshalb schrieb dieser Malipiero etwa mit *Panthea* (1918) ein Stück für das Musiktheater, ein „dramma sinfonico", in dem die Protagonistin und einzige agierende Figur nur mimt, ohne Text ist, nicht mehr singt. Wir sehen also, dass das in der Oper so unverbrüchliche Zusammenwirken von Literatur, von Poesie und Musik stark von außerkünstlerischen Faktoren beeinflusst ist.

Wo aber könnte man sich die Assoziation von Musik und Literatur enger denken als im 19. Jahrhundert, dem Jahrhundert des romantischen Liedes, der bedeutenden Liederzyklen Schuberts, Schumanns, Wolfs, und, auf der anderen Seite, das Jahrhundert der Programmmusik, das Jahrhundert der großen Instrumentalformen, zumal der Symphonie und des Ringens um die Musik in ihrer „poetischen" Eigenständigkeit? Das Feld könnte nicht weiter gesteckt, die Spannung zwischen den Gegensätzen nicht größer sein. Die Wesensbestimmung der Musik als eine an einen vorgegebenen Ausdruck gebundene oder, im Gegensatz dazu, als eine eigengesetzliche und damit absolute Kunst, das war ein Streit, der unter Ästhetikern, vor allem aber unter den Komponisten selbst teils erbittert geführt wurde. Ein Robert Schumann (1810–1856) konnte von der „reinen" Musik sprechen, und gleichzeitig ließ gerade er sich immer wieder von außermusikalischen und, Stichwort Jean Paul (1763–1825), E. T. A. Hoffmann (1776–1822) *(Kreisleriana)*, auch literarischen Vorstellungen „inspirieren". Vom Wort, von der Literatur, hat sich die im 19. Jahrhundert mit der Oper so erfolgreich konkurrierende Instrumentalmusik jedenfalls nicht emanzipiert, das Gegenteil ist der Fall: Die mit erfolgreichste Instrumentalgattung bezieht sich auf literarische Programme, man denke nur an Hector Berlioz' (1803–1869) *Harold en Italie* (1834), auf Lord Byrons *Childe Harold's Pilgrimage* beruhend, an Franz Liszts *Die Ideale* (1857) nach Schillers gleichnamigem Gedicht oder an *Macbeth* (1886/91) von Richard Strauss (1864–1869); Gustav Mahlers (1860–1911) erste Symphonie (1889) war in ihrer ursprünglichen Fassung an Jean Pauls *Titan* (1800–1803) angelehnt und sollte auch diesen Beinamen tragen.

Im 19. Jahrhundert aber ist vielleicht stärker als je zuvor die Musik selbst Gegenstand der Literatur. Die Literatur eines E. T. A. Hoffmann, von Haus aus eigentlich Jurist, Musiker und Komponist aus Passion, als solcher aber erfolglos, ist ohne Musik, ist ohne Mozart, dessen Vornamen Amadeus er übernimmt, ist ohne Beethoven nicht zu denken. Als Alter ego seiner Werkkritiken in der *Allgemeinen Musikalischen Zeitung* ersinnt er die Figur des Kapellmeisters Johannes Kreisler, der auch im Mittelpunkt seiner Erzählung *Kreisleriana* (enthalten in der Sammlung *Fantasiestücke in Callot's Manier*), seiner Novelle *Der goldne Topf* (1814, rev. 1819) und des satirischen Romanfragments *Lebensansichten des Katers Murr* steht.

Die Literatur der Romantik bemächtigt sich der Musik in einem umfassenden Sinn. Sie erhebt <u>Komponisten und Musiker zu Protagonisten</u>, übrigens natürlich nicht nur in Deutschland, man denke nur an George Sands *Consuelo* (1842–1844), Geschichte einer Sängerin, vielleicht die Pauline Viardots, Geschichte mit Figuren aus der Musikgeschichte, wie Porpora, Marcello, Lotti, Metastasio und Haydn, deren Ensemble freilich nicht in jedem Punkt historischer Überprüfung standhält.

Die Literatur der Romantik sucht, vorzüglich in epischer Form, das <u>Wesen und die Wirkung von Musik</u> zu fassen. Heinrich von Kleist (1777–1811) tut das bekanntlich in *Die heilige Cäcilie oder die Gewalt der Musik* von 1811, dem Jahr des Doppelselbstmordes. Kleists Cäcilien-Legende spielt im 16. Jahrhundert und berichtet von Brüdern, die sich aus Hass gegen die Katholiken der Gewalt verschreiben. Vom Vorhaben, ein Kloster zu brandschatzen, werden sie dadurch abgebracht, dass sie von einer prachtvollen Musikaufführung der Nonnen überwältigt werden. Kleist hat in dieser seiner Legende der Musik also zugetraut, auf den Menschen Macht auszuüben, die Macht selbst zur Bekehrung, doch bleibt es nicht bei der Bekehrung der übermütigen Bilderstürmer, denn diese enden im Irrenhaus, wo sie im religiösen Wahn, das *Salve regina* grölend, vergehen: Musik also als den Menschen sinnlich vollkommen erfassende Kunst, eine göttliche wie dämonische Macht, die ihn in das Reich der Ideale zu erheben, aber auch ins Irresein zu treiben vermag.

Die letzte Geschichte von Wackenroders (1773–1798) *Herzensergießungen eines kunstliebenden Klosterbruders* (1796), die Geschichte vom *Merkwürdigen musikalischen Leben des Tonkünstlers Joseph Berglinger*, sie scheint uns wie ein Nachruf auf die Musik als sinnlicher Kunst oder auf den Menschen, der dieser Sinnlichkeit verlustig gegangen ist:

> Können doch diese Seelen selbst in dem majestätischen Dom, am heiligsten Feiertage, indem alles Große und Schöne, was Kunst und Religion nur hat, mit Gewalt auf sie eindringt, können sie dann nicht einmal erhitzt werden, und sie sollten 's im Konzertsaal? – Die Empfindung und der Sinn für Kunst sind aus der Mode gekommen und unanständig geworden.

Auch hier wieder das Motiv der sinnlichen Gewalt der Musik und ihre Assoziation mit dem Sakralen, mit dem Göttlichen. Es ist bis heute eines der musikalischen Hauptmotive in der Literatur geblieben, wie die Literatur bis heute nicht davon ablassen kann, über Wirkung von Musik auf den Einzelnen wie auf die Gesellschaft zu spekulieren und diese Wirkung in ihrem Erzählen zu thematisieren. Thematisiert wird dabei immer wieder auch die kathartische Seite der Musik, die den Zugang zur eigenen verdrängten Vergangenheit ermöglicht, so wie es uns der jüngste Erfolgsroman *Kontrapunkt* (2008) der niederländischen Konzertpianistin und Psychoanalytikern Anna Enquist (geb. 1945) vorführt.

Aus dem Beispiel Wackenroders ist noch ein anderer Aspekt zu gewinnen, der für das romantische Erzählen charakteristisch ist, und auch er setzt sich fort bis ins Erzählen unserer Tage: <u>Musik als Metapher des Sich-Abgrenzens oder auch des Ausgegrenzt-Werdens.</u> Musik ist für das romantische Individuum *der* Königsweg schlechthin aus einer unsinnlichen, sinnenfeindlichen Welt, die übrigens meistens vom Vater personifiziert wird, bei Eichendorffs (1788–1855) *Taugenichts* (1826) ist das so, bei Grillparzers (1791–1872) *Armem Spielmann* (1848) usw. Sie bestätigt Besonderheit, Abgesondertsein von der Allgemeinheit, sie vermag das Individuum aufzuheben ins Ekstatische, ja in die Welt der Ideale, aber sie lässt es auch leiden, an seinen Idealen scheitern, zerbrechen und zugrunde gehen. Gerade mit Blick auf diese Sinnbildfunktion ist es reizvoll, musikalischen Requisiten nachzusinnen, mit denen die Literatur spätestens seit der Romantik ihre Protagonisten ausstattet, Bögen zu schlagen von der Geige bei Eichendorff und Grillparzer über Mazeraths Blechtrommel (1959) bei Günter Grass (geb. 1927) bis zum Klavier (*Die Klavierspielerin*, 1983) bei Elfriede Jelinek (geb. 1946) oder der Orgel in Robert Schneiders (geb. 1961) *Schlafes Bruder* (1992).

Musik aber beeinflusst das romantische Erzählen scheinbar nicht nur mit Blick auf Sujets, die Formung seiner Gestalten, seine Inhalte und Motive, das Erzählen selbst sollte gewissermaßen zu seiner ursprünglichen <u>musikalischen Qualität</u> zurückfinden. Bereits am Beginn des 19. Jahrhunderts konstatiert Novalis:

> Unsere Sprache – sie war am Anfang viel musicalischer und hat sich nur gerade prosaisirt, so enttönt [...] Sie muß wieder Gesang werden.[5]

Was Novalis meinte, könnte uns etwa diese Zeile verdeutlichen, die nicht seinem lyrischen Werk, sondern der Prosa seines *Heinrich von Ofterdingen* entstammt:

> Wie gelöst war meine Zunge, und was ich sprach, klang wie Musik.
> (Novalis, *Heinrich von Ofterdingen*, 1. Kapitel)

Literatur soll wie Musik „klingen", und die Nähe von Literatur und Musik liegt auf geheimnisvolle Weise auch darin begründet, dass sie ungeachtet der Unterschiedlichkeit ihrer Zeichen beide am *Klanglichen* partizipieren. Wir denken an die in Wagners Bühnendichtungen schließlich bis ins Groteske gesteigerte „Betonung" des Lautlichen, aber natürlich auch an das Dichten über Zerlegung, Segmentierung der Sprache in ihre materiale Lautlichkeit. Solche Verfahren gibt es auch in der Musik seit den 1950er Jahren, etwa bei Maurizio Kagel (1931–2008), Dieter Schnebel (geb. 1930) und John Cage (1912–1992).

Mit Vorliebe wird die Musik im romantischen Erzählen gewissermaßen im Sinne der <u>Darstellung des Unaussprechlichen</u> eingesetzt, als Vollzug dessen,

---

5   Wir verdanken dieses Zitat Christine Lubkoll, Mythos Musik. Poetische Entwürfe des Musikalischen in der Literatur um 1800, Freiburg 1985 (Rombach Litterae, Bd. 32), S. 9.

    © Frank & Timme   Verlag für wissenschaftliche Literatur

was sich nicht oder noch nicht oder überhaupt nie ereignen darf. Ein besonders schönes frühes Beispiel finden wir in jener Episode aus Jean Pauls *Titan*, in der die Vereinigung mit Linda in Albanos Klavierspiel sublimiert wird. Musik ist in solchen Episoden, denen nicht selten eine Schlüsselstellung innerhalb des Werkganzen zukommt, natürlich mehr als ein Stimmungsträger. Wir sollen für diese Momente gewissermaßen vergessen, dass wir Worte lesen oder hören, es wird uns glauben gemacht, wir hörten Musik, und während dieser Musik ereignet sich auf geradezu wundersame Weise erzähltes und imaginiertes Geschehen.

Sie gingen hinab. Im Zimmer, das an Lianens ihres stieß, fanden sie ihr Pianoforte offen. Wahrlich das wars, was dem Grafen fehlte. In der Leidenschaft (sogar im bloßen Feuer des Kopfes) greift man weniger nach der Feder als nach der Saite; und nur in ihr gelingt das musikalische Phantasieren besser als das poetische. Albano setzte sich – indem er der Tonmuse dankte, dass es vierundvierzig Ausweichungen gebe – mit dem Vorhaben an die Tasten, nun eine musikalische Feuertrommel zu rühren und wie ein Sturm in die stille Asche zu brausen und ein helles Funken-Heer von Tönen aufzujagen. – Er tats auch, und gut genug und immer besser; aber das Instrument sträubte sich. Es war für eine weibliche Hand gebauet und wollte nur in weiblichen Tönen, mit Lauten-Klagen reden, als eine Freundin mit einer Freundin.

Karl hatt' ihn nie so spielen gehört und erstaunte über die Fülle: Aber die Ursache war, der Lektor war nicht da; vor gewissen Menschen – und darunter gehörte dieser – gefriert die spielende Hand, so dass man nur in einem Paar Blechhandschuhen hin- und herarbeitet; und zweitens, vor einer Menge spielt sichs leichter als vor *einem*, weil dieser bestimmt vor der Seele haftet, jener aber zerflossen. Und noch dazu, beglückter Albano! du weißt, wer dich hört. – Die Morgenluft der Hoffnung umflattert dich in Tönen – das wilde Jugendleben schreitet mit rüstigen Gliedern und lauten Schritten vor dir auf und ab – das Mondlicht, von keinem irdischen groben Lichte verunreinigt, heiligt das tönende Zimmer. – Lianens letzte Gesänge liegen vor dir aufgeschlagen, und der anrückende Mondschein kann dich sie bald lesen lassen – und die Nachtigall in der Mutter nahem Zimmer kämpfet, wie von der Tuba ins Feld gerufen, mit deinen Tönen. –

Liane trat mit ihrer Mutter erst spät herein, weil das heftige Ton-Getümmel für beide etwas Hartes und Peinigendes hatte.

Komponist und Musiker als Protagonist, Musik und ihre Wirkung, Musik als Sinnbild, Musik als Funktion des Erzählens. Ein weiteres Phänomen bedeutet die <u>Konkretisierung von Musik in der Literatur</u>. Hier denken wir an die Novelle *Tristan* (1902) von Thomas Mann (1875–1955), an Schuberts *Lindenbaum* im *Zauberberg* (1924), an *Doktor Faustus* (1943–1947), dessen Protagonist die Zwölftonmusik erfindet.[6] In den zahlreichen „musikalischen" Episoden dieses Romans spiegelt sich Manns ganzes Hingegebensein an Wagner und Brahms, aber auch sein intensives Studium von musikwissenschaftlicher Literatur zu Mozart, Beethoven, Hector Berlioz, Hugo Wolf und Alban Berg; sie spiegeln seine direkten persönlichen Kontakte mit wichtigen Repräsentanten der zeitgenössischen Musik wie Igor Strawinsky (1882–1971), Arnold Schönberg (1874–1951), Hanns Eisler (1898–1962), vor allem und zu allermeist aber spiegeln sie die fachliche Beratung durch den wohl wichtigsten philosophisch-theoretischen Apologeten zeitgenössischen Komponierens, Theodor W. Adorno (1903–1969).

Aber Musik in ihrer Konkretheit als Gegenstand der Literatur ist natürlich nicht auf Mann beschränkt. Zwischen Musik und Literatur ist der Titel einer Violinsonate von Beethoven, die sog. Kreutzer-Sonate (Nr. 9 A-Dur op. 47), aus dem Jahre 1803 angesiedelt, der sich zuerst Lew Nikolajewitsch Tolstoi (1828–1910) für ein Eifersuchtsdrama in Form einer Kurzgeschichte (1889) bemächtigt, das erste Streichquartett von Leoš Janáček (1854–1928) aus dem Jahre 1923 baut wiederum auf Tolstois Werk auf, 2002 greift die niederländische Autorin Margriet de Moor (geb. 1941) den Titel erneut auf, um die Geschichte eines blinden, sich in eifersüchtiger Liebe zu einer Sängerin verzehrenden Musikkritikers zu erzählen.

Paul Celans (1920–1970) berühmtes lyrisches Monument auf den Holocaust heißt *Todesfuge*, und ihre Anlage soll die einer Fuge sein, einer Doppelfuge sogar, es gebe darin den für die Fuge charakteristischen Kontrapunkt,

....

6 Die Literatur zum Thema Thomas Mann und die Musik ist Legion. Vgl. stellvertretend Ute Jung, Die Musikphilosophie Thomas Manns, Regensburg 1969 (Kölner Beiträge zur Musikforschung, Bd. 53), Paolo Isotta, Il ventriloquo di dio. Thomas Mann: La musica nell'opera letteraria, Mailand 1983, sowie jüngst Wolfgang Witzenmann, Thomas Mann e la musica, in: Musikwissenschaft im deutsch-italienischen Dialog. Friedrich Lippmann zum 75. Geburtstag, hrsg. von Markus Engelhardt und Wolfgang Witzenmann, Kassel u. a. 2010 (Analecta musicologica, Bd. 46), S. 359–370.

Modulationen und natürlich Leitmotivik. Bei ihrem ersten Erscheinen auf Rumänisch 1947 hieß sie „Todestango" (*Tangoul Mortii*), was von vornherein mehr Sinn macht, denn zum Spatenstechen der Todgeweihten sollen andere zum Tanz aufspielen. So nahe sie liegen, „Übertragungen" von Fuge, Sonatensatz usw. auf nichtmusikalische Formen geben dem Musikwissenschaftler gewisse Probleme auf. Genauso fragwürdig dürfte einem Literaturwissenschaftler der Titel *Ein Roman (in acht Kapitel)* anmuten, mit dem Sergei Eduardowitsch Bortkiewicz (1877–1952) seine Klavierkomposition op. 35 (1928) bezeichnet hat. Wie *Roman der Oper* (1924), legendärer Künstlerroman von Franz Werfel (1890–1945), der Figur und Werk Giuseppe Verdis in deren angeblicher Antipodenstellung zu Richard Wagner mystifiziert, heben diese Titel auf einen Literatur und Musik gemeinsamen, sie wie auch immer umschließenden Vorstellungshintergrund ab, ohne dass sie beim Wort genommen werden könnten. – Thomas Mann hat in der Sache manches missverstanden von den Eingebungen seines musikalischen Fachberaters Adorno, und die vorgebliche Assoziation von musikalischer und literarischer Form beziehungsweise die von literarischer und musikalischer Form, sie wird sich nie als eine Übertragung definieren lassen.[7]

Paradigmatisch für die romantische Verschmelzung von literarischer und musikalischer Sphäre ist natürlich Robert Schumann. 1830 wendet sich der junge Jurastudent in einem Brief an seine Mutter und teilt dieser einen wichtigen Lebensentschluss mit. „Mein ganzes Leben", schreibt er pathetisch „war ein zwanzigjähriger Kampf zwischen Poesie und Prosa, oder nenn es Musik und Jus" und es sei die Zeit gekommen, dem „Genius" zu folgen, der ihn zur Kunst weise.[8] Poesie und Musik fallen hier in eins. Die Idealwelt der Kunst, der sich der junge Schumann bislang zu nähern gesucht hat, ist die Welt der Literatur; als Schüler dichtet er und gründet einen Diskussionskreis, der Schiller, Schlegel, Fichte und Jean Paul thematisiert, seine Tagebücher zu den Studienjahren in Leipzig und Heidelberg sind voller poetischer Versuche, so ein Gedicht auf einen imaginierten Tanzabend, und seine musikalischen Hörerlebnisse hält er mit 18 Jahren so fest:

....

7   Kann, wie es die Dissertation von Marc Oliver Schäfer von 1998 behauptet, die oben erwähnte Heilige Cäcilie von Kleist der Sonatensatzform nachgebildet sein? Die Sonatensatzform ist erst in den 1840er Jahren theoretisch und auch in ihrer Terminologie fixiert worden. Selbst wenn Kleist gegenüber der Musik seiner Zeit, gegenüber den Werken der Wiener Klassik, aufgeschlossen war, es ist schwer vorstellbar, dass er sich literarisch an ein zwanzig Jahre später entwickeltes musiktheoretisches Konstrukt gehalten hat.

8   Der junge Schumann. Dichtungen und Briefe, hrsg. von Alfred Schumann, Leipzig 1917, S. 201.

Musik ist die höhere Potenz der Poesie" [...] „Die Schubertschen Variationen verhalten sich zum Wilhelm Meister, wie überhaupt Ton zum Wort; beyde sind aber das Non plus ultra der Romantik. Ton ist überhaupt componirtes Wort. Die Schubertschen Variationen sind überhaupt ein componirter Roman Göthe's, den er noch schreiben w o l l t e. [...] Wenn ich Beethovensche Musick höre, so ists, als läse mir jemand Jean Paul vor; Schubert gleicht mehr Novalis, Spohr ist der leibhaftige Ernst Schulze oder der Carl Dolci [i. e. Carlo Dolci, 1616–1686] der Musick.[9]

In einer Art Gründungsmanifest der ersten Nummer der *Neuen Leipziger Zeitung der Musik* (3. April 1834), es trägt untrüglich die Handschrift ihres Hauptinitiators Schumann, lesen wir vor allem von „Belletristischem", von „musikalischen Erzählungen, Phantasiestücken, Scenen aus dem Leben", von „literarischen Notizen", von „Musikalischem Goethe, Jean Paul, Heinse, Hoffmann, Novalis", das Wort Musik für sich kommt als Ausrichtung des Blattes nicht vor; einmal ist von ihr die Sprache als von der „schönen Kunst der Phantasie". Jeder Nummer seiner Zeitschrift wird Schumann ein literarisches Zitat voranstellen, sozusagen zur Nobilitierung des musikalischen Inhalts, und der Hauptartikel der ersten ist dem Briefwechsel zwischen Goethe und Zelter gewidmet. Schumanns ästhetische Grundeinstellung basiert auf einer vollkommenen Einheit von Literatur und Musik.

Es nimmt nicht wunder, dass ein solcher Komponist eine synästhetische Wahrnehmung von Welt hat, und es nimmt nicht wunder, dass vieles wie von selbst zu Literatur gerinnt, und handle es sich um Tagebucheinträge oder Briefe. Schumann wird kurz nach dem erwähnten Schreiben an die Mutter, Oberitalien bereisen, er kennt Clara Wieck (1819–1896) noch nicht, und mit ihr wird er sich auch nie in Italien aufhalten; und doch erinnert er sich in einem

---

9   Robert Schumann, Tagebücher, Bd. I: 1827–1838, hrsg. von Georg Eismann, Frankfurt a. M. 1971, S. 96–97. Das 19. Jahrhundert überhaupt ist reich an derartigen Analogiebildungen, und musikalisches Genie wird gewissermaßen dadurch geadelt, dass es sich auf eine Entsprechung im Bereich der Literatur berufen kann. Händel und Shakespeare nennt der Germanist Georg Gottfried Gervinus (1805–1871) im Haupttitel seiner 1868 in Heidelberg erschienenen Schrift *Zur Ästhetik der Tonkunst* und postuliert eine Geistesverwandtschaft der „leuchtenden Dioskuren, die in beiden Künsten die sicheren Bahnzeiger einer glücklichen Fahrt" gewesen seien, ja dass diese „Geistesverwandtschaft tief auf dem gemeinsamen Grunde germanischer Volksart" beruhe, „auf einer gleichen Gesundheit der angeborenen geistigen Natur, auf einem ähnlichen inneren Bildungsgange, selbst auf einer Ebenmäßigkeit in Neigungen und Schicksalen".

seiner sogenannten „Schwärmbriefe" der gemeinsamen Reise; hier die Worte, als die Liebenden Venedigs ansichtig werden:

Erinnerst Du Dich, als wir des Abends von Padua weg die Brenta hinabfuhren? Die italienische Glutnacht drückte einem nach dem anderen das Auge zu. Da, am Morgen, rief plötzlich eine Stimme: *ecco, ecco, Signori, Venezia!* – und das Meer lag vor uns ausgebreitet, still und ungeheuer, aber am äußersten Horizonte spielte ein feines Klingen auf und nieder, als sprächen die kleinen Wellen miteinander im Traume.[10]

Es geht Schumann hier darum, Clara eine Konzert-Ouvertüre von Mendelssohn Bartholdy (1809–1847) zu erklären, eine ganz neue Komposition, *Meeresstille und glückliche Fahrt*, op. 27 (1832), auf ein Gedicht von Johann Wolfgang von Goethe (1749–1832). Seine Erklärung betrifft Musik, sie wird aber literarisch überhöht, indem sie eine Situation konstruiert zwischen Erinnerung und Imagination, Imagination eines gemeinsamen Erlebens mit der Geliebten. Die Assoziation mit Italien ist natürlich auffällig. Ist Italien für den schwärmenden jungen Schumann so etwas wie ein Äquivalent des Poetischen? Seine Äußerungen gegen das Land und seine Musik, zumal die zeitgenössische Oper, strotzen vor deutschnationaler Überheblichkeit; in der Summe spricht er es dieser, der „welschen" Oper überhaupt ab, Kunst zu sein. Und auf der anderen Seite gibt es für Schumann offenbar so etwas wie ein „Italienideal". In einer Rezension eines Konzertes des Instrumentalvirtuosen Antonio Bazzini (1818–1897) schreibt er:

Italiener ist er [Bazzini] durch und durch, aber im besten Sinne; als käme er aus dem Lande des Gesanges, nicht einem Lande, das da oder dort liegt, [sondern] aus jenem unbekannten ewig heitern, so war mir's manchmal bei seiner Musik.[11]

Ist dieses Land vielleicht dasselbe, das Goethe im *Wilhelm Meister* (1795/96) beschwört, im „Lied der Mignon"? Das hat auch Schumann vertont, mehrfach.

....

10 Der junge Schumann, S. 55.

11 [Robert] Sch.[umann], Antonio Bazzini, in: Neue Zeitschrift für Musik, XVIII, Nr. 42 (25. Mai 1843), S. 169–170: 170.

Goethe ist für die nach Italien reisenden Komponisten gelegentlich so etwas wie ein literarischer Reiseführer; Mendelssohn 1829/30 in Rom nimmt sich wenigstens vor, dort die *Italienische Reise* (1813–1817) zu lesen, seine komponierende und konzertierende Lieblingsschwester Fanny, zehn Jahre später am selben Ort, berichtet in einem Brief an ihre Mutter in Berlin von ihrer Ankunft in Venedig, indem sie die analoge Episode in Goethes *Italienischer Reise* mit aktualisierten, auf ihre Reise zugeschnittenen Daten zitiert:

> So stand es denn im Buche des Schicksals auf meinem Blatte geschrieben, daß ich 1839 den 12ten Oktober, Nachmittags, nach unsrer Uhr um 2, Venedig zum erstenmal, aus der Brenta in die Lagunen einfahrend, erblicken, und bald darauf diese wunderbare Inselstadt, diese Biberrepublik betreten, und besuchen sollte.[12]

Von 1837 bis 1841 erschienen in der damals europaweit wohl bedeutendsten Musikzeitschrift, der *Gazette Musicale de Paris*, Franz Liszts *Lettres d'un bachelier ès musique*. In ihnen schildert Liszt – auch er reist als Musiker, ist ein junger Klaviervirtuose und angehender Komponist – unter anderem seine Reiseerlebnisse und -eindrücke in Italien, und auch hier mischen sich Realität und dichterische Erfindung, auch hier gerinnt die Wahrnehmung des in so vielerlei Hinsicht besonderen Landes zu Literatur. Liszt, und die Hände, die ihn unterstützen, haben Vorbilder, wie überhaupt sich die Tradition von musikalischer Reiseliteratur in dieser Zeit bereits nach Jahrhunderten bemessen lässt. Der Reisebericht eines anderen Musikers und Komponisten, Charles Burneys (1726–1840) *The present state of the music in France and Italy* von 1771, sollte zu so etwas werden wie ein Grundstein moderner Musikforschung; kaum ein Artikel zum Musikleben im Italien des 18. Jahrhunderts, der ihn nicht zitiert. Felder wie die musikalische Archäologie hat Burney überhaupt als erster zu Bewusstsein gebracht.

Und doch ist es ein besonderer, ein poetischer Ton, der uns aus Schumanns Italienäußerungen entgegenklingt und den, was deutsche Komponisten nach ihm anbelangt, vielleicht nur noch Richard Wagner (1813–1883) übertroffen hat. Mit seiner Schilderung des Canal Grande in Venedig, es handelt sich um

---

12 Fanny Hensel, Briefe aus Venedig und Neapel an ihre Familie in Berlin 1839/40, hrsg. von Hans-Günter Klein, Wiesbaden 2004, S. 31: Brief vom 13. Oktober 1839.

den Eintrag vom 5. September 1858 in sein *Tagebuch für Mathilde Wesendonk*, soll hier abgeschlossen werden:

> Diese Nacht war ich schlaflos und wachte lange. [...] – Wunderbar schön der Canal zur Nacht. Helle Sterne, letztes Mondviertel. Eine Gondel gleitet vorbei. Aus der Ferne rufen Gondoliere [sic] singend sich an. Diess ist ausserordentlich schön und erhaben. Die Stanzen des Tasso sollen dazu nicht mehr rezitirt werden; die Melodien sind aber jedenfalls uralt, so alt als Venedig, und gewiss älter als die Stanzen des Tasso, die man ihnen seinerzeit jedenfalls nur angepasst hat. Somit hat sich in der Melodie das ewig ächte erhalten, während die Stanzen wie ein vorübergehendes Phänomen in ihr aufgenommen und endlich verschlungen worden sind. Diese tief melancholischen Melodien, mit tönender, mächtiger Stimme gesungen, von der Ferne über das Wasser hergetragen, in noch weiterer Ferne verhallend, haben mich erhaben bewegt.[13]

In dieser eigentümlich klanglichen Szenerie, so meinen wir, gerinnt anspruchsvoll, sublim, poetisch formulierte Welterfahrung zu Literatur. Freilich der in der Romantik so innig geschlossene Kreis von Musik und Literatur, er scheint die Postmoderne nicht überdauert zu haben und beide Sphären verharren mit einiger neuer Fremdheit vor einander, aufhören einander zu suchen werden sie nicht.

....

13 Richard Wagner an Mathilde Wesendonck. Tagebuchblätter und Briefe 1853–1871, ¹²1904, S. 39.

Peter·W. Rech

Shakespeare-Komplex. Biografisches gegen biografische Gründe

Für Rainer Kaus

Universität? Ein Gaudium? *Alma mater studiorum?* Was bescheren einem die ‚Lehr-Freunde'? Durch sie fällt die eigene Lehrtätigkeit wie in einem Hohl*spiegel* in sich selbst zurück.

‚Krümmungen' bestimmen die biografische Verhältnismäßigkeit gemeinsamer „Lehrjahre". Für meine Lehrtätigkeit war der Austausch mit der Religionspädagogik und mit der Psychoanalyse unverkennbar symptomatisch. In den Fragen, die das Bild stellt, ist Dietrich Zilleßen zum Wochenendseminar-Freund geworden.[1] Es ging zum jeweiligen Schluss um theologische Unsicherheiten.

In den Fragen, die das Seelische stellt, ist Rainer Kaus zum Reise-Freund geworden. Die Psychologie hat uns dabei weniger als das Erleben von Lehre – *Leere* – Kunst – *Theater* – Fiktion während vieler Studienfahrten geholfen.

Am besten eben, man war unterwegs. Warschau, Rom, Neapel. Am besten, man ist unterwegs – heute hier mit vielen Gästen aus Deutschland, Dänemark und den Vereinigten Staaten.

So wird man zum ‚Ein-Sichtigen'. Man spielt im Ernst. Rainer Kaus der Exkursionsleiter. Was uns an Lehr- und *Leer-* und *Glaubens*sätzen verbindet, bringt sich in dieser Stunde wie von selbst zu Gehör. Man behält sich vor, sich in die Quere zu kommen. „*Pilgrime*" sind wir – Goethes Wort hört sich wie eine Persiflage an, „*die wir Italien suchen*". Wir befinden uns in bester Gesellschaft – mit Johann Gottfried Herder, Johann Joachim Winckelmann, Wilhelm von Humboldt, Karl Philipp Moritz, Johann Heinrich Wilhelm Tischbein und

---

1   Peter Rech: „Unter Männern. Parlando der Differenz (oder Joel mit Lacan)", in: Bernhard Dressler/Harald Schroeter-Wittke (Hrsg.): „Religionspädagogischer Kommentar zur Bibel", Dietrich Zilleßen zum 75. Geburtstag, Leipzig: Evangelische Verlagsanstalt 2012, S. 260–267.

Jakob Phillip Hackert, Asmus Jakob Carstens und Joseph Anton Koch, mit vielen anderen und eben vor allem mit unseren ‚Studierenden‘.

Freundschaften zwischen Lehrenden an einem gleichen Kolleg? Ein berühmtes vorteilhaftes Beispiel: Kandinsky und Klee. Ein berühmtes fragwürdiges Beispiel: Althusser und Lacan. Fakultäts-Freundschaften gehen *rückwärts* in verschiedene Sozialisationen hinein und *vorwärts*, was vor allem Studienfahrten zum Tragen bringen. Hin und her zehren sie vor *Engagement* von *Wahrheits-* als ‚Lehr‘-Begriffen, von ‚Leere‘ als ‚Botschaft‘, von *Ich-Stärken* und *Ich-Empfänglichkeiten*. Wahrheit scheint auf, wenn man bereit ist, durch den ‚nur für einen selbst bestimmten‘ Eingang zu gehen, so Rainer Kaus, „wenn von irgendeiner ‚Botschaft‘ Kafkas die Rede sein darf.“[2] In solcher ‚Botschaft‘ geht es um ‚*Rechtzeitigkeit*‘. Wann entdeckt man, was einen im Besonderen ausmacht, wie sehr man von niemandem getrennt ist. Anders gesagt: Anders sein zu wollen ist unnötig. Man ist sowieso anders.

Als *Hochschul*lehrer sind wir in Grenzen, die nicht wirklich sind. Man ist als *Lehrer* an der Universität so ‚*ein*malig‘, wie nichts einmalig ist. Es erübrigt sich zu lehren. Aber es erübrigt sich nicht, Lehrer zu sein. Man ist *ein* eigener Hochstapler. Man lehrt Kunst, und man will zu allem Überfluss auch noch Künstler sein. Was könnte in dieser einen Verwicklung verborgen sein? Die Flucht vor dem Gemeinsamen zwischen zwei Lehren. Rechtzeitig ist nie zu erkennen, *was man als Lehrer* an Überforderungen *hinter sich zu lassen hat und* wie man, wenn man ‚*Hoch*schullehrer‘ ist, ‚*einsam*‘ ist. Man kommt in einer universitären Freundschaft dann noch gerade rechtzeitig zum Zuge. Man sitzt, wie man dann merkt, im falschen Abteil eines Zuges, von dem man sich hat mitnehmen lassen, weil man sonst in dem falschen Film geblieben wäre, von dem man nur scheinheilig annimmt, es wäre nicht der eigene. Was meinten die Studentinnen und Studenten damit, wenn sie während der Exkursionen von Rainer Kaus und Peter Rech nach Polen und Italien zum Besten gaben: *„Ihr seid so gleich, und ihr passt doch zusammen.“* Meinten sie: *„Ihr seid so verschieden, und ihr passt doch nicht zusammen.“*

Es ist leicht, Treffendes zu sagen. Man ist mit nichts durch keine Pflicht verbunden. Als ich jung war, wollte ich Fachmann für nichts sein. Ich wollte durch etwas, wofür man nichts lernen musste, lernen. Bildende Kunst also studieren? Die betuliche Hofierung der Kunst, wie sie in meiner Familie väter-

---

2   Rainer J. Kaus: „Kafka und Freud. Schuld in den Augen des Dichters und des Analytikers“, Heidelberg: Universitätsverlag C. Winter 2000, S. 7.

   © Frank & Timme   Verlag für wissenschaftliche Literatur

licherseits gang und gäbe war, ging mir – wie meiner Mutter – ziemlich auf die Nerven. Pantomime, Psychologie, Publizistik, Bildende Kunst und Kunstpädagogik studierend wollte ich nur allmählich begreifen, von ‚hoher' Kunst in ihrer ‚niedrigen' Bedeutung umgeben zu sein. Was narzisstisch gegen die Kunst zu verwenden war, hat sie mir mit ihren egoistischen Strebungen nachvollziehbar gemacht. Um Kunst zu verstehen, musste ich aufhören, Kunst zu machen. Um diesen Mechanismus auszuhalten, musste ich ihn psychologisch verarbeiten. Um diese symptomatische Bewandtnis zu überleben, musste ich die Verflechtung literarisch verarbeiten. Um mich den daraus resultierenden Erkenntnissen nicht zu widersetzen, musste ich mich einem allseitig verflochtenen Seelenschmerz ergeben, und um diesem standzuhalten, musste der ganze Hintergrund *gespielt* sein können. Einem theoretischen Umgehen mit Bildern steht die Gier nach ästhetischen Glanzstücken als markttauglichen Höhepunkten der Kunst entgegen. Das berührt ethisch sehr. Ein zwischen *Rekonstruktion* und *De*konstruktion zerrissenes Schulfach sollte mich also beherbergen.

Kunsterziehung wird von der Kunst – mit Verlaub gesagt – links liegen gelassen. Künstler und Künstlerinnen schauen mit Verachtung auf dieses Fach herab. Es hat damit zu tun, dass die *Kunst der Kinder* und die *Kunst der Geisteskranken* einerseits die Beweggründe der modernen Kunst sind und Künstler und Künstlerinnen andererseits ein schlechtes Gewissen gegenüber solchen Gestaltungen haben, in denen ein authentischer *Inhalt* von der *Form* als (Produkt der) Abwehr desselben getrennt ist.

Die Unterrichtenden der Kunsterziehung schauen auf die anderen Fächer hinunter. Kunsterziehung ist ein Luxusfach, und dies soll es auch sein. Künstlerische Praxis birgt den misanthropisch verbrauchten, allerdings in unserer Zeit hochgeschätzten Hartz-IV-Vorteil, als Alternative zur Arbeitswelt genutzt werden zu können. Wie lässt sich ein Leben als Freiheit in Dressur realisieren? *Erziehung-durch-Kunst*-Vorstellungen halten sich beharrlich seit dem 19. Jahrhundert. Der Sputnik-Schock bewirkte im Westen die Kreativitätspädagogik. Die Kunsterziehung ist so zum Schrecken der Kunst geworden. Durch die Entstehung der ungegenständlichen Kunst ist sie endgültig orientierungslos wie beliebig geworden. Sie ist das Markenzeichen einer ziellosen *Erziehung zur Erziehung* im 20. Jahrhundert. Sie wird durch eine Medienpädagogik abgelöst, die die Mail- und Twitter- und Internet-Mitmachwelten der Jugend kaum einzuholen vermag. Was einem württembergischen Hofdichter der Spätrenaissance so gar nicht widersprüchlich vorgekommen wäre – … „man siehet, wie du willst, der Menschenkinder Stärke und Leben auf (d)ein Wort frisch oder zu nichts werden."[3]

(Des frühbarocken Georg Rudolf Weckherlins „Klag über die Lieb": „Mein junges hertz durch und durch wund, / Ohn hofnung aller hilf und gnaden, / Wartet des Tods zu aller stund, / Mit mehr pein dan jahren beladen.")

Die Liebe ist der ‚Menschenkinder' ganze ‚Stärke'. Der ‚Menschenkinder Stärke' hält einen an der Universität. Die Anwartschaft der Universität ist in etwa so nachzuvollziehen, wie Verlangen und Gewohnheit am Ende einer Liebe durchsichtig werden. Wenn man im Ruhestand ist, fühlt man sich noch lange nicht von der Universität in Ruhe gelassen. Nach wie vor hapert etwas. Man kann nur traurig über die Universität gute Dinge sagen. Man ist noch nicht ganz von der Welt verschwunden. Man weiß nicht, warum man noch nicht verschwunden ist. Man möchte noch etwas sagen. Dabei bleibt man ‚irgendwie' Student. Man ist nie Hochschullehrer gewesen. Die *alma mater studiorum* ist Sandkasten Schule Schlangengrube. Die „segensspendenden Göttinnen" verraten einem alles, warum man ein Leben der *alma Ceres*, der *alma Tellus* und der *alma Venus* verschrieben hat. ‚Sohn' war man vorher? Man war Student, bezog Sold in ‚soliden' Goldmünzen, d. h. man war Soldat, davor Schüler, Schüler, Schüler … ‚Muttersöhnchen' sicherlich auch, Sohn eines Offiziers …

Wer man immer ist, in solchem sorgt man sich um Kollegen, mit denen man es ‚gut' *kann*. Für sich selbst sorgt Freundschaft. Mit Rainer Kaus kann ich es ‚gut'.

Rainer Kaus – Hochschullehrer in mehreren Hochschulen. Literaturwissenschaftler mit *vielen* Studierenden – als Sozialphilosoph und Wissenssoziologe herausgefordert. Studenten genießen es, anschaulich ein durch nichts zu hintertreibendes Verlangen zu verstehen, Dichter und Schriftsteller und kein Künstler werden zu wollen. Der Psychologe Rainer Kaus findet in der therapeutischen Arbeit mit Einzelnen zu seinen eigenen Ansprüchen, wie sie von Goethe, Herder und Kafka geprägt sind, zurück. Wie arm wäre ein Leben, wenn davon psychotherapeutisch glatt erzählt werden könnte?

Das Leben des Jubilars also. Wenn es denn ein wissenschaftlicher Kongress sein soll, ist es an Ihnen, dem hochgeschätzten wissenschaftlichen Publikum,

----

3   Georg Rudolf Weckherlin (1584–1653): „Geistliche und weltliche Gedichte", Amsterdam, 1648, S. 192.

so wenig wie möglich am Tagungsthema vorbeizureden, wie von dem Jubilar, der uns hier eingeladen hat, preisgegeben werden soll.

Vier biografische Stücke halten für die Wahrnehmung eines im Verschiedenen ähnlichen Lehrens her:

„Biografisches Stück eins": Ich war Schüler des Leibniz-Gymnasiums in Düsseldorf. Der Englischlehrer sah in mir den geborenen Schauspieler. Ich sei so fahrig; jede Art meiner Reizbarkeit begeisterte ihn. Er hatte mehrere Unterrichtsjahre in den USA hinter sich. Mein Vater war zu jener Zeit auch gerade in den USA gewesen. In El Paso erwarb er die Lizenz zum Hubschrauberpiloten. Es hatte sich für ihn ein großer Träum erfüllt.

Der Lehrer führte sich wie Shakespeare auf. Ich erinnere mich an übertrieben förmliche wie ernste Schweigeminuten beim Bekanntwerden des Todes von Marilyn Monroe.

Mein Vater schwärmte für Liz Taylor. Im Rahmen einer Veranstaltung zur Truppenbetreuung hatte er sie leibhaftig zu Gesicht bekommen. Er erzählte mir dies, um aus mir die Gefühle eines Mannes von Lebensart herauszukitzeln.

Der Lehrer war – literarisch war dies abzulesen – mehr dem eigenen als dem anderen Geschlecht zugewandt. Von seiner Extrovertiertheit wie Extravaganz fühlte ich mich eingenommen wie abgestoßen. Der Lehrer machte sich Sorgen um mich, wenn ich nicht Bewegung studieren würde, was meinem Vater spanisch vorkam. Meine Neugierde war aber nicht zu bremsen. Über die besonderen Bekanntschaften des Lehrers ergab sich, dass ich von Professor Titt und seiner Assistentin Frau von Falckenhagen von der Folkwangschule während der Oberprima in Pantomime als Externer unterrichtet wurde. Dies hatte eine unglaubliche Durchdringung der Sinne und Phantasien zur Folge. Ich kroch mit großer Ausdauer durch gespenstische Lianenwälder, das war die Anfangsaufgabe, ob ich mich zu Hause an die Mathematik-Hausaufgaben heranzumachen hatte oder auf dem Weg zur Tanzschule war. Ich sollte von Märchen und Comic-Szenen überflutet sein. Aus innerer Not griff ich zu den Verfahren des Action-Paintings. Es war damals als modernste Kunst absolut in Mode. Überbordende Vorstellungen arbeitete man malerisch auf riesigen Spanplatten ab. Ohne Zwang und ohne Anspruch blieben experimentelle Bildobjekte zu-

rück, vor deren großer Anzahl sich meine Umgebung seit 50 Jahren nicht retten kann: Lackbilder, riesige Formate in Gerhard-Richter-Manier. Bin ich aus Verlegenheit mit der Bildenden Kunst in Berührung gekommen? Ich habe jedenfalls seitdem ein für alle Mal mit dem Schauder zu rechnen, dass es keine Zauberei der Kunst gibt. So sehr sie gar nicht innerlich ist, ist sie auch nicht befreiend, sondern innerweltlich; und ihre Werke, die ja nicht vergänglich sein wollen, müssen markttauglich sein, und der Künstler muss Kaufmann sein.

In einem Theaterstück driftet die Welt auseinander. Die Bildende Kunst nimmt dabei – *über Gebühr* – für sich das Ende der Kunst in Anspruch (Hegel): „Aufklärung" (Kant) wird zur „Ästhetischen Erziehung" (Schiller).

Zum Abziehbild dieser besonderen Verwerfung (der Kunst) ist die Kunsterziehung geworden. Ihr geht es seit ihrem Bestehen um die Rückgewinnung einer immer mehr unverstehbar gewordenen Kunst.

Schule sollte durch sie beseelt sein. Aber durch welches Gemüt? Clemens Brentano (1778–1842) spricht in „Gustav Wasa" vom „Theatergeist"[4], der einem durch den Kopf geht, wenn man andere Menschen erschrecken möchte, und Gustav Freytag (1816–1895) mahnt: „Du hast deine Theatergespinste im Kopfe und hast deine Launen und verwirrten Einfälle."[5] Man will unterrichten, um bei sich festzustellen: „Ich finde nichts als literarische Fraubaserein und Theatergeklätsche."[6]

Geschwätzigkeiten und Übertreibungen haben das Nicht-Gelingen der universitären Lehrerausbildung zu einem höchsten ‚Bologna' gemacht. Niedrigste Reformen, Verwechslungen von Wissen und „Theatergeklätsche". Der Rest macht das Vergnügen aus, Lehrerinnen und Lehrer auszubilden, um dabei an die eigenen Lehrer erinnert zu sein.

„Biografisches Stück zwei": Die Einlassungen auf Herder und Goethe im Folgenden verdanken sich der Vaterlands-Skepsis des unvergesslichen Deutschlehrers. Er fuhr in den Ferien regelmäßig nach Italien, wie er zu erzählen pflegte, um sich jedes Mal neu an dem silbernen Flimmern der

....

4   S. 45,4; Neudruck.

5   Gesammelte Werke, Bd. 7, S. 218.

6   Heinrich Heine: „Buch der Lieder", 1, 180.

Das ‚Alles‘ im Erzählen des ‚Alles-nichts‘. Unterricht ist *nicht* realistisch. Von den Übertragungen ist zu verkleinern, was an Wirklichkeit im Unterricht *überfordert*. Was man nicht überwindet, wird unterrichtet. Ein „Theatergenie" (Herder) genießt barbarisch den Mangel an Shakespeare. Herder versteht das Didaktische in Vollkommenheit. Man gibt sich das Versprechen, nie ein *William* zu sein. Die Umtriebigkeiten des Haudegens Shakespeare, von dem man Persönliches fast nichts weiß, beflügeln den Musterschüler und späteren Prediger (der Domschule zu Riga), der einen ganz anderen Charakter als Deutschlands größter Dichter hat, diesem es nämlich nicht wie ihm um Differenzen der Kultur, um den spezifischen „Genius" eines Volkes, um das spezifische „Clima" eines „Erdstrichs", sondern um das Universale geht. Der Dichterfürst kommt aus Gründen der Identifikation nicht ohne Shakespeare aus.

Mit Shakespeare wurde Goethe zum alten Goethe. Der Dichter der „Zahmen Xenien": „Der einsame Mann im Dunkeln besinnt sich auf seinen treuesten Freund, sich selbst. Hier muss man nicht Theater spielen, keinen bestimmten Eindruck hervorrufen. Hier kann nüchtern Bilanz gezogen werden, der freundliche Blick auf sich selbst hat auch etwas Nacktes. Für Sentimentalitäten ist kein Raum, das Ego ist gewaltig, aber es kennt Proportionen. Tieck sei gewiss ein begabter Mann, sagt Goethe in diesen Jahren, könne aber nicht mit ihm selbst verglichen werden, ebenso wenig wie er, Goethe, mit Shakespeare, das sei eben noch mal eine andere Kategorie. Für jetzt gilt vor allem: Durchhalten bis zum Ende – am besten übers Ende hinaus, denn der Tod ist eigentlich eine Frechheit."[7]

Auf Goethes italienischen Spuren wandelten Rainer und ich vier Jahre lang mit Studierenden. Jeweils nach getanem Tageswerk (Führungen vor Ort, Diskussionen mit Fachleuten und Gastgebern) blieben wir abends bis nachts zusammen, um „aus entgegengesetzestem Stoff" zur „verschiedensten Bearbeitung" der Referate zu gelangen (s. u.). Immer wieder kamen wir auf den im

---

7 Martin Mosebach: „Ihr findet mich kalt? Ich kann noch kälter!", in: Süddeutsche Zeitung, 27./28. Oktober 2012, S. 17.

Vergleich zu Goethe zwiespältigeren Herder und auf dessen ganz andere Romreise zu sprechen. Goethe versöhnte uns im Wein. Nach solcher Goethe-Herder-Einigkeit hätten wir zu Bett gehen können. So hatten wir schließlich genug getrunken. Doch dann wurde es kritisch. Irgendetwas wollte noch heraus. Wir waren Wissbegierige der Kunst und der Literatur und der Psychologie. Es musste noch gefragt werden: Sind Künstler nicht *Räuber*? Oder sind sie gar „Verbrecher"? – wie sich das Kolleg Morphomata an der Kölner Universität fragt.[8] Bildende Künstler wollen mit ihren Bildern über die Zeitspanne hinaus, innerhalb der sie leben, auf Teufel komm heraus bewundert sein – und zwar nicht als *„fallimagini"* (Bildermacher), sondern als Genies. Wie dies in dem Maße nicht geht, wie ihnen jeder Blick auf ihre eigene Trunkenheit entgeht, verstärken sie diesen Mangel und malen und malen über jegliche Notwendigkeit der Bilder hinaus *„einträgliche Werke"* (Hermann Schmitz). So wenig das Bildermalen das den „Begabten" zugrunde liegende sexuelle Verlangen (als Ersatz für vorenthaltene Befriedigungen – so die psychoanalytische Argumentation) befriedet, sollen die Werke eben nicht für die Katz, sondern für den Kunstmarkt gemalt sein. Sie müssen mit allen Mitteln der Markttauglichkeit unters Volk gebracht sein. Der Künstler hat eine unheimliche Angst vor „endgültiger Annihilation" (siehe Fußnote 13).

Was wollten wir uns mit solchen Erkenntnissen sagen? Wir sind weder mit Goethe noch mit Herder weitergekommen. Wir fingen weit nach Mitternacht an, den neuen Horst Bredekamp zu lesen, die „Theorie des Bildakts", in der wie in einer Geheimlehre Thema ist, dass Kunstwerke dem „Lebensrecht des Bildes" nahekommen. In der Übersinnlichkeit des Bildhaften bleibt für Bredekamp aber schließlich nur noch Michael Jackson übrig.

Wer hätte das gedacht? Unbewusst wollen die Menschen Künstler wie Shakespeare haben. Herder findet sich in solch kompliziert ‚psychoanalytischem' Denken spielend zurecht:

Shakespeare fand vor und um sich nichts weniger als Simplizität von Vaterlandssitten, Taten, Neigungen und Geschichtstraditionen, die das griechische Drama bildete, und da also nach dem ersten metaphysischen Weisheitssatze aus nichts nichts wird, so wäre, Philosophen über-

<hr>

8   Vgl. Marcello Barbanera: „Der Künstler als Verbrecher. Das Internationale Kolleg Morphomata ist dem historischen Bild des Künstlers auf der Spur", in: Forschung 365. Wissenschaftsmagazin der Universität zu Köln, 2012/1, S. 60 f.

lassen, nicht bloß kein griechisches, sondern, wenn es außerdem nichts gibt, auch kein Drama in der Welt mehr geworden und hätte werden können. Da aber Genie bekanntermaßen mehr ist als Philosophie und Schöpfer ein ander Ding als Zergliederer, so wars ein Sterblicher, mit Götterkraft begabt, eben aus dem entgegengesetztesten Stoff und in der verschiedensten Bearbeitung dieselbe Wirkung hervorzurufen, Furcht und Mitleid, und beide in einem Grade, wie jener erste Stoff und Bearbeitung es kaum vormals hervorzubringen vermochte! Glücklicher Göttersohn über sein Unternehmen! Eben das Neue, Erste, ganz Verschiedene (!) zeigt die Urkraft seines Berufs. O Aristoteles, wenn du erschienest, wie würdest du den neuen Sophokles homerisieren, würdest so eine eigene Theorie über ihn dichten, die jetzt seine Landsleute, Home und Hurd, Pope und Johnson, noch nicht gedichtet haben! Würdest dich freuen, von jedem deiner Stücke Handlung, Charakter, Meinungen, Ausdruck, Bühne wie aus zwei Punkten des Dreiecks Linien ziehen zu können, die sich oben in einem Punkte des Zweckes, der Vollkommenheit, begegnen! Würdest zu Sophokles sagen: ‚Male das heilige Blut dieses Altars! Und du, o nordischer Barde, alle Seiten und Wände dieses Tempels in dein unsterbliches Fresko!'. Man lasse mich als Ausleger und Rhapsodisten fortfahren, denn ich bin Shakespeare näher als dem Griechen. Wenn bei diesem das eine einer Handlung herrscht, so arbeitet jener auf das Ganze eines Eräugnisses (...).[9]

‚Eräugnis' – welche Vokabel könnte die Angst, aus der heraus gemalt und gemalt wird, besser bloßstellen *wie* bestreiten? ‚Eräugnisse' in den Bildern, in den Tagträumen, in den Wunschvorstellungen.

Um die inneren Bilder auflaufen zu lassen, mischt man ihr *Theater* auf. Man sieht sich das Kapitalismus-Stück von Elfriede Jelinek im Kölner Schauspielhaus an. Dann erkennt man Gehabe und Kunst in einem. Man erinnert sich. Mit dem Eifer der Pubertät stellt man in einer Arztpraxis Bilder aus. Mit jugendlichem Individualismus in einer Kirche. Mit studentischem Argwohn reißt man sich um eine Produzentengalerie. Was müssen Studierende wieder-

---

9 Johann Gottfried Herder: „Shakespeare", in: Werke in fünf Bänden, Berlin/Weimar: Aufbau-Verlag 1969, Bd. II, S. 246 ff.

holen? (Alles!) Am besten bringt man ihnen nichts bei! Von Emanzipation[10] redet man am Rande einer scheinbar richtigen Universität.

Goethe redet der richtigen Kunst das Wort. Goethe! Mein erster Aufsatz ging über den Wilhelm Meister. Wie optimistisch ich als 30-Jähriger war! Klugheit und Besonnenheit auf Probe. Die Lücken im eigenen Leben ‚malt‘ man hingegen nicht so einfach ‚weg‘. „Malen“ – der Königsweg der Bildenden Kunst – „macht dumm“ (Hans Platschek)[11] – das figurative Malen, versteht sich! *Seit Kandinskys nur in einem, d. h. ‚seinem‘ Fall, revolutionärer gegenstandsloser Malerei* ist jeder Mensch dazu verdammt, Künstler zu sein, und jeder Maler dazu verdammt, ‚kreativ‘ zu sein. Eines ist damit erreicht worden: Seit dem Gegenstandslosen hat sich die Sucht zu malen verselbständigt. Ein gemaltes Bild kann letztlich nicht sinnlos genug sein. Um *guter* Malerei zu entgehen, reichen selbst theoretische Worte nicht mehr aus. Man kann es verdammt noch einmal nicht mehr nötig genug gehabt haben, um mit seinen Malereien gerade noch unverkäuflich zu sein. *Die Werke brauchen keinem mehr zu gefallen; Kunst darf niemandem mehr gefallen.* Kunst muss eine Mischung aus Kitsch, Rest, Unrat und Zeug(s) sein. Der tapfere Joseph Beuys hat diesen paradoxen Zusammenhang mit großer Geschicklichkeit vereitelt. Er arbeitete mit Materialien (wie Fett, Schwefel, Filz, Kupfer), die die Vorstellung eines gelingenden Bildwerks durchkreuzen, und hintertrieb damit das widersinnige Leitbild einer paradigmatisch ‚wider-sinnlichen‘ Kunst. *Zugleich* setzte er alle Hebel in Bewegung, um im Kunstmarketing ganz oben platziert zu sein. Ein wahres Kunststück.

Kunst dem „Gesetz der Fatalität“ unterstellt – der Betrachter wird über ein „Gefühl der Handlung“ in „sonderbarste, kühnste Umstände“ versetzt.

In malerischem „Zeit- und Ortwechsel“ *sitzt* der Bildende Künstler den „Trug der Wahrheit“ *aus* respektive man *sitzt* der Abgeschiedenheit eines Raumes *auf*, in dem – im Gegensatz zur Werkstatt des Schreiners – die Späne auf dem Boden liegen bleiben, bis sie zu einem neuen Kunstwerk herausfordern. Zu einer Assemblage wird zusammengesetzt, was sonst zusammengefegt werden müsste. Die Späne sind die Splitter im Leben eines Künstlers. Der Künstler gibt natürlich nicht zu, wie groß sein Leiden ist, wenn ihm keine höheren Weihen zuteilwerden. „Der Künstler ist anwesend“ – dieser Spruch in

....

10　Was heißt: „auf die Geschlossenheit des Werkes spucken“, TIQQIN: „Grundbausteine einer Theorie des Jungen-Mädchens“, Berlin: Merve Verlag 2009, S. 8.

11　Vgl. Hans Platschek: „Über die Dummheit in der Malerei“, Frankfurt am Main: Suhrkamp, 1984.

　　　

den Einladungsschreiben zu den Ausstellungseröffnungen – heißt: Der Künstler übt sich als sein eigener Kadaver. Er probt, wie und dass es so ist, dass *nur* seine Bilder ihn überleben mögen! Die Bildende Kunst ist reines *Theater*. Was ‚objektiv‘ über*lebt*, muss sich ‚subjektiv‘ *über*lebt haben. Die Dinge, die von künstlerischen Prozessen übrig bleiben, brauchen die *ewigen* Stellflächen ‚zwischen-zwei-Toden‘. Der Begriff „Raum-zwischen-zwei-Toden" ist von einem Studenten Lacans erfunden worden.

(„Der erste Tod ist der Tod des Körpers, der Tod der Schönheit. Der zweite Tod ist die endgültige Annihilation, die Restzerstörung bis zu dem Punkt, wo auch vom Namen nichts mehr übrig bleibt und die der Künstler durch die Restexistenz der von ihm geschaffenen Bilder hinauszögert".[12])

Man kann sich nicht für einen Bildenden Künstler interessieren, ohne sich an der theatralischen Hinauszögerung seines Todes zu beteiligen. Ein Künstler ergibt sich weniger aus Rechtfertigungen als aus Nachempfindungen, die kein Mensch versteht. Wie sollte ein Kunsthistoriker begreifen, warum Cézanne immer wieder ein und dasselbe Gebirge (die Sainte Victoire) malt.

Das *Theater* des „zweiten Todes", das ein ‚erwachsenes‘ Problem ist, soll Kinder, deren Leben sich noch im Hier und Jetzt abspielt, glauben machen, nicht wie jemand *zeichnen* zu können, der gar nicht perfekt zeichnen oder malen *können will*. Macht dieses *Theater* erträglich! *Shakespeare* hilft. In seinen Dramen wiederholen sich Worte, um die Funktion der Wörter aufzugeben. Worte werden zu „stummen schwarzen Löchern".[13]

So musste man ein unmoralischer Kunsterzieher werden, dem die Seitensprünge ins Theater zur sittlichen Befriedung wurden. Welch zerrissener Beruf schreit da aus einem heraus – der Wechsel „als Faktum der Schöpfung in seiner Seele", angesichts dessen man nie hätte „so blöde gewesen" sein können, so sich „ein Kind, ein Jüngling und Wo und Wann wegschneiden (ließe), ohne daß die ganze Vorstellung seiner Seele litte?"[14] Wie einsam ist man als Kunstpädagoge, wenn man nicht das *Theater* der Kunst durchschaut? Man leidet unter der Last einer Soziusfunktion. An der Universität will man die Studierenden aus lauter Not etwas „von der Eröffnung durch die Zauberinnen auf der Heide unter Blitz und Donner" mitbekommen lassen.

....

12 Vgl. Dylan Evans: „Wörterbuch der Lacanschen Psychoanalyse", Wien: Turia + Kant 1997, S. 305 f.

13 Vgl. Eberhard Rathgeb zu René Polleschs Anti-Stück „Der okkulte Charme der Bourgeoisie bei der Erzeugung von Reichtum" im Hamburger Schauspielhaus, FAZ, Feuilleton, 1.3.2005, S. 43.

14 Herder, Werke, Bd. II, S. 251. Die nächsten zwölf Zitate beziehen sich ebenfalls auf Herder, vgl. ebd. S. 251–259.

Doch nichts von dem „Weib mit jener Abschrift (des Schicksalsbriefes in ihrem Schlosse)", nichts von der „Hexenheide (denn … eine erschreckliche Schicksalstat ist zu Ende!) – nun Zauberhöhle, Beschwörung, Prophezeiung, Wut und Verzweiflung(!)", nichts vom „Tod der Kinder unter den Flügeln ihrer einsamen Mutter", und nichts von einem Mann „in seiner Mutter Kammer vor dem Bild seines Vaters". Nichts vom „Grabe … einer …" – sagen wir – „träumenden Thérèse", die für Balthus repräsentierte, was Lewis Carroll in Alice Pleasance Liddell hineinsah, *was nämlich Ophelia für immer bedeutet.* Keine „fabelhafte Wanderliebe". Nichts von dem „Entkleiden unter dem Sterbeliedchen und dem Windessausen wie die Art der Sünde und Leidenschaft selbst". „Kein elendes Farbengemälde", ist mit Herder zu ergänzen, „läßt sich durch Worte beschreiben oder herstellen", welches – Kunst*erziehung* weiß dies am besten – sich in der „Empfindung einer lebendigen Welt in allen Szenen, Umständen und Zaubereien der Natur" von selbst erübrigt. Das Lebendige, worauf die vorhergehenden Belegstellen abheben, ist dieses unbegreiflich jeden Tag von neuem zu bestehende ‚Theater‘ zwischen Mann und Frau.

„Biografisches Stück drei": Ich erinnere mich an eine meiner ersten Sitzungen als Senator der Universität. Der Kollege der medizinischen Fakultät war von einer schwierigen Operation erschöpft, die er wenige Stunden vorher ausgeführt hatte. Er zeigte mir seine Hände und flüsterte mir zu: „Was meinen Sie, wo die grad waren!" Er saß also, viel eleganter als ich gekleidet, neben mir und sagte leise weiter: „Ach, Sie sind von der Erziehungswissenschaftlichen Fakultät. Was haben Sie es gut mit ihren schönen Mädchen!" Der Satz hatte eine bedrohliche Wirkung auf mich. Wie sollte man andere Interessen haben, den Grund für solch Bedrohliches wissen zu wollen.

Die Nachbarschaft der Geschlechter ist der Inhalt jedes Theaterstückes. Freud hat die Teilung der Geschlechter als Grundkränkung neben dem Tod herausgestellt. Bildende Kunst und Schauspiel beziehen aus diesen Kränkungen Energie. Dass das Handwerk des Bildermachens bis zum Ende des Mittelalters die Toten in Bildnissen auferstehen ließ, hat die Kunst zur Meisterschaft in Sachen des *Vortäuschens* gebracht. Diese Bildlichkeit hat sich die katholische Kirche in den wunderbaren Marienbildern zu eigen gemacht. Das Triebhafte wurde in den Kreuzesdarstellungen dem Gewaltsamen zunutze gemacht. Die

Frau ist mit dem Katholischen zur Institution der *Selbsttäuschung* geworden. Künstler und Künstlerinnen sitzen in den Fallen männlicher Vorstellungen fest.

Man ist *entweder/oder*: nämlich aus *gleichem* oder *ungleichem* Aussehen gesprochen. *Man kann sich dem anderen, das die Frau als gleiches hat, nicht entziehen. Man braucht wohl die Vorgaben, die im Theater gespielt werden, um ermessen zu können, wie sehr man aus Angst vor dem Begehren begierig ist.*

‚Man' muss zu fassen versuchen, womit man die Kunst aufgegeben hat. Man muss dem *Theater* des Theaters entfliehen, um dem *Theater* der Kunst zu begegnen: „Die Farben (…) schweben (…) so ins Unendliche hin, und am Ende bleibt doch jedes Stück und muß bleiben, was es ist: Historie, Helden und Staatsaktion zur Illusion mittlerer Zeiten."

Im Institut für Kunst wird gemalt, bis dass die Farben und die Formen *nicht mehr gehen.* Am Ende hat man Leistungsnachweise zu vergeben; und ein jeder Schein will geschickt errungen sein. Malerei ist *schwer*, siehe Platon; aber sie ist als figurative Fata Morgana – wie gesagt – *leicht* geworden. Sie macht abhängig – siehe Gerhard Richter, Georg Baselitz, Neo Rauch, David Hockney – und siehe uns alle. Die Malerei ist ungestüm, rauschend, großformatig geworden.

Kunsterziehung? Malen kann – „jeder Mensch". Ist ein „Künstler" (Beuys' Satz noch im Ohr), der von klein auf nicht zeichnet wie kein Mensch? Die rührend *unentschiedene* Fachgeschichte der Kunsterziehung. 50 Jahre, in denen der Kunst die Honneurs gemacht sind, sollten genug sein. Warum soll man Schülern und Schülerinnen, nachdem die Kinder ‚Künstler' gewesen sind, Kunst beibringen? Man hält sie davon ab, Helden und Heldinnen der Kunst zu sein. Was haben Studenten und Studentinnen von unentschiedenen „Staatsaktionen zur Illusion mittlerer Zeiten"?

Zwischen ‚Staatsaktion' (Kunst als Schulfach) und ‚Illusion' (Funktion des Bildes) deckt der Theater-Kalenderbegriff des Äquinoktiums (die Tag-und-Nacht-Gleiche) angebracht. Er leitet sich von dem Zeitpunkt ab, an dem die Erde, die sich um sich selbst dreht, zu ihrer größten Kreisbahn um die Sonne kommt. Die Sonne hält mit ihrer Masse die Erde im Weltenraum. Das jährliche Ereignis (um den 21. März und um den 23. September herum) – die Erdbahn im Schnitt eines unendlich zu denkenden Himmelskörpers – inneres ‚Eräugnis'. Für alle Orte auf der Erde bahnt sich Sinn, wo sich nämlich nicht so schnell Sinn findet: Alles ist ‚Magd' – bin ich denn nichts, fragt sich das Mädchen; bin ich kein ‚Mensch', fragt sich die Frau, wiewohl sie *dem* anderen Mutter ist; leb ich oder leb ich den Vater, überlegt sich der Sohn; geb ich oder nehme ich, indem ich gebe, fragt ein Wesen sich, das sich ‚göttlich‘ wähnt …? *Guckkasten, in dem die Entscheidungen wir selbst sind – Theatrum mundi, Shakespeare!*

„Biografisches Stück vier": Ich hatte das Glück, das Beuys'sche vie ordinaire miterleben zu dürfen … Werner Emil Schult, der Urheber des Autobahn-Songs von Kraftwerk, hatte die Verbindung zu Beuys in die Wege geleitet. Die KLer waren auf der Suche nach einem kunstpädagogischen Prüfer. Ich sei zwar ein „ungläubiger Thomas", sagte Beuys als erstes zu mir; er begrüßte es aber, dass ich prüfen sollte. Aus dem Ministerium war zu vernehmen, dass sich die Studierenden gefälligst bei dem hauptamtlichen Kunstpädagogikprofessor prüfen lassen sollten. Ich nahm an Beuys' Klassensitzungen teil.

Von einer Korrektur will ich erzählen, von wegen Shakespeare: Ein Student hatte sich für den Meisterschülerbrief mit einer Kinderbühne aus drei links und drei rechts hintereinander gestaffelten Sperrholzplatten beworben. Sie waren mit Blumen, Blättern und Sträuchern pop-art-mäßig bemalt und an den äußeren Rändern den Vorbildern entsprechend ausgesägt. Wieso die Schutzschilde wie Ikonostasen ausgemalt worden seien, fragte Beuys ungeduldig. Bei der nächsten Korrektur – vier Wochen später – waren die Büsche-Installationen zwar nicht mehr bemalt; die äußeren Ränder aber weiterhin wie Blätter ausgesägt. Beuys explodierte. Vier weitere Wochen vergingen. Schließlich waren es nur noch sechs jeglicher Deutung trotzende Kreissegmente. Beuys nahm die Vorstellung ab. Er lachte. Ob der Kandidat sich nicht mit Shakespeare auseinandergesetzt hätte. In dessen Auffassung hätten Holz-Stangen genügt, auf denen ein Schild mit der Aufschrift „Baum" befestigt gewesen wäre. Hinter einem Schild könnten sich Kinder wie Geister verstecken. Stangen als Schutz-Totems, um sich in dem Lampenfieber zurechtzufinden! So war der Student nun Meister geworden. Man begriff – auf Gedeih der Worte und Verderb der Bilder – die Unabhängigkeit einer Bühne.

(1990 hab ich diese Erfahrung am Maly-Balletttheater in St. Petersburg gut gebrauchen können, wo ich am Bühnenbild für Faust II mitarbeitete.)

Man kann von Shakespeare nur so wenig wie möglich lernen. Shakespeare ist allem überlegen. Man geht mit ihm keinem Schauplatz auf den Leim. Man verlässt sich auf Shakespeare so, wie es ihn nie gehabt haben könnte. Man weiß nur einzigartig. Es gibt Doppeldeutigkeiten und Polaritäten, *Handlung*. Herder tut sich (ähnlich wie Lessing im Lakoontext[15]) mit dem in Farben und Formen sortierten „Nebeneinander" schwer. Raum geht unter. Mäßige Regellosigkeit.[16] Bilder lügen. Ein Schauspiel eine Melancholie. Ein Unterschreiten des malerischen Nebeneinanders. Sinnlich *„ungebundene Geister streben (vergebens) nach der Vollendung reiner Höhe"* … Was sich an *leidenschaftlichem Scheitern vollendet*, ,*sättigt*' sich, wie eine musikalische Sequenz einen kleineren Satz (*Sonetto*) voraussetzt. Von Quartetten und Terzetten endlich zu Goethes berühmtem *Klanggedicht* – im Barock spricht man vom *„Klinggedicht"* –, dessen prosaische Volkstümlichkeit grandios ist:

Natur und Kunst, sie scheinen sich zu fliehen / und haben sich, eh' man es denkt, gefunden; / der Widerwille ist auch mir verschwunden, / und beide scheinen gleich mich anzuziehen.

Es gibt wohl nur ein redliches Bemühen! / Und wenn wir erst in abgemeßnen Stunden / mit Geist und Fleiß uns an die Kunst gebunden / mag frei Natur im Herzen wieder glühen.

(Die beiden berühmten Antworten in je drei Zeilen:)

So ists mit aller Bildung auch beschaffen: / Vergebens werden ungebundne Geister / nach der Vollendung reiner Höhe streben.

Wer Großes will, muss sich zusammenraffen; / *in der Beschränkung zeigt sich erst der Meister, / und das Gesetz nur kann uns Freiheit geben.*[17]

---

15   „Über die Grenzen der Malerei und Poesie" (1766).

16   Vgl. Peter Rech: „Wie wirken Bilder therapeutisch? Eine historische Untersuchung im Anschluss an Lessings Laokoon", in: Kunst & Therapie 8 (1988) 13, S. 108–128.

17   Johann Wolfgang von Goethe: „Das Sonett" (1815), in: Werke. Hamburger Ausgabe, Bd. 1, S. 245, kursiv von P.R.

So viel Sinn dann doch! So viel Kalendersinn! Als würde Goethe in sich Shakespeare finden, indem Shakespeare Shakespeare in ihm oder Goethe in sich sucht. Shakespeare am merkwürdigsten, „wenn er schon vorhandene Stücke redigiert und zusammen schneidet."[18] Jegliche „Ökonomie" Stückwerk. Das Unromantische ist nicht zu bremsen; es klingt in jeder Quintessenz nach. Ein Hintersinn ergibt sich erst durch Handlung. Verhallen die Worte, verschwinden die Wörter. Wer weiß schon, wie die Welt im Jahre 7009 aussehen wird.

Noch einmal: Kunsterziehung? Lassen wir das *Theater,* die Theatralik, das *Gut-Gemeinte* der Vermittlung von Kunst. Der Kunsterzieher eignet sich ganz besonders für die komische Figur des *Mercutio* (in *Romeo und Julia*) – ein Vorredner für alles Mögliche. Eine „Amme, wohl ... von einer Mannsperson gespielt", die „als possenhafter Intermezzist auftritt" – diese Rolle hat man schnell.

Ein Shakespeare'sches Einsehen hat Kunst*erziehung* kaum. Welchen Spürsinn könnte eine *Erziehung* haben, die keine Kunst nachbetet? Von welchem Temperament müsste eine *Schule* sein, mit der keine Erziehung fertig wird? Was an der Erziehung zur Kunst dienstbar gemacht ist, will uns sonst ‚fressen‘, ist im Anschluss an eine Erinnerung zu fragen, von der ich nicht mehr die bestimmte Stelle wusste, also wo es heißt, wie ich für diesen Beitrag im Internet (vgl. unten) wieder gefunden habe, dass „wir verzärtelte, unerfahrene Menschen bei jeder fremden Heuschrecke schreien, die uns begegnet: ‚Herr, er (*nämlich Shakespeare!*) will uns fressen‘". Die Bemerkung stammt aus Goethes Rede „Zum Shakespeare-Tag" (1881).[19]

Sturm und Drang stellen die Worte des Predigers (Herder) in den Schatten: „Shakespeares ... Stücke drehen sich alle um den geheimen Punkt (den noch kein Philosoph gesehen und bestimmt hat), in dem das Eigentümliche unsres (!) Ichs, die prätendierte Freiheit unsres Wollens, mit dem notwendigen Gang des Ganzen zusammenstößt. Unser verdorbener Geschmack umnebelt dergestalt unsere Augen, dass wir fast eine neue Schöpfung nötig haben, uns aus dieser Finsternis zu entwickeln." Es kommt noch *deftiger* – und gleichzeitig *bedachter*: „Und was will sich unser Jahrhundert unterstehen", ereifert sich Goethe, als hätte er im 18. Jahrhundert den Weltuntergang am 21. Dezember 2012 vor Augen, von dem so viele Jungen und Mädchen geträumt haben, „dass

---

18   Johann Wolfgang von Goethe: „Shakespeare und kein Ende" 1813, in: Werke. Hamburger Ausgabe, Bd. 12, S. 297. Die beiden folgenden Zitate ebd.

19   Hamburger Ausgabe, Bd. 12, S. 227, einschließlich der folgenden drei Zitate.

man es wagt, ‚von Natur zu urteilen‘? Wo sollten wir sie her kennen, die wir von Jugend auf alles geschnürt und geziert an uns fühlen und andere (!) sehen. Ich schäme mich oft vor Shakespearen, denn es kommt manchmal vor, dass ich beim ersten Blick denke, das hätt’ ich anders gemacht! Hintendrein erkenn' ich, dass ich ein armer Sünder bin, dass aus Shakespearen die Natur weissagt und dass meine Menschen Seifenblasen sind, von Romangrillen aufgetrieben.“

Ist von dem Geschehen auf der Erde nur so wenig wie fast nichts mitzubekommen? Muss man sich nicht gerade immer noch davon erholen, dass sich die Erdachse vor drei Jahren aufgrund eines Seebebens, das so vielen Menschen wie noch nie in der Geschichte der Naturkatastrophen das Leben gekostet hat, um einige Zentimeter geneigt hat, und die Erde dadurch kompakter denn je geworden ist und sich seitdem schneller um sich dreht?

Von ‚Grillen‘ ist die Kunsterziehung „aufgetrieben“. Vom kunstpädagogischen Anfang an hat sich das (kleinbürgerliche) Verkennen der (großbürgerlichen) Kunst bewährt. Die Sehnsucht ist der Kunsterziehung eigen, Kinder *‚unterzuversorgen‘*.[20] Zu missverstehen ist, was nicht verstanden sein soll. Lauschen wir der Unterhaltung zwischen dem Fremden und Wilhelm Meister:

Sind Sie nicht ein Enkel des alten Meisters, der die schöne Kunstsammlung besaß? fragte der Fremde.

Ja, ich bin’s. Ich war zehn Jahre, als der Großvater starb, und es schmerzte mich lebhaft, diese schönen Sachen verkaufen zu sehen. Es ist auch schon eine geraume Zeit, und wir verändern doch mehr oder weniger.

Sie hatten, wenn ich mich recht erinner, ein Lieblingsbild darunter, von dem Sie mich gar nicht weglassen wollten.

Ganz richtig! Es stellte die Geschichte vor, wie der kranke Königssohn sich über die Braut seines Vaters in Liebe verzehrt.

Es war eben nicht das beste Gemälde, nicht gut zusammengesetzt, von keiner sonderlichen Farbe und die Ausführung durchaus maniriert. Das verstand ich nicht und versteh’ es noch nicht; der Gegenstand ist es, der mich auf einem Gemälde reizt, nicht die Kunst.[21]

....

20 Vgl. Peter Rech: Kunstpädagogik zwischen Aufklärung und Sehnsucht, Köln: Claus Richter Verlag, 1994.

21 Johann Wolfgang von Goethe: „Wilhelm Meisters Lehrjahre“, in: „Goethes Werke“. Hamburger Ausgabe (10. neubearbeitete Aufl. 1981), München: Deutscher Taschenbuch Verlag 1982, Bd. 7, S. 68 f.

Um *endlich nicht mehr* zu verstehen, *in welches Drama* man sich hineinkatapultiert hat, dient man sich dem „womöglich größten kulturellen Sprung der Menschheit" an, und dieser Sprung heißt das Internet.[22] Man schlüpft in die Rolle eines Fremden, den man am besten, weil man es selbst ist, nicht kennt. Man nutzt das *Fremdeln* gegenüber dem eigenen Nicht-Wissen aus. In „totaler Heterogenität" will nichts mehr *wie* alles aufgegeben sein: „Man war schon ins Haus zurückgekehrt, als der Wagen der Besitzerin vorfuhr. Man eilte ihr entgegen; aber wie erstaunte, wie erschrak Leonardo, als er sie aussteigen sah. Sie war es nicht, es war das nussbraune Mädchen nicht, vielmehr gerade das Gegenteil; zwar auch eine schöne, schlanke Gestalt, aber blond, mit allen Vorteilen, die Blondinen eigen sind".[23] Welche ‚Mannsperson' würde nicht gerne – in der Abfolge des Lesens, Wiederholens und Verfechtens von Gedanken – die ‚Amme' spielen? Er könnte sich ob besagter Verwechslungen nicht außen vor lassen.

An der Rolle des ‚possenhaften Intermezzisten' kommt der Hochschullehrer, der Kunst*erziehung lehrt,* nicht vorbei. Wie sehr ist er längst dem absurden Drama des Bildungsbürgertums gefolgt. Deshalb ist es so heilsam, die eigene Biografie gegen andere biografische Gründe in den Blick zu bekommen.

Abgeglitten – „seit ich dem Pädagog entfloh".[24]

Kunst braucht am wenigsten Kunstpädagogik. Kunstpädagogik braucht Kunst nicht. Dafür braucht Kunstpädagogik „Sprachleben". Darunter versteht das Grimm'sche Wörterbuch im Anschluss an Justus Georg Schottels[25] „ausführliche arbeit von der teutschen haubtsprache" (1663) (ins Hochdeutsche übertragen): „Unsere reine, edle, königliche, deutsche Hauptsprache zu einer allgemeinen Hure und Bettlerin zu machen, die von jedem Ausländer bald hier bald da ein bisschen Brot, damit sie sich gleichwohl als Sprache am Leben erhalte[26], annehmen müsse, auch die man auf allen Wegen beklauen und berauben, begreifen und abkneifen, und mit ihr also umgehen … dürfe, bis sie nach einer um sich drehenden Sprachklau-Lust zum mißgeborenen Findling

....

22   Peter Leppelt: „Keine Angst vor der Freiheit", FAZ Feuilleton, 20.8.2012, S.23, einschließlich der nächsten zitierten Stelle.

23   „Wilhelm Meisters Wanderjahre", in: Werke. Hamburger Ausgabe, Bd. 8, S. 137. Mein erster Aufsatz ging, wie gesagt, über den Wilhelm Meister. Vgl. „Die Bedeutung der Kunst im pädagogischen Freiraum. Ein Vergleich: Goethe und Read" in: PAEDAGOGICA HISTORICA, Bd. XIV, Gent (Belgische Universitätsstiftung) 1974, S. 80–91.

24   Moritz August von Thümmel, (1738–1817), „Reise in die mittäglichen Provinzen von Frankreich im Jahr 1785 bis 1786", Leipzig 1791, S. 301.

25   Justus Georg Schottel lebte von 1612 bis 1676.

26   Oder – was das heute betrifft –: ‚damit die Ausländer das Sprechen am Leben erhalten' …

       © Frank & Timme   Verlag für wissenschaftliche Literatur

und Hurenkind verunstaltet werde." Als wäre dies nicht schon genug abgeschrieben, steht in dem Wörterbuch – mit Bezug auf Georg Büchmanns „Geflügelte Worte"[27] – überdies: „Die Sprache ist dem Menschen gegeben, um seine Gedanken zu verbergen"; das Wörterbuch weiter: „mit anderem, häufigen Bilde: Die Sprachen sind die Scheiden" (,scheyden' … = Hüllen für ein Schwert – frappierend die Homophonie dieses Wortes mit dem weiblichen Schoß wie mit dem, was Entscheidungen unterscheidet …), „darin das Messer des Geistes steckt".[28] Kein ,Sprachleben' ist je abzuschließen.

Die Lehrerausbildung hat sich verbraucht. Das noch nicht Verbrauchte setzt sich in Tat um. Studierenden verschlägt nichts die Sprache. Die ,Mädel', wie sich die weiblichen Studierenden aus unerfindlich neumodischen Gründen heute schwäbisch, bayrisch und fränkisch bezeichnen, reagieren zwischen Abwehr und Selbstkontrolle, bedienen sich des acting-out, wann immer sie es offenbar gar nicht vorhaben – in Bahnhofshallen oder vor Check-in-Schaltern in Flughäfen; und die beiden Lehrenden haben keine Worte.

Während der Pflichtexkursionen mit Herrn Kaus und Herrn Rech gab es viel Theater, womit ich zurück zum Anfang dieses Beitrages – zwei Lehrende einer gleichen Universität *am besten unterwegs* – und auch zum Ende komme. Das Ergebnis erfüllt sich – rein äußerlich, um keiner Nostalgie zu verfallen – in folgender Schlussziehung Ludwig Tiecks, der ja auch viele Studien über Shakespeare veröffentlicht hat. Besagtes Wörterbuch zitiert ihn folgendermaßen: „Die Mode geht so weit, dass eine Jungfräulichkeit, Mädchenhaftigkeit und Weiblichkeit patentiert und gestempelt ist".[29] *Also lasst uns Theater erfinden* – denn: „Welch Mädchen (,mägdgen') ist denn keusch?"[30]

Unschuld hat keinen Sinn. Man buhlt darum, gehört zu werden, indem man sich – *immerhin* (und dies ist Didaktik) – *hintereinander* ausreden lässt. Am besten ernährt man sich von fremden Texten. Um auf Herder zurückzukommen – er schreibt in einer seiner „Schulreden"[31]: „Man falle niemandem in die Rede! Ein Mensch, der dem anderen in die Rede fällt, ist ein Wahnsinni-

----

27 „Der Zitatenschatz des deutschen Volkes", 20. verb. Aufl., Berlin 1900, S. 509 (Georg Büchmann, 1822–1884).

28 Bezug auf die Weimarer Kritische Gesamtausgabe Martin Luthers, 1883 ff., Bd. 15,89,8, also während des Erscheinens des Wörterbuches (1854–1971).

29 Novellenkranz. Ein Almanach, vier Jahrgänge, Berlin (1831–1835), 4. Jg., S. 305; Ludwig Tieck (1773–1853).

30 Johann Christian Günther (1695–1723), S. 545, „aber wo – oh rätselhaftes Wörterbuch!".

31 „Von der Ausbildung der Rede und Sprache in Kindern und Jünglingen", 1796.

ger, wie die Indianer sagen oder wie andre sagen, ein seines Verstandes nicht Mächtiger, dem niemand viel zutraut. Im Buch Hiob war Elihu so voll von Weisheit, dass ihm der Bauch bersten wollte; er wartete aber auch, bis die Alten ausgeredet hatten, am Ende".[32] Elihu, der ‚vierte Freund' des Hiob, predigt darüber, dass es keinen von Schuld freien und daher auch keinen unschuldig leidenden Menschen gibt; dass Gott nicht hinterfragbar und dennoch gerecht ist, und er ebenso zu keinem Vergeltungsschlag ausholt.[33] Wie *shakespearisch*! Wie die Kunst modern, rein und unschuldig sein will, macht ihr dies, in wessen ‚Schuld' die Kunstpädagogik ist, das Theater zunichte.

Ich bin am Ende. Wieder zu Elihu; Elihu, jenes ‚Theatergenie', das, wie Joseph Beuys, fordert, „aus der Kunst auszusteigen", weil „jeder Mensch ein Künstler ist", was ja diesem ‚Spieler' nun gerade nicht gelungen sollte.

Universität gelingt nie ganz. Welche Wahrheit aber, lieber Rainer, hätte auch nur eine Exkursion gehabt, die gelungen wäre? Welche Botschaft haben wir beide? Alles *Theater*, nichts Kunst.

<hr>

32 Herder, Werke, Berlin/Weimar: Aufbau-Verlag 1969, Bd. 5, S. 369.
33 In Kap. 32–37.

Die Autorinnen und Autoren / The Authors

Sarah Winter, Ph.D. (Yale University, Comparative Literature), currently Professor of English, University of Connecticut, USA. Books: *The Pleasures of Memory: Learning to Read with Charles Dickens* (Fordham UP, 2011) and *Freud and the Institution of Psychoanalytic Knowledge* (Stanford UP, 1999). Professor Winter has also published articles and reviews in the following areas: British literature and culture of the long nineteenth century; the novel and human rights; Darwin studies; and psychoanalysis and Classical studies. Contact: Professor Sarah Winter, Department of English, University of Connecticut, 215 Glenbrook Road, Unit 4025, Storrs, CT 06269, USA; sarah.winter@uconn.edu

Markus Engelhardt war wissenschaftlicher Mitarbeiter der Hochschule für Musik und Darstellende Kunst in Frankfurt a.M., des Forschungsinstituts für Musiktheater Schloss Thurnau der Universität Bayreuth sowie Direktor des Deutschen Studienzentrums in Venedig. Seit 1997 leitet er die Musikgeschichtliche Abteilung des Deutschen Historischen Instituts in Rom. Sein Hauptforschungsgebiet ist die Italienische Oper.

Rainer J. Kaus ist Professor an der Universität zu Köln für Deutsche Literatur und Psychopathologie an der Universität zu Köln sowie niedergelassener Psychoanalytiker in Berlin. Er studierte u. a. in London, Paris und Groningen. Er hat verschiedene Studien zur Psychoanalyse und Sozialpsychologie sowie über Literatur und Psychologie veröffentlicht. rainer.kaus@uni-koeln.de

Peter W. Rech ist Prof. em. für Kunst, Kunsttherapie und Malerei an der Universität zu Köln.

Camelia Elias is an associate professor of American Studies at Roskilde University. She has published books on the concept of fragment, on the gaze in feminist, queer, and postcolonial films, a monograph on the poet Lynn Emanuel, an introduction to literary theory, and a 'treatise' on creative writing. She has also edited books within cultural studies, poetry criticism, and a special volume on the work of Raymond Federman. Currently she is working on a book on the 60s poets and their use of Tarot cards. Other research interests include the critical, historical, and analytical study of esoteric movements and mysticism.

Hartmut Günther, Prof. Dr. em., war von 1996–2011 Professor für Deutsche Sprache und Literatur und ihre Didaktik an der Universität zu Köln. Hauptarbeitsgebiet: Schriftlichkeitsforschung mit den Schwerpunkten Orthografie, Leseforschung und Schriftspracherwerb. Mitherausgeber verschiedener Sammelwerke, u.a. der Handbücher *Schrift und Schriftlichkeit* (1994/1996) und *Didaktik der deutschen Sprache* (2003).

Stefan Büttner, Studium der Klassischen Philologie und der Philosophie in Mainz, München und Marburg. 1996–2002 Wissenschaftlicher Mitarbeiter an der Philipps-Universität Marburg. 2002–2011 Akademischer Rat bzw. Oberrat an der Universität Konstanz. Seit März 2011 Professur für Klassische Philologie (Gräzistik) am Institut für Klassische Philologie, Mittel- und Neulatein der Universität Wien. Forschungsschwerpunkte: Antike Philosophie, Antike Ästhetik (speziell Literaturtheorie), Griechische Tragödie, Rezeptions- und Ideengeschichte.

Claudia Liebrand, Studium der Germanistik, Geschichte und Philosophie an der Albert-Ludwigs-Universität Freiburg. Dort 1989 Promotion über das Romanwerk Fontanes; Habilitation 1995 über E. T. A. Hoffmann. Heisenberg-Stipendiatin. Seit 1999 Lehrstuhlinhaberin für Allgemeine Literaturwissenschaft/Medientheorie am Institut für Deutsche Sprache und Literatur der Universität zu Köln. Zahlreiche Publikationen zur europäischen Literatur des 18. bis 20. Jahrhunderts. Publikationen (in Auswahl): Kreative Refakturen. Annette von Droste-Hüshoffs Texte, Freiburg: Rombach 2008; Apokrypher Avantgardismus. Thomas Mann und die Klassische Moderne, hrsg. mit Stefan Börnchen, München: Fink 2008; Franz Kafka. Neue Wege der Forschung, 2. Aufl., Darmstadt: WBG 2010; Redigierte Tradition. Literaturhistorische Positionierungen Annette von Droste-Hülshoffs, hrsg. mit Thomas Wortmann und Irmtraud Hnilica, Paderborn u.a.: Ferdinand Schöningh 2010; Gattung und Geschichte. Literatur- und medienwissenschaftliche Ansätze zu einer neuen Gattungstheorie, hrsg. mit Oliver Kohns, Bielefeld: Transcript 2012.

Michael Braun, geb. 1964, Studium der Germanistik, Kath. Theologie, Pädagogik und Politologie in Aachen, Bonn, Edinburgh, Pittsburgh. Staatsexamen 1990, Promotion 1993, Habilitation 2000. Seit 1992 Leiter Referat Literatur bei der Konrad-Adenauer-Stiftung. Apl. Professor an der Universität zu Köln. Monographien zu Hilde Domin (1993), Stefan Andres (1997, 2. Aufl. 2002), Das literarische Fragment (2002), Die deutsche Gegenwartsliteratur (2010), Arthur Schnitzler (2010) und Peter Stamm (2012). Zahlreiche Editionen, u.a. über Filmanalyse, Thomas Mann, Werke von Stefan Andres. Forschungsschwerpunkte: Moderne Lyrik, Gegenwartsliteratur, Literatur und Film, Kafka.

LITERATURWISSENSCHAFT

Bd. 1   Thomas Schneider: Das literarische Porträt. Quellen, Vorbilder und Modelle in Thomas Manns *Doktor Faustus*. 294 Seiten. ISBN 978-3-86596-001-6

Bd. 2   Alfrun Kliems/Ute Raßloff/Peter Zajac (Hg.): Spätmoderne. Lyrik des 20. Jahrhunderts in Ost-Mittel-Europa I. 446 Seiten. ISBN 978-3-86596-020-7

Bd. 3   Martina Steinig: „Wo man singt, da lass' dich ruhig nieder …" Lied- und Gedichteinlagen im Roman der Romantik. Eine exemplarische Analyse von Novalis' *Heinrich von Ofterdingen* und Joseph von Eichendorffs *Ahnung und Gegenwart*. Mit Anmerkungen zu Achim von Arnims *Armut, Reichtum, Schuld und Buße der Gräfin Dolores*. 600 Seiten. ISBN 978-3-86596-080-1

Bd. 4   Ilse Nagelschmidt/Lea Müller-Dannhausen/Sandy Feldbacher (Hg.): Zwischen Inszenierung und Botschaft. Zur Literatur deutsch-sprachiger Autorinnen ab Ende des 20. Jahrhunderts. 256 Seiten. ISBN 978-3-86596-074-0

Bd. 5   Sandra Kersten: Die Freundschaftsgedichte und Briefe Johann Christian Günthers. 398 Seiten. ISBN 978-3-86596-052-8

Bd. 6   Alfrun Kliems/Ute Raßloff/Peter Zajac (Hg.): Sozialistischer Realismus. Lyrik des 20. Jahrhunderts in Ost-Mittel-Europa II. 522 Seiten. ISBN 978-3-86596-021-4

Bd. 7   Rosvitha Friesen Blume: Ein *anderer* Blick auf den *bösen* Blick. Zu ausgewählten Erzählungen Gabriele Wohmanns aus feministisch-theoretischer Perspektive. 136 Seiten. ISBN 978-3-86596-097-9

Bd. 8   Brigitte Krüger/Helmut Peitsch/Hans-Christian Stillmark (Hg.): Lesarten. Beiträge zur Kunst-, Literatur- und Sprachkritik. 168 Seiten. ISBN 978-3-86596-093-1

Bd. 9   Lavinia Brancaccio: China accommodata. Chinakonstruktionen in jesuitischen Schriften der Frühen Neuzeit. 268 Seiten. ISBN 978-3-86596-130-3

Bd. 10   René Granzow: Gehen oder Bleiben? Literatur und Schriftsteller der DDR zwischen Ost und West. 138 Seiten. ISBN 978-3-86596-159-4

Bd. 11   Alfrun Kliems/Ute Raßloff/Peter Zajac (Hg.): Intermedialität. Lyrik des 20. Jahrhunderts in Ost-Mittel-Europa III. 392 Seiten. ISBN 978-3-86596-022-1

Bd. 12   Ines Theilen: *White hum* – literarische Synästhesie in der zeitgenössischen Literatur. 242 Seiten. ISBN 978-3-86596-191-4

Bd. 13   Jean-Luc Gerrer (Hg.): Anklage, Nachdenken und Idealisierung. Literatur über die ehemaligen deutschen Ostgebiete/Zeugnisse von Flucht und Vertreibung. 84 Seiten. Nur als E-Book erhältlich. ISBN 9783-386596-201-0, s. auch Bd. 34

F Frank & Timme

LITERATURWISSENSCHAFT

Bd. 14   Gérard Krebs: Schweizerisch-finnische Literaturbeziehungen. Fünf Beiträge und eine Bibliographie der ins Finnische übersetzten Schweizer Literatur mit Einschluss der Kinder- und Jugendliteratur 1834–2008. 200 Seiten. ISBN 978-3-86596-211-9

Bd. 15   Jürgen Adam: Antithetische Kategorien als ein methodisches Mittel in der deutschen Literaturwissenschaft. 154 Seiten. ISBN 978-3-86596-229-4

Bd. 16   Hannelore Schwartze-Köhler: „Die Blechtrommel" von Günter Grass: Bedeutung, Erzähltechnik und Zeitgeschichte. Strukturanalysen eines Bestsellers der literarischen Moderne. 434 Seiten. ISBN 978-3-86596-237-9

Bd. 17   Sylvie Grimm-Hamen/Françoise Willmann (Hg.): Die Kunst geht auch nach Brot! Wahrnehmung und Wertschätzung von Literatur. 130 Seiten. ISBN 978-3-86596-281-2

Bd. 18   Ilse Nagelschmidt/Inga Probst/Torsten Erdbrügger (Hg.): Geschlechtergedächtnisse. Gender-Konstellationen und Erinnerungsmuster in Literatur und Film der Gegenwart. 232 Seiten. ISBN 978-3-86596-232-4

Bd. 19   Beatrice Sandberg (Hg.): Familienbilder als Zeitbilder. Erzählte Zeitgeschichte(n) bei Schweizer Autoren vom 18. Jahrhundert bis zur Gegenwart. 342 Seiten. ISBN 978-3-86596-288-1

Bd. 20   Zsuzsa Soproni: Erzählen in Ost und West. Intertextualität bei Irmtraud Morgner und Günter Grass. 196 Seiten. ISBN 978-3-86596-294-2

Bd. 21   Steffen Groscurth/Thomas Ulrich (Hg.): Lesen und Verwandlung. Lektüreprozesse und Transformationsdynamiken in der erzählenden Literatur. 230 Seiten. ISBN 978-3-86596-328-4

Bd. 22   Cristina Spinei: Über die Zentralität des Peripheren: Auf den Spuren von Gregor von Rezzori. 318 Seiten. ISBN 978-3-86596-337-6

Bd. 23   Nikolaos Karatsioras: Das Harte und das Amorphe. Das Schachspiel als Konstruktions- und Imaginationsmodell literarischer Texte. 266 Seiten. ISBN 978-3-86596-353-6

Bd. 24   Lea Müller-Dannhausen: Zwischen Pop und Politik. Elfriede Jelineks intertextuelle Poetik in *wir sind lockvögel baby!* 296 Seiten. ISBN 978-3-86596-362-8

Bd. 25   Antje Göhler: Antikerezeption im literarischen Expressionismus. 538 Seiten. ISBN 978-3-86596-377-2

Bd. 26   Gökçen Sarıçoban: Zwischen Tradition und Moderne. Lebensvorstellungen und Wahrnehmungsweisen in Selim Özdoğans Roman „Die Tochter des Schmieds". 114 Seiten. ISBN 978-3-86596-393-2

LITERATURWISSENSCHAFT

Bd. 27　Stephan Krause/Friederike Partzsch (Hg.): „Die Mauer wurde wie nebenbei eingerissen". Zur Literatur in Deutschland und Mittelosteuropa nach 1989/90. 270 Seiten. ISBN 978-3-86596-398-7

Bd. 28　Dolors Sabaté Planes/Jaime Feijóo (Hg.): Apropos Avantgarde. Neue Einblicke nach einhundert Jahren. 312 Seiten. ISBN 978-3-86596-407-6

Bd. 29　Maja Razbojnikova-Frateva: „Jeder ist seines *Unglücks* Schmied". Männer und Männlichkeiten im Werk von Theodor Fontane. 334 Seiten. ISBN 978-3-86596-409-0

Bd. 30　Sven Pauling: „Wir werden Sie einkerkern, weil es Sie gibt!" Studie, Zeitzeugenberichte und Securitate-Akten zum Kronstädter Schriftstellerprozess 1959. 148 Seiten. ISBN 978-3-86596-419-9

Bd. 31　Gonçalo Vilas-Boas/Teresa Martins de Oliveira (Hg.): Macht in der Deutschschweizer Literatur. 446 Seiten. ISBN 978-3-86596-411-3

Bd. 32　Torsten Erdbrügger/Ilse Nagelschmidt/Inga Probst (Hg.): Omnia vincit labor? Narrative der Arbeit – Arbeitskulturen in medialer Reflexion. 474 Seiten. ISBN 978-3-86596-522-6

Bd. 33　Philippe Wellnitz (Hg.): Das Spiel in der Literatur. 312 Seiten. ISBN 978-3-86596-521-9

Bd. 34　Jean-Luc Gerrer (Hg.): Anklage, Nachdenken und Idealisierung. Literatur über die ehemaligen deutschen Ostgebiete/Zeugnisse von Flucht und Vertreibung. 88 Seiten. ISBN 9783-386596-533-2

Bd. 35　Bogdan Trocha/Paweł Wałowski (Hg.): Homo mythicus. Mythische Identitätsmuster. 222 Seiten. ISBN 978-3-86596-435-9

Bd. 36　Halit Üründü: Zwischen Sehnsucht und Überdruss. Der Untergang der Habsburgermonarchie in der österreichischen Literatur der Zwischenkriegszeit. 162 Seiten. ISBN 978-3-7329-0007-7

Bd. 37　Sabine Zubarik (Hg.): Tango Argentino in der Literatur(wissenschaft). 246 Seiten. ISBN 978-3-7329-0001-5

Bd. 38　Markus Fischer: Celan-Lektüren. Reden, Gedichte und Übersetzungen Paul Celans im poetologischen und literarhistorischen Kontext. 208 Seiten. ISBN 978-3-7329-0033-6

Bd. 39　Luigi Giuliani/Leonarda Trapassi/Javier Martos (eds.): Far Away Is Here. Lejos es aquí. Writing and migrations. 412 Seiten. ISBN 978-3-86596-545-5

Bd. 40　Lydia Bauer/Antje Wittstock (Hg.): Text-Körper. Anfänge – Spuren – Überschreitungen. 206 Seiten. ISBN 978-3-86596-481-6

LITERATURWISSENSCHAFT

LITERATURWISSENSCHAFT

Bd. 55 Éva Kocziszky (Hrsg.): Wozu Dichter? Hundert Jahre Poetologien nach Hölderlin.
264 Seiten. ISBN 978-3-7329-0228-6

Bd. 56 Carola Hähnel-Mesnard/Katja Schubert (Hg.): Kein Holocaust. Nirgends? Auschwitz
und die ostdeutsche Literatur nach 1989. 166 Seiten. ISBN 978-3-7329-0092-3

Bd. 57 Sina Meißgeier: Lesbische Identitäten und Sexualität in der DDR-Literatur.
132 Seiten. ISBN 978-3-7329-0249-1

Bd. 58 Annie Bourguignon/Konrad Harrer/Franz Hintereder-Emde (Hg./eds.):
Zwischen Kanon und Unterhaltung/Between Canon and Entertainment.
Interkulturelle und intermediale Aspekte von hoher und niederer Literatur/
Intercultural and Intermedial Aspects of Highbrow and Lowbrow Literature.
470 Seiten. ISBN 978-3-7329-0179-1

Bd. 59 Sidonia Bauer: Einführung in die französische Gegenwartspoesie – strukturiert
anhand des Programms der Mondopoethik. 234 Seiten. ISBN 978-3-7329-0155-5

Bd. 60 Viera Glosíková/Sina Meißgeier/Ilse Nagelschmidt (Hg.): „Mir hat immer die
menschliche Solidarität geholfen." Die jüdischen Autorinnen Lenka Reinerová und
Anna Seghers. 102 Seiten. ISBN 978-3-7329-0272-9

Bd. 61 Viera Glosíková/Sina Meißgeier/Ilse Nagelschmidt (Hg.): „Ich träumte: ich saß
in der Schule der Emigranten ..." Der jüdische Schriftsteller und Journalist
Hans Natonek aus Prag. 232 Seiten. ISBN 978-3-7329-0271-2

Bd. 62 Viera Glosíková/Sina Meißgeier/Ilse Nagelschmidt (Hg.): Im Einzelschicksal
die Weltgeschichte: Egon Erwin Kisch und seine literarischen Reportagen.
184 Seiten. ISBN 978-3-7329-0273-6

Bd. 63 Birgit Ohlsen: „Heimat" im Exilwerk von Anna Seghers. 208 Seiten.
ISBN 978-3-7329-0342-9

Bd. 64 Hans W. Giessen/Christian Rink (Hg.): Migration in Deutschland und Europa
im Spiegel der Literatur. Interkulturalität – Multikulturalität – Transkulturalität.
192 Seiten. ISBN 978-3-7329-0248-4

Bd. 65 Rainer J. Kaus/Hartmut Günther (Hg.): Was ist Literatur? / What is Literature?
296 Seiten. ISBN 978-3-7329-0055-8

Bd. 66 Katarína Zechelová: Prosa der Wiener Moderne: Arthur Schnitzler und
Stefan Zweig. 186 Seiten. ISBN 978-3-7329-0299-6.

Bd. 67 Paweł Wałowski (Hg.): Der (neue) Mensch und seine Welten. Deutschsprachige
fantastische Literatur und Science-Fiction. 268 Seiten. ISBN 978-3-7329-0237-8

LITERATURWISSENSCHAFT

Bd. 68 Vid Stevanović/Elisa Purschke/Maria Fixemer/Christiane Schäfer (Hg.):
Literatur und Arbeit. 258 Seiten. ISBN 978-3-7329-0381-8

Bd. 69 Marina Ortrud M. Hertrampf (Hg./éd.): Romain Rolland, der Erste Weltkrieg und
die deutschsprachigen Länder: Verbindungen – Wahrnehmung – Rezeption /
Romain Rolland, la Grande Guerre et les pays de langue allemande:
Connexions – perception – réception. 300 Seiten. ISBN 978-3-7329-0453-2

Bd. 70 Torsten Erdbrügger/Inga Probst (Hg.): Verbindungen. Frauen – DDR – Literatur.
422 Seiten. ISBN 978-3-7329-0448-8

Bd. 71 Tamás Harmat/Zsuzsa Soproni (Hg.): Verschränkte Kulturen. Polnisch-deutscher
und ungarisch-deutscher Literatur- und Kulturtransfer. 374 Seiten.
ISBN 978-3-7329-0380-1

Bd. 72 Claudia Grimm: Gestatten: *Geopoetiker* Kenneth White. 110 Seiten.
ISBN 978-3-7329-0469-3

Bd. 73 Isabell Oberle/Dorine Schellens/Michaela Frey/Clara Braune/Diana Römer (Hg.):
Literaturkontakte: Kulturen – Medien – Märkte. 256 Seiten.
ISBN 978-3-7329-0437-2

Bd. 74 Toni Müller: Behinderung als literarisches Motiv in Theatertexten. Literatur und
Gesellschaft in den 1980er-Jahren. 312 Seiten. ISBN 978-3-7329-0496-9

Bd. 75 I. Niowe Bark: Dichtung des Anderen: Sprache und Tod in der Poetik Paul Celans
im Lichte der sprachphilosophischen Schriften Maurice Blanchots.
238 Seiten. ISBN 978-3-7329-0509-6

Bd. 76 George Guțu (Hg.): Horizonte. Über Hans Bergels literarisches Werk.
284 Seiten. ISBN 978-3-7329-0495-2

Bd. 77 Julian Reidy/Thomas Richter (Hg.): Bernward Vesper. Neue Perspektiven
der Forschung. 226 Seiten. ISBN 978-3-7329-0532-4

Bd. 78 Viera Glosíková/Sina Meißgeier/Ilse Nagelschmidt (Hg.): Zwischen Wissenschaft
und Religion – „Tycho Brahes Weg zu Gott" von Max Brod. 210 Seiten.
ISBN 978-3-7329-0374-0

Bd. 79 Gabriele Schega: „Fokalisierung" und „Stimme" im Erzählsystem Gérard Genettes.
Kritik und Modellanalyse anhand von Thomas Manns *Felix Krull*.
362 Seiten. ISBN 978-3-7329-0586-7

Bd. 80 Gabriele Schega: Der Rhetorik-Begriff Friedrich Nietzsches. 158 Seiten.
ISBN 978-3-7329-0589-8

LITERATURWISSENSCHAFT

Bd. 81   Sylvie Le Moël/Elisabeth Rothmund (Hg.): Theoretische und fiktionale
Glückskonzepte im deutschen Sprachraum (17. bis 21. Jahrhundert).
296 Seiten. ISBN 978-3-7329-0365-8

Bd. 82   Charlott Frenzel: Metaphysische Abenteuer: Transzendenz bei Friedrich Glauser.
264 Seiten. ISBN 978-3-7329-0612-3

Bd. 83   Simge Yılmaz: Machtasymmetrien bei der literarischen Übersetzung.
Türkische Literatur auf dem deutschsprachigen Buchmarkt.
414 Seiten. ISBN 978-3-7329-0582-9

Bd. 84   Annie Bourguignon/Konrad Harrer (eds./éd./Hg.): Writing the North of the North.
Construction of Images, Confrontation of Reality and Location in the Literary Field /
L'écriture du Nord du Nord. Construction d'images, confrontation au réel et posi-
tionnement dans le champ littéraire / Den Norden des Nordens (be-)schreiben.
Bildkonstruktion, Wirklichkeitsbezug und Positionierung im literarischen Feld.
454 Seiten. ISBN 978-3-7329-0625-3

Bd. 85   Regina Roßbach: Der Literaturskandal. Akteure, Verläufe und Gegenstände
eines Kommunikationsphänomens. 350 Seiten. ISBN 978-3-7329-0562-1

Bd. 86   George Guțu: Celaniana 1: Paul Celans frühe Lyrik und der geistige Raum Rumäniens.
Kultur-, literaturwissenschaftliche und dokumentarische Beiträge.
278 Seiten. ISBN 978-3-7329-0622-2

Bd. 87   George Guțu: Celaniana 2: Die Lyrik Paul Celans und die rumänische Dichtung
der Zwischenkriegszeit. Kultur-, literaturwissenschaftliche und dokumentarische
Beiträge. 254 Seiten. ISBN 978-3-7329-0623-9

Bd. 88   Marina Ortrud M. Hertrampf (Hg.): *Femmes de lettres* – Europäische Autorinnen
des 17. und 18. Jahrhunderts. 438 Seiten. ISBN 978-3-7329-0652-9

Bd. 89   Hans Bergel: Randbemerkungen. Das Jahrhundert, an dem ich teilhatte.
272 Seiten. ISBN 978-3-7329-0653-6

Bd. 90   Anne-Maria Sturm: Grenzen und Grenzüberschreitungen. Ilija Trojanow –
Dimitré Dinev – Sibylle Lewitscharoff – Evelina Jecker Lambreva.
312 Seiten. ISBN 978-3-7329-0643-7

Bd. 91   Stéphane Pesnel (Hg.): Erzählte Adelswelten. Zur Poetik Eduard von Keyserlings.
188 Seiten. ISBN 978-3-7329-0591-1

Bd. 92   Peter Lőkös: Ungarisch-deutscher Kulturtransfer in der deutschsprachigen
Literatur des 16. bis 20. Jahrhunderts. 212 Seiten. ISBN 978-3-7329-0703-8

Ｔ Frank & Timme